Josiah Strong

Unser Land, dessen mögliche Zukunft und gegenwärtige Crisis

Josiah Strong

Unser Land, dessen mögliche Zukunft und gegenwärtige Crisis

ISBN/EAN: 9783742898579

Hergestellt in Europa, USA, Kanada, Australien, Japan

Cover: Foto ©ninafisch / pixelio.de

Manufactured and distributed by brebook publishing software
(www.brebook.com)

Josiah Strong

Unser Land, dessen mögliche Zukunft und gegenwärtige Crisis

Inhalt.

Capitel I.
Der Zeitfactor im Problem.

Die letzten Jahre des 19. Jahrhunderts sind große Mittelpunkte in der Geschichte. Es wird beabsichtigt zu zeigen, daß der Fortschritt des Reiches Gottes in der Welt für kommende Jahrhunderte von den nächsten Jahren in den Vereinigten Staaten abhängt.

Capitel II.
Nationale Hülfsquellen.

Größe unseres Landes im Vergleich mit Europa und China. Unsere Agriculturquellen im Stande, 1,000,000,000 Einwohner zu ernähren. Mineralreichthum: unsere Mineralproducte bereits größer als die irgend eines andern Landes. Fabrikate: gegenwärtige und in Zukunft; Großbritannien in 1880 um $650,000,000 übertroffen. Unser dreifacher Vortheil. Die Ver. Staaten sind bestimmt, die Werkstatt der Welt zu werden. Mit allen unseren Hülfsquellen völlig entwickelt, können wir nicht nur 1,000,000,000 Bewohner ernähren, sondern zu Wohlstand bringen.

Capitel III.
Westliche Ueberlegenheit.

Ausdehnung der westlichen Staaten und Territorien. Beinahe zwei und einhalb mal so viel Land westlich als östlich vom Mississippi, ohne Alaska. Die große „amerikanische Wüste." Masse der Ackerbau-, Weide-, Holz- und nutzlosen Ländereien. Mineralhülfsquellen des Westens. Mit mehr als doppelt so viel Raum wird der Westen vielleicht die doppelte Einwohnerzahl und den doppelten Reichthum des Ostens haben.

Inhalt.

(ⅢⅢ)

Inhalt.

Inhalt.

(IV)

Vorwort zur revidirten Auflage.

Lebende Fragen der Zeit werden verschieden angeschaut. Die erste Auflage von „Unser Land," welche für die American Home Missionary Society bearbeitet wurde, als der Autor deren Vertreter in Ohio war, erschien anfangs 1886, und der größte Theil des Buches war ein Jahr früher geschrieben worden. Obschon ich mich bemüht habe, die hier besprochenen Gegenstände nach Grundprincipien zu behandeln, welche sich stets gleich bleiben, so fordert doch die Anwendung der Statistik auf diese Zeitfragen nach sechs Jahren eine Revision des Buches, um dessen fernere Nützlichkeit zu sichern. Zudem ist die gegenwärtige Zeit, infolge des Census von 1890, eine günstige Zeit zu solcher Revision. Obzwar manche wichtige Ergebnisse des Census noch auf Monate, ja Jahre hinaus nicht zugänglich sind, hat mir doch der Superintendent, Achtb. Robert P. Porter, viel werthvolles Material zur Verfügung gestellt.

Die günstige Aufnahme des Buches sollte ein genügender Grund für dessen Revision sein. Es ist vielleicht von Interesse mitzutheilen, daß nebst den 140,000 Exemplaren, welche verbreitet wurden, ein großer Theil, wenn nicht das ganze Buch von bedeutenden täglichen Zeitungen im Osten, Westen und Süden, sowie in Canada abgedruckt wurde; jedes der Blätter hat wenigstens von einem bis zu drei Capiteln mitgetheilt. In London wurden vier und in Glasgow ein Capitel abgedruckt. Das Buch ist in eine fremde Sprache übersetzt worden, und zahlreiche Anfuchen

3

sind eingelaufen, um es in andere Sprachen zu über=
setzen.

Ich danke Gott von Herzen, daß er das Werk einiger=
maßen zu dem Zwecke benützt hat, wozu es bestimmt war;
obwohl Niemand dessen Mängel mehr empfindet, als ich.

Diese revidirte Ausgabe hat den Vorzug, aus der den
früheren Auflagen widerfahrenen Kritik lernen zu können.
Es ist gewiß nicht auffallend, daß unter Mittheilung von
Tausenden Thatsachen sich mehrere Irrthümer fanden,
welche in den meisten Fällen daher rührten, daß man den
Darstellungen berühmter Männer, welche aber in dem be=
treffenden Fach nicht als Autorität gelten, gefolgt war,
wie z. E. Mr. Gladstone's Angabe, daß die Fabrikations=
kraft sich durch den Gebrauch der Maschinen innerhalb sie=
ben Jahren verdoppele, welches aber, wie es scheint, durch=
aus übertrieben ist.   Ich füge noch bei, daß keiner der ent=
deckten Fehler die angeführten Gründe abschwächte und
somit die Schlußfolgerung nicht beeinflußte.

Unsere römisch=katholischen Freunde haben, und zwar
mit Recht, den Einwand erhoben, daß die Aussprüche des
Papstes nicht wörtlich angeführt seien.   Damit Niemand
Unrecht geschähe, war es meine Absicht schon bei der ersten
Auflage, alle Mittheilungen über Lehre und Politik der ka=
tholischen Kirche aus katholischen Quellen zu nehmen; weil
ich aber damals keinen Zugang zu solchen hatte, war ich
genöthigt, zweiter Hand aus den Schriften protestantischer
Schriftsteller zu citiren.   Vor sechs Jahren wurde die ka=
tholische Frage noch wenig agitirt, und es war daher
schwieriger, zuverlässige Information darüber zu finden, als
jetzt.   Die mitgetheilten Aussprüche des Papstes waren
"Fate of Republics" entnommen, worin die Darstellungen
in dem „Syllabus der Irrthümer," welcher am 8. Decem=

der 1864 von Pius IX. herausgegeben wurde, in positiver statt negativer Form standen, welches deren Schärfe und vielleicht deren Meinung gewissermaßen ändert. Obschon ich damals keine Ursache hatte, an der Genauigkeit der Citate zu zweifeln, machte ich doch wiederholte aber erfolglose Versuche, in den Besitz des lateinischen Originals zu gelangen, um die Citate nach denselben zu prüfen.

Es wird nun kein römischer Katholik Veranlassung haben, die revidirte Ausgabe auf diesen Grund hin zu kritisiren.

Da man zu der Ansicht kam, das Buch könne etwas vergrößert werden, so ist dasselbe mit ausführlicheren erklärenden Anmerkungen versehen worden, als dies in den früheren Ausgaben geschehen konnte. Einige kurze Sätze wurden ausgelassen, um für neues und wichtigeres Material Raum zu schaffen, welches, mit einer Ausnahme, jedem Capitel beigefügt wurde. Ein neues Capitel über die den öffentlichen Schulen drohenden Gefahren ist beigefügt worden, wovon das meiste vor der siebenten dreijährigen Sitzung des National=Concils der Congregationol Kirchen in Worcester, Mass., am 14. October 1889, vorgetragen wurde. Das Capitel über Romanismus ist fast ganz neu und bedeutend vermehrt worden.

Die Karte und meisten der aufgenommenen Zeichnungen sind "Leaves from 'Our Country'" entnommen, welches von Rev. C. C. Otis, in Springfield, Jll., illustrirt und durch die "American Home Missionary Society" in 1888 herausgegeben worden ist, welcher ich für den Gebrauch derselben verpflichtet bin. Ich wünsche gleichfalls den vielen Herren, welche mich durch Beantwortung meiner an sie gerichteten Fragen und Information unterstützten, meinen Dank auszusprechen.

Die Aussichten sind entschieden günstiger, als dies vor einem halben Dutzend Jahre der Fall war, nicht weil wir weniger Gefahren gegenüber stehen, noch auch, weil dieselben, mit einer oder zwei Ausnahmen, weniger drohend erscheinen, sondern weil die Aufmerksamkeit der öffentlichen Meinung auf dieselben gelenkt wurde und weil die christliche Kirche anfängt, aufzuwachen und den Umfang ihrer Gelegenheiten und Verantwortlichkeit einzusehen. Dieses Aufwachen ist jedoch nur der Anfang und läßt noch sehr viel zu wünschen übrig.

Der Unterschied in der Sachlage zwischen heute und vor fünf Jahren ist nicht derart, daß er ein Nachlassen in ernster Anstrengung rechtfertigte, sondern sollte uns eher zu neuer Thätigkeit begeistern.

Dieses Buch beabsichtigt, die Darstellung einiger der Gefahren, welche unsere Zukunft bedrohen, sowie den Umfang der Fragepunkte zu bezeichnen, welche an der Gegenwart hangen. Ich habe eine Arbeit von mehr constructivem Charakter in Vorbereitung, welche zu zeigen versucht, was unter den bestehenden Verhältnissen zu thun ist. Das vorliegende Buch ist durchweg meistens eine Diagnose; das zunächst erscheinende dagegen will versuchen, einige Heilmittel zu empfehlen.

Josiah Strong.

Einleitung.

Dies ist ein gewaltiges Buch. Es bedarf keiner anderen Einführung als seine eigene. Seine große Kraft liegt in seinen Thatsachen. Diese sind mit großer Gewandtheit zusammengestellt und von solchen Männern beglaubigt, deren Zeugniß Autorität hat. Das Buch redet für sich selbst zu Jedem, dem die Wohlfahrt unseres Landes so viel anliegt, um es zu lesen, und der Verstand genug hat, dessen gewaltigen Inhalt zu begreifen.

Es ist bemerkenswerth, daß fast alles Denken, welches die Denker der letzten 50 Jahre dem Gegenstand gewidmet haben, in der Richtung der Hauptidee geschah, welche dieses Buch behandelt — der Idee von der Krisis in der Bestimmung dieses Landes und, durch dasselbe, der Bestimmung der Welt. Der gesunde Verstand dieser Männer drückt in alltäglicher Sprache die großen Principien aus, welche großen Unternehmungen zu Grunde liegen. Eins dieser Principien ist die christliche Civilisation unseres Landes. Es ist „der Drang der Zeit." Die gegenwärtige Stunde ist und war stets „der Drang der Zeit" in unserer Geschichte. Die Grundsätze, welche allen Beobachtungen der täglichen Erfahrung zu Grunde liegen, offenbaren sich in der organisirten Gesellschaft mit bedeutenderer Wucht, als im Schicksal des Einzelnen. Das Zeugniß davon zeigt dieses Buch, in seiner Zusammenstellung in wahrhaft überwältigender Weise.

Vor 50 Jahren bemerkten es unsere wachsamen Väter in ihrem Hinblick auf die Zukunft unserer Republik. Die wei-

2

festen derselben begannen schon zu zweifeln, wie lange der Originalstamm der amerikanischen Gesellschaft die Einfügung von fremden, unserer Geschichte und dem Glauben unserer Vorfahren entgegengesetzten Elementen zu ertragen im Stande sei. Die Ueberzeugung wurde damals öfter ausgesprochen, daß die Sache mit Rücksicht auf irgend eine Theorie unseres nationalen Wachsthums, welche die ewigen Bestimmungen Gottes nicht in Rechnung nähme, hoffnungslos sei. Gute Männer zeigten sich hoffnungsvoll, nur weil sie Glauben an die Macht Gottes hatten, welche derselbe vor dem menschlichen Blicke verborgen hielt.

Diejenigen, welche heute noch leben und damals in ihren Knabenjahren standen, erinnern sich gut, wie solche Männer als Dr. Lyman Beecher von Ohio und Dr. Wm. Blackburn von Missouri aus ihren Kämpfen mit den mannigfachen Arten westlichen Unglaubens heimkehrten, um die Herzen ihrer östlichen Versammlungen durch die Schilderungen der Größe und Schrecken des Westens zu begeistern. Das waren die schönen Tage der „Maiversammlungen." Die Ideen, welche jene Veteranen der Rednerbühne entzündeten und in unseren Seelen fortbrennen ließen, waren drei: Die Größe des Westens nach geographischer Ausdehnung; die Schnelligkeit, mit der derselbe sich mit socialen Elementen anfüllt, welche sich vielfach feindlich gegenüber stehen, sich aber fast alle gegen christliche Institutionen vereinigen; und die Gewißheit, daß das Christenthum in dem Kampfe unterliegen werde, wenn die Thatkraft des Ostens sich nicht beeile, die damals sich bietende Gelegenheit zu ergreifen, um mit Entschiedenheit das Land für Christum in Besitz zu nehmen. Wieder und wieder sagte Dr. Beecher vor östlichen Versammlungen wesentlich Folgendes: „Jetzt ist der Drang der Zeit. In Sachen, welche in die Ewigkeit hinein reichen, ist jetzt immer der Drang der Zeit. Ein Mann ist jetzt so viel werth, als hundert in fünfzig Jahren von heute. Ein Dollar ist jetzt so viel werth, als dann tausend. Laßt uns aufwachen und zugreifen, ehe es zu spät ist."

Von jener Zeit bis heute tönt dieser Mahnruf — nur mit zunehmender Stärke und größerem Ernst, fort. Das Schicksal unseres Landes lag, wie es Edmund Burke ausdrückte, „auf einer gefahrvollen, schwankenden Wage." Menschliche Weisheit konnte zu keiner Zeit sehen, nach welcher Seite die Wage sich neigen werde. Jeder Tag war ein Tag der Krisis. Jede Stunde ist eine Stunde großartiger Bestimmung gewesen. Jede Minute war „der Drang der Zeit." Und dies ist die Lehre, welche dieses Buch in einer Reihe von Thatsachen, Zeugnissen und Darstellungen betont, deren Bedeutung kaum überschätzt werden kann. Fünfzig Jahre beweglicher Geschichte haben die Beweise nationaler Gefahren vor uns aufgethürmt, bis sie jetzt mit der Macht einer Lawine über uns hereinbrechen. Dies ist der Eindruck welchen die vorliegende Beweisführung auf einen, der ihr als Neuling entgegentritt, macht, oder dessen Gedächtniß die Thatsachen theilweise entschwunden sind.

Man wird dabei an das Urtheil erinnert, welches von fast allen großen Heerführern der Welt, von Julius Cäsar bis auf Grant, ausgesprochen wurde, daß in jeder Entscheidungsschlacht ein Augenblick der Krisis sei, in welchem sich das Geschick des Tages entscheide. Der Führer, welcher diese Entscheidung zu seinen Gunsten zu wenden und zu halten versteht, trägt den Sieg davon. Der Kampf um die Rettung der Welt ist derselben Art. Und die in diesem Buche aufgereihten Thatsachen und Beweise zeigen, daß dieses nirgends mehr der Fall ist, als in unserem Lande. Unsere ganze Geschichte ist eine fortlaufende Krisis. Unsere

nationale Rettung erfordert in höherem Sinne die Anwen=
dung gewisser militärischer Tugenden. Wachsamkeit in
Wahrnehmung der Gelegenheit; Takt und Muth, dieselbe
zu ergreifen; Macht und Ausdauer, die sich bietende Gele=
genheit möglichst auszubeuten — dies sind die Vorzüge im
Kampf, welche zum Siege führen.

Dieses Buch zeigt gleichfalls mit einer fast unübertreffli=
chen Gewalt — denn es ist die Macht der Thatsachen — die
Wahrheit, daß der christliche Versuch zur sittlichen Rettung
dieses Landes mit der Selbsthingabe geführt werden muß,
womit sich entschiedene Männer im kritischen Augenblick in
der kritischen Schlacht für das gefährdete Leben einer Nation
in den Riß stellten. Was der Feldzug in Pennsylvanien
für den Bürgerkrieg, was die Schlacht von Gettysburg für
jenen Feldzug, und was das Gefecht um Cemetery Hill für
jene Schlacht war, das ist die gegenwärtige Gelegenheit für
die christliche Civilisation dieses Landes.

Wende dich, wohin du willst, — Süd, West, Nord, Ost,
— so begegnet dir dasselbe Element der Krisis im Hinblick
auf die Zukunft. Alles scheint, nach menschlichem Begriff,
von gegenwärtigen und schwindenden Chancen abzuhängen.
Was gethan werden kann, muß schnell geschehen. Der
Aufbau großer Staaten hängt von einem Jahrzehnt ab.
Die Nationalisirung fremder Völker muß in einem Zeitraum
geschehen, welcher im Leben einer Nation nur eine Stunde
bedeutet. Die Elemente, an denen wir arbeiten, und die
Elemente, womit wir arbeiten müssen, formiren sich schnell
in bestimmte Institutionen und nehmen festen Charakter an.
Nichts wartet auf unsere Bequemlichkeit. Nichts fügt sich
dem duldsamen Schlendrian und wartet auf gelegene Zeit.

Der Brennpunkt des Arguments scheint in dem Verbin=
dungsverhältniß der Evangelisirung dieses Landes zu der

Evangelisirung der Welt zu liegen. Wer die Anfänge des Christenthums auch nur oberflächlich studirt, wird die meisterhafte Strategie in der apostolischen Verfahrungsweise entdecken. Die christliche Thätigkeit nahm zuerst die strategischen Punkte in Besitz, um von diesen Centren aus die Kirche zu bauen. Die ersten Erfolge der christlichen Prediger waren in den großen Städten des Ostens. Für das göttliche Auge schienen diejenigen Plätze, welche die größten Bevölkerungsmassen enthielten, die anziehendsten zu sein. Von muthwillig oder zweifelhaft unternommener Arbeit finden wir in der apostolischen Wirksamkeit keine Spur. Von dem Geiste der Romantik ist gleichfalls nichts zu erblicken. Die ersten Missionen waren keine Kreuzzüge zur Eroberung heiliger Orte. Es waren keine Wallfahrten nach Reliquien. Die Tapferkeit in der Arbeit ging mit der Klugheit in der Auswahl der Methoden und Lokalitäten im Kampfe Hand in Hand.

Dieselbe Kriegskunst wurde bis heute bei allen christlichen Missionen beobachtet, welche bedeutenden Erfolg hatten. Wie wenig Arbeit und Unkosten werden in der Betreibung englischer und amerikanischer Heidenmission aufs Gerathewohl geleistet! Wie wenig hat der romantische und ästhetische Geist je in der Mission geleistet! Die beiden Lokalitäten, wohin die Romantik christliche Unternehmungen naturgemäß hinweisen möchte, wären Palästina und Griechenland — das eine das Geburtsland unseres Heilandes, das andere die Geburtsstätte von Kunst und Cultur. Aber wie wenig haben christliche Missionen dort verhältnißmäßig ausgerichtet! Die Arbeit geschah daselbst so treulich und selbstverleugnend, wie sonstwo; aber wo sind, im Vergleich mit anderen Missionen, die Früchte?

Erfolg im Werke der Weltbekehrung ist, mit wenig Aus-

nahme, dem Pfade menschlichen Wachsthums und voraus=
sichtlicher Größe gefolgt. Nur eine einzige Ausnahme
taucht in unserer Erinnerung auf—die hawaiischen Inseln.
Selten wurde eine Nation zu Christo bekehrt, ohne sterben
zu müssen. Die gewöhnliche Ordnung der Dinge war, daß
das Christenthum sich in den großen Mittelpunkten der Be=
völkerung und im Fortschritt der Civilisation festsetzte. Es
hat sich mit den kräftigsten Völkern verbunden. Von den
stärksten und unternehmendsten Nationen hat es Besitz er=
griffen. Die colonisirenden Stämme und Völker waren
seine Günstlinge. Es hat die sterbenden mit werdenden
Sprachen vertauscht. Es hat stets seine Vorliebe für das
Jugendliche, Schlagfertige, Fortschrittliche, Thatkräftige im
menschlichen Charakter gezeigt und für die Art Geister, wel=
che tüchtige Charaktere zu bilden im Stande waren. Ganz
naturgemäß sind die Plätze, wo sich die Elemente eines kräf=
tigen Menschenschlages fanden, oder Stämme sich dazu ent=
wickelten, die Orte gewesen, wo unsere Religion, wie durch
ein starkes, militärisches Genie getrieben, sich bleibenden
Besitz errang.

Die Grundsätze solcher strategischen Klugheit sollten uns
veranlassen, auf diese Ver. Staaten als auf den ersten und
Hauptsitz des großen Werkes der Weltbekehrung zu blicken.
Die Zukunft des Christenthums vorausbestimmend, wie
Staatsmänner das Schicksal von Völkern vorausbestimmen,
müssen wir glauben, daß dieses die zukünftige Bestimmung
dieses Landes ist. Wie Amerika geht, so geht die Welt in
Allem, was ihre sittliche Wohlfahrt bedingt. In dieser
Richtung liegt die größte Bedeutung und die Schönheit der
Darstellung dieses Buches.

Austin Phelps,

Unfer Land.

Der Zeitfactor im Problem.

Es gibt gewiſſe große Mittelpunkte in der Geſchichte, an welche die Linien früherer Entwickelung ſich anſchließen, und von denen die bildenden Einflüſſe der Zukunft ausgehen. Ein ſolcher war die Erſcheinung Chriſti, ein ſolcher war die deutſche Reformation im 16. Jahrhundert, und ſolche ſind die Schlußjahre des 19. Jahrhunderts, welche nur dem, welches ſtets die erſte Stelle einnehmen muß — der Geburt Chriſti, nachſtehen.

Viele merken nichts davon, daß wir in außerordentlichen Zeiten leben. Wenige ahnen, daß dieſe Jahre friedlichen Wohlſtandes, in denen wir in aller Stille einen Continent entwickeln, der Wendepunkt ſind, worauf ſich die Zukunft einer Nation dreht. Noch Wenigere ahnen es, daß das Schickſal der Menſchheit auf kommende Jahrhunderte hinaus von der gegenwärtig in den Ver. Staaten lebenden Generation ernſtlich beeinflußt, geſchweige denn beſtimmt werden mag. Aber kein Geſchlecht verſteht ſeine Stellung in der Geſchichte zu würdigen. Vor einigen Jahren ſagte Prof. Auſtin Phelps: „Fünfhundert Jahre in der Ent=wickelung der Rettung dieſer Welt mögen von den nächſten zwanzig Jahren der Geſchichte der Ver. Staaten abhän=gen." Es iſt die Abſicht der folgenden Blätter, zu zeigen, daß ſolche Annahme, daß die Zukunft der Welt von dem ge=genwärtigen Geſchlecht in Amerika vielfach abhängt, nicht nur annehmbar, ſondern im höchſten Grade wahrſcheinlich iſt.

Solche Bedeutung der gegenwärtigen Stunde zuzuſchrei=ben, mag Jemand, der dem Gegenſtande wenig oder keine Aufmerkſamkeit geſchenkt hat, übertrieben erſcheinen. Es

ist leicht einzusehen, wie eine große Schlacht in einem Tage
über die Zukunft eines Landes entscheiden mag. Eine politische Revolution oder eine diplomatische Handlung mag
in einer großen Krisis den Faden des Schicksals durchschnei-
den; aber wie wäre es möglich, daß einige Jahre nationalen Wachsthums, in Zeiten des Friedens, so verhängnißvoll
sein könnten? Große Civilisationen sind das Ergebniß
von Jahrhunderten. Ihr Charakter entwickelt sich langsam,
und Wechsel finden darin nur langsam statt. Was sind
zwanzig Jahre im Wachsthum eines Volkes, daß sie so er-
eignißvoll werden könnten?

Es darf nicht vergessen werden, daß Puls und Schritt
der Welt während des 19. Jahrhunderts wunderbar schnell
gehen. Wie viel wir auch von dessen Errungenschaften reden, so würdigen doch nur Wenige den Umfang des Fortschritts in der Civilisation seit der Verwendung des Dampfes
im Verkehr der Völker, im Handel, im Fabrik- und Druck-
wesen. Beim Beginn dieses Jahrhunderts war das Reisen
eine Seltenheit. Die Leute lebten in isolirten Gesellschaften. Gegenseitig unwissend, waren sie selbstverständlich
gegenseitig argwöhnisch. In englischen Dörfern wurde ein
Fremder als Feind betrachtet. Unter solchen Umständen
konnte nur wenig Austausch von Ideen und noch weniger
von Handel stattfinden. Burton sagt: „Verkehr ist die
Seele des Fortschritts." Der Aufschwung, welchen der
gegenseitige Verkehr in allen Beziehungen durch die Anwendung von Dampf erhielt, war der Anfang eines neuen Lebens in der Welt. Crompton's Spinnstuhl wurde in 1775
erfunden; Cartwright's Webstuhl in 1787; Whitney's
Cottongin in 1793; aber erst im 19. Jahrhundert kamen
dieselben zur vollen Verwendung. Beim Ausbruch des
Revolutionskrieges befanden sich in englischen und amerikanischen Häusern dieselben primitiven Mittel, vermittelst deren die Wolle und der Flachs der Welt seit tausend Jahren
in Garn verwandelt wurde, wie sie im alten Troja von Ho-
mer's Heldinnen benutzt wurden. Es leben heute Männer,
deren Mütter, wie Salomo's tugendsame Frau, den Flachs
und die Wolle spannen und von keiner anderen Weise wuß-

ten. William Fairbairn, ein hervorragender Mechaniker, sagt: „Beim Anfang dieses Jahrhunderts geschah alle Arbeit durch Menschenhand, und dieselbe wurde schlecht gethan." Die Verkehrsmittel waren ebenso primitiv, wie diejenigen der Fabrikation. „Gegen Schluß des 18. Jahrhunderts legte Lord Campbell die Reise von Edinburgh nach London in drei Tagen und drei Nächten zurück. Aber vorsichtige Freunde warnten ihn vor den Gefahren solchen Unternehmens und sagten ihm, mehrere Personen, welche die Reise so zu machen versucht hätten, seien thatsächlich durch die bloße Schnelligkeit der Bewegung umgekommen."*) Im August 1888 wurde dieselbe Reise über die Great Northern Route (392 Meilen) in sieben Stunden 32 Minuten zurückgelegt. Und während dieses Jahres beförderten die Eisenbahnen Großbritanniens über 742,000,000 Passagiere.†) Es nahm Dr. Atkinson im Jahre 1847 acht Monate, um von New England nach Oregon zu reisen. Bei seiner Rückkehr machte er dieselbe Reise in sechs Tagen. Als die Schlacht von Waterloo geschlagen war (1815), wurde die Nachricht mit der größten Schnelligkeit drei Tage später nach London gebracht. Die Nachricht von dem Bombardement Alexandriens (188) traf wenige Minuten nach dem Abfeuern des ersten Schusses in der englischen Hauptstadt ein.

Irgend Jemand, so alt als das 19. Jahrhundert, hat einen großen Theil des Fortschrittes der Civilisation unseres Geschlechts gesehen. Als er sieben Jahre alt war, hätte er Fulton beobachten können, wie er die erste Probefahrt mit seinem Dampfschiff den Hudson hinauf machte. Vor seinem 20. Jahre hätte er in der ganzen Welt keinen eisernen Pflug gefunden. Im Alter von 30 Jahren hätte er den ersten Eisenbahnwagen besteigen können. In 1889 gab es 359,071 Meilen Eisenbahnen in der Welt. Während der ersten 33 Jahre seines Lebens hätte er sich zum Anzünden des Feuers mit seiner Zunderbüchse behelfen

---

*) Mackenzie's History of the Nineteenth Century.

†) The Statesman's Year Book, 1890.

müssen. Er war 38 Jahre alt, als die Dampfschifffahrt=
Verbindung zwischen Europa und Amerika hergestellt wurde;
44 Jahre alt, als das erste Telegramm abgesandt wurde;
43 Jahre später gab es 780,433 Meilen Telegraphen=
Linien in der Welt, und die Zahl der Telegramme, welche
jährlich darüber flogen, wurde auf 300,000,000 geschätzt.
Unser Jahrhundert hat sich durch eine Hochfluth von Erfin=
dungen ausgezeichnet. Die englische Regierung ertheilte
während der zwanzig Jahre nach 1850 mehr Patente, als
während der 250 vorhergehenden Jahre.

Aber es ist dies nicht nur ein mechanisches Zeitalter von
merkwürdigem materiellen Fortschritt gewesen. Mit Aus=
nahme der Astronomie ist die moderne Wissenschaft, wie
wir sie kennen, fast ausschließlich das Erzeugniß des 19.
Jahrhunderts. In demselben sind ebenfalls alle die herr=
lichen Früchte der modernen Mission gesammelt worden.
Ein anderer, wenn auch weniger ins Auge fallender Beweis
des Fortschritts, als die materiellen Erfolge, sind die gro=
ßen Ideen, welche das bleibende Eigenthum der
Menschheit während des verflossenen Jahrhunderts gewor=
den sind. Darunter z. E. diejenige von der persönlichen
Freiheit, welche von dem Freiheitsbegriffe zur Zeit der
griechischen und römischen Republik und der späteren freien
Städte Italiens grundverschieden ist. Jenes war eine
Freiheit für Classen, Familien oder eine Nation, nicht aber
der Person. Die Idee, daß die Regierung um der Perso=
nen willen bestehe, ist modern.

Aus dieser Idee von der persönlichen Freiheit geht in
logischer Weise die Abschaffung der Sklaverei hervor. Am
Schlusse des 18. Jahrhunderts herrschte Sklaverei fast
überall: in Rußland, Ungarn, Preußen, Oesterreich,
Schottland, in den britischen, französischen und spanischen
Colonien und in Nord= und Süd=Amerika. Es wird be=
richtet, daß während der ersten sieben Jahre dieses Jahr=
hunderts englische Schiffe 280,000 Neger über den Atlan=
tischen Ocean fuhren, wovon etwa die Hälfte infolge „der
Verpackung" oder bald nach der Landung starb. Das ge=
genwärtige Jahrhundert jedoch ist Zeuge der praktischen

Verbannung der Sklaverei aus der ganzen Christenheit ge=
wesen.

Eine andere Idee, welche, wie diejenige von der persön=
lichen Freiheit, in den Lehren Christi wurzelt und langsam
durch die Jahrhunderte gewachsen ist, um in dem unsrigen
zu erblühen, ist die Achtung der Frauen und Würdigung
ihrer Rechte. Anfangs dieses Jahrhunderts geschah es
nicht selten, daß ein Engländer seine Frau in Dienst ver=
kaufte. „Ein Herr in diesem Lande fand in 1815, obschon
er keinen Zugang zu zahlreichen englischen Quellen hatte,
daß in einem Jahre 39 Fälle vorkamen, wo in Smithfield
Frauen, wie das Vieh, zum Verkauf ausgeboten wurden.“*)
Das Erstaunen oder die Unglaublichkeit, womit eine solche
Mittheilung in diesem Zeitalter vernommen wird, ist die
beste Erklärung derselben.

Ein anderes Zeugniß des Fortschritts findet sich in der
erhöhten Werthschätzung des menschlichen Lebens, welches
dazu beiträgt, das Gesetz menschlich zu machen und „die
menschliche Unmenschlichkeit gegen den Menschen zu mil=
dern.“ Zu Anfang dieses Jahrhunderts war nichts wohl=
feiler, als ein Menschenleben, denn selbst ein Hase wurde
höher geschätzt, als ein Mensch, weil der Angriff auf den er=
steren das Opfer des letzteren kostete. Das englische Gesetz
stellte 223 Criminalverbrechen fest. „Wenn Jemand die
Westminsterbrücke beschädigte, wurde er gehängt. Wenn er
verkleidet auf öffentlicher Straße betroffen wurde, wurde er
gehängt. Wenn er junge Bäume verdarb, wenn er auf ei=
nen Hasen schoß, wenn er fünf Schillinge werth Eigenthum
stahl, wenn er irgend Etwas vom Bleichfelde stahl, wenn er
einen Drohbrief behufs Gelderpressung schrieb 2c., — für
irgend eins dieser Vergehen wurde er gehängt.“ In 1816
waren zu einer Zeit (in England) 58 Personen zum Tode
verurtheilt. Eine davon war ein zehn Jahre altes Kind.“

Der Raum gestattet nicht, andere Fortschrittsideen auch
nur zu nennen, deren Entwickelung unsere Civilisation be=
reichert und den Menschen veredelt haben. Unser Blick

---

*) Dorchester's Problem of Religious Progress. P. 219.

auf den Zuſtand der erleuchtetſten Nation vor 80 Jahren
wie flüchtig derſelbe auch war, genügt, um uns von den er=
ſtaunlichen Veränderungen zu überzeugen, welche in weni=
gen Jahren ſtattgefunden haben, und zeigen, daß, wenn wir
die Zeit nach ihren Erfolgen rechnen, 20 Jahre dieſes Jahr=
hunderts ein ganzes Millennium der guten alten Zeit über=
treffen.

Wenn der Reiſende in Aſien dem Gang der Sonne nach
Weſten um die Welt folgt, findet er, wie das Leben kräfti=
ger und die Zeit gehaltvoller wird. Und wenn man dieſen
Vergleich zwiſchen dem Oſten und Weſten noch einen Grad
weiter verfolgen will, erlaube man mir, als zuverläſſigen
Zeugen einen gelehrten Engländer anzuführen, nemlich Joſ.
Gallon, welcher ſagt: „Zehn Jahre der Geſchichte Amerikas
bedeuten ein halbes Jahrhundert europäiſchen Fortſchritts.
Vor zehn Jahren waren die Leiſtungen der amerikaniſchen
Fabrikanten noch zu unbedeutend, um in der alten Welt be=
achtet zu werden. Heute concurriren dieſelben ſelbſt mit
England erfolgreich auf deren eigenen Märkten." Aber der
Vergleich iſt hier noch nicht zu Ende. Zehn Jahre in dem
neuen Weſten kommen völlig einem halben Jahrhundert
öſtlich vom Miſſiſſippi gleich. Dort drängen ſich die Ver=
hältniſſe in ſolcher Weiſe, daß es ſelbſt im 19. Jahrhundert
überraſchend iſt. Die weſtliche Welt entwickelt ſich in ihrem
Fortſchritt, wie die Schnelligkeit eines fallenden Körpers in=
folge der Wucht des Falles. Große Ländereien ſind früher
ſchon angeſiedelt worden, aber niemals unter der mächtigen
Triebkraft von Dampf und Electricität. Sich auf die Ent=
wickelung des Weſtens beziehend, ſagt die London Times:
„Dies iſt ohne Zweifel die wichtigſte Thatſache in der ge=
genwärtigen Geſchichte. Es iſt eine neue Thatſache. Sie
kann mit keiner ähnlichen Erſcheinung der Vergangenheit
verglichen werden." Und ſo wie dieſelbe ohne einen Prä=
cidenzfall iſt, wird ſie ohne Parallele bleiben, denn es gibt
keine neuen Welten mehr.

Capitel II.

Nationale Hülfsquellen.

Um der Begründung des Thatbestandes willen ist es erforderlich, zu zeigen, daß die Ver. Staaten im Stande sind, eine große Einwohnerzahl zu ernähren.

Die Väter an der Massachusetts Bai erklärten einmal, daß die Bevölkerung westlich von Newton (eine Vorstadt von Boston) wohl niemals sehr dicht werden würde, und die Gründer von Lynn meinten, nachdem sie die Gegend etwa 10-12 Meilen in die Runde durchforscht hatten, das Land werde wohl weiterhin kaum brauchbar sein. Bis erst neulich herrschte im Allgemeinen eine ähnliche Ansicht mit Bezug auf die Region jenseit des Missouri und der Millionen, welche dieselbe bewohnen werden. In den letzten Jahren haben einheimische Missionare versucht, uns über den Begriff von der Ausdehnung unseres Landes in Erstaunen zu setzen. Und doch ist es etwas zu bezweifeln, ob selbst derjenige, welcher am meisten darüber nachdachte, einen recht klaren Begriff von der wirklichen Größe desselben hat. Obschon befremdend, haben doch Vergleiche fast aufgehört, uns in Erstaunen zu setzen; aber trotzdem weiß ich kein erfolgreicheres und zutreffenderes Mittel, um die wirkliche Größe des ungeheuren Reiches darzustellen.

Was wollen wir denn von einer Republik sagen, die aus 18 Staaten besteht, jeder so groß als Spanien; oder aus 31, jeder so groß als Italien; oder aus 60 Staaten, jeder so groß wie England und Wales. Eine Conföderation von Nationen. Man nehme fünf von den sechs der größten europäischen Reiche — Großbritannien und Irland, Frankreich, Deutschland, Oesterreich und Italien; dazu füge man Spanien, Portugal, die Schweiz, Dänemark und Griechenland. Nun laßt einen Größeren als Napoleon dieselben in ein mächtiges Reich vereinigen, und ihr könnt dasselbe in den Ver. Staaten westlich vom Hudson niederlegen — einmal und dann wieder einmal und noch einmal — dreimal.

Wohl mag Mr. Gladstone sagen, wir hätten „eine Grund-
lage zur Errichtung des größten Kaiserreiches, welches jemals von Menschen gegründet worden sei;" und mit Recht
möchte dieser englische Staatsmann hinzufügen: „Und der
Unterschied zwischen einem zusammenhängenden Reiche und
einem über den Ocean hin zertheilten Reiche ist gewaltig."
Mit Ausnahme von Alaska ist unser Land vereinigt und
trotz seiner Ausdehnung durch Eisenbahnen und ein unver-
gleichliches System von Flüssen und Seen verbunden. Die
letzteren, welche mehr Flächeninhalt haben, als Großbritannien und Irland, enthalten nach Angabe Sachverständiger
beinahe die Hälfte von allem Süßwasser der Erde. Es
wird uns gesagt, daß wir westlich von den Felsengebirgen
mehr als 40,000 Meilen Flußlänge (gleichbedeutend mit
80,000 Meilen Flußufer) haben, wobei kein Fluß, welcher
weniger als 100 Meilen lang ist, in Rechnung kommt;
während Europa in einem größeren Gebiet nur 17,000
Meilen Flußlänge hat. Es wird berechnet, daß der Mississippi mit seinen Nebenflüssen 35,000 Meilen Schifffahrt
bietet. Ein Dampfschiff kann 3900 Meilen den Mississippi
und Missouri hinauf fahren — eine Entfernung, die der
von New York bis Constantinopel gleich kommt. So
trägt ein großes System natürlicher Canäle unsere Seehäfen sozusagen mitten ins Herz des Continents hinein.

Aber wie steht's mit den Hülfsquellen dieses großen Reiches, das sich auf der Karte so großartig darstellt? Alaska
bietet allerdings große Reichthümer; aber ohne dieses beziffert sich die Ausdehnung der Ver. Staaten nach dem Census von 1880 auf 2,970,000 Quadratmeilen. Nach der
geringsten Annahme, die ich je gesehen habe (ohne Zweifel
zu gering), befinden sich dabei 1,500,000 Quadratmeilen
Ackerbauland. Das eigentliche China, welches nach den
letzten Schätzungen eine Bevölkerung von 383,000,000 er-
nährt, hat ein Ländergebiet von 1,297,999 Quadratmeilen,
also bedeutend weniger als die Hälfte von dem unsrigen
ohne Alaska. Die Chinesen sind vorwiegend ein Ackerbau
treibendes Volk. Diese ungeheure Bevölkerung zieht also
fast ihre ganze Nahrung aus dem Acker. Die Berge von

China nehmen aber über 300,000 Quadratmeilen des Lan= des hinweg, und manche seiner Ebenen sind wüste. Dar= nach scheint es, daß unser Ackerland nach der niedrigsten Schätzung dasjenige der Chinesen um Hunderttausende Quadratmeilen übertrifft. Die Thatsache somit, daß der Ackerbau in China Hunderten von Millionen Nahrung ge= währt, sollte für uns Amerikaner gewiß bedeutungsvoll sein.

Der Flächeninhalt der Ver. Staaten, ohne Alaska, kommt demjenigen von Großbritannien und Irland, Nor= wegen, Schweden, Dänemark, Deutschland, Oesterreich, Holland, Belgien, Frankreich, Spanien, Portugal, Schweiz, Italien, Griechenland, der europäischen Türkei mit Palä= stina, Japan und dem eigentlichen China (siehe Karte) gleich. Diese Länder haben eine Einwohnerzahl von beinahe oder ganz 650,000,000, und ihre sämmtlichen Hülfsquellen er= reichen diejenigen der Ver. Staaten kaum.

Von unserem Getreide waren in 1879, nachdem die 50,000,000 Einwohner versorgt waren, noch 283,000,000 Bushel zur Ausfuhr übrig. Mais, Weizen, Hafer, Gerste, Roggen, Buchweizen und Kartoffeln — kurz, die Nahrungs= mittel von jenem Jahre wurden auf 105,097,750 Acker oder 16,425 Quadratmeilen gezogen. Aber dies ist weni= ger als ein Neuntel unseres baufähigen Landes nach der niedersten Schätzung. Wenn dasselbe somit alles unter Cultur gebracht wäre, würde es 450,000,000 Menschen nähren und noch 2,554,000,000 Bushel Getreide zur Aus= fuhr übrig lassen. Jedoch dies ist nicht Alles. So vor= züglich eine Autorität wie Mr. Edward Atkinson sagt, daß, wo sich jetzt 50,000,000 Einwohner nähren, 100,000,000 versorgt werden könnten, ohne daß man nur eine einzige Farm zu vergrößern nöthig hätte. Man brauche nur das angebaute Land durchweg auf den Stand einer guten Cul= tur zu erheben, so wäre genug vorhanden für Alle und die doppelte Quantität zur Ausfuhr übrig. Wenn sich dieses so verhält (und wenn man den Raubbau unseres Farmwe= sens betrachtet, so muß man's wohl glauben), dann wären 1,500,000 Quadratmeilen angebauten Landes — weniger

als die Hälfte unserer tragfähigen Fluren diesseit Alaska—
hinreichend, um 900,000,000 Einwohner zu nähren und
daneben noch 5,100,000,000 Bushel Getreide zur Ausfuhr
zu liefern; oder wenn die Nahrungsmittel alle in der Hei=
math blieben, so könnten sich 1,012,000,000 Menschen da=
von nähren: Dieses stimmt beinahe genau mit Resultaten,
welche auf andere Weise nach den Angaben der besten wis=
senschaftlichen Autoritäten gewonnen wurden, überein.*)
Es wird daher der Glaubwürdigkeit durch die Behauptung,
daß die Ertragfähigkeit unseres Ackerlandes tausend Millio=
nen Einwohner zu ernähren im Stande sei, nicht allzuviel
zugemuthet.

Aber wir besitzen auch einen wunderbaren Reichthum in
sowohl als auf der Erde. Von 1870—1880 gewannen wir
$746,613,792 aus Edelmetall und $735,377,000 während
der folgenden neun Jahre.†) Die Hälfte alles Goldes und
Silbers wird zur Zeit in den Ver. Staaten erbeutet. In
23 unserer Staaten wird heute Eisenerz gegraben. Einige
derselben könnten einzeln den Weltbedarf darin befriedigen.
Unsere Kohlenminen sind einfach unerschöpflich. Englische
Kohlenminen, bereits tief, werden tiefer gegraben, so daß
die Unkosten höher und somit die Kohlen in England be=
ständig theurer werden, während in unserem Lande ein
Kohlenvorrath auf Jahrhunderte hinaus an der Erdober=
fläche liegt. Als Gott dies Brennmaterial für Jahrtau=
sende zur Seite legte, wußte er unseren Platz und unsere
Aufgabe und gab uns daher zwanzigmal mehr von diesen
schwarzen Diamanten, als ganz Europa zusammen. Unter
den Nationen ist unsere die jüngste — der Benjamin — und
wie dem Benjamin ist uns eine fünffache Portion darge=
reicht worden. Wahrlich, „so hat er nicht anderen Völkern
gethan." Unsere Mineralien sind von unvergleichlicher
Güte und Mannigfaltigkeit. Die merkwürdige Vermeh=

---

*) S. Encyclopedia Britannica, Bd. 1, S. 717.

†) Von officiellen Berichten des Directors der Ver. Staaten
Münze.

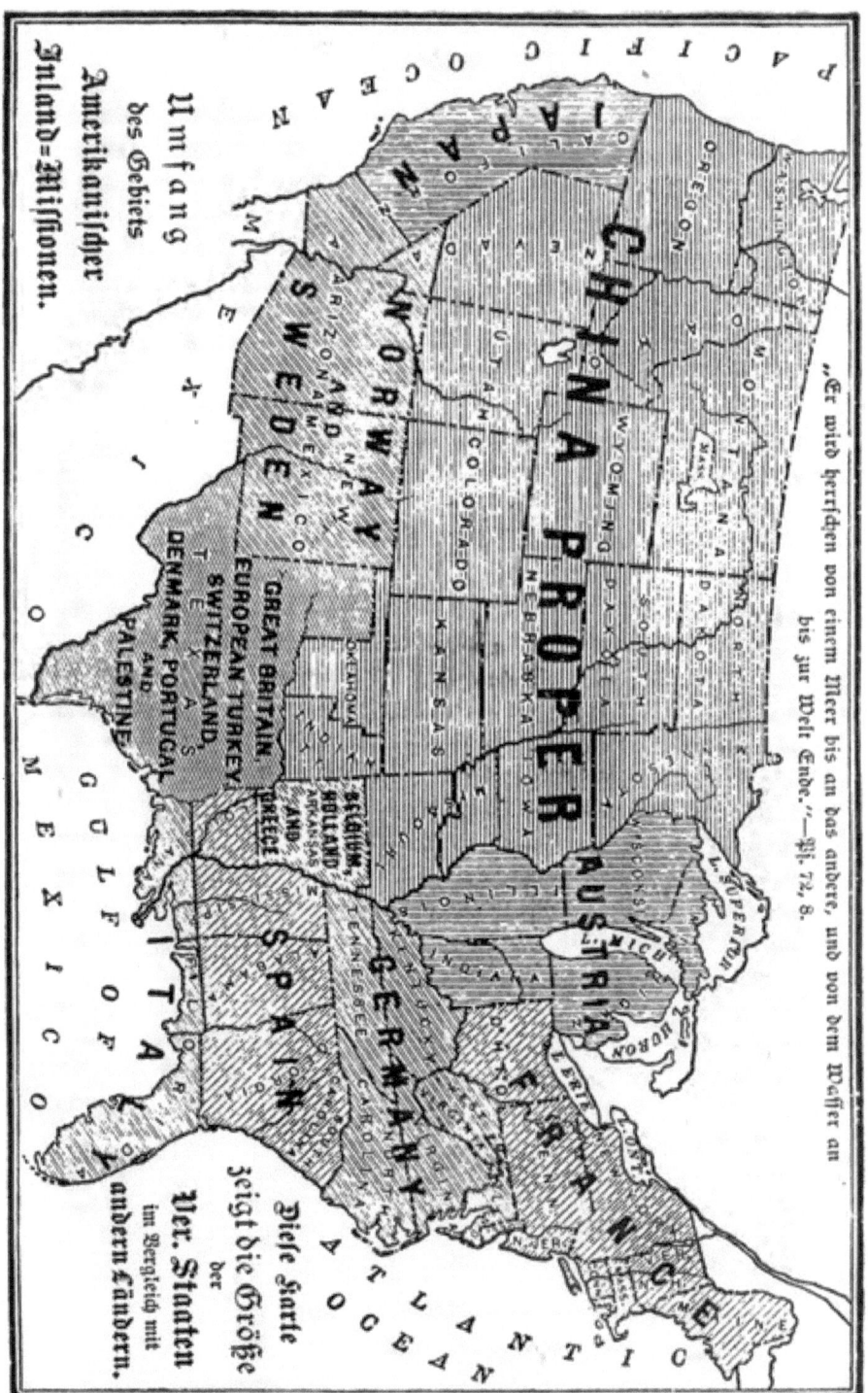

"Er wird herrschen von einem Meer bis an das andere, und von dem Waffer an bis zur Welt Ende." — Ph. 72, 8.

Diese Karte zeigt die Größe der Ver. Staaten im Vergleich mit andern Ländern.

Umfang des Gebiets Amerikanischer Inland=Missionen.

-3-

rung von 1870–1880*) stellt uns allen anderen Nationen
voran. Unsere Minenindustrie übertrifft diejenige Großbritanniens um drei Prozent und überragt die des übrigen
Europa, Asien, Afrika, Südamerika, Mexiko und der britischen Colonien zusammen, während in 1888 die sämmtliche
Minenproduction des vereinigten Königreiches sich auf
$289,601,385†) und die der Ver. Staaten sich auf $591,=
172,795‡) belief, haben wir kaum angefangen, diese Reich=
thümer auszubeuten. Tausende Quadratmeilen mit kost-
baren Mineralien liegen noch unberührt da.

Laßt uns nun einen Blick auf die gegenwärtigen und in
Aussicht stehenden Manufactur-Interessen werfen. Der
erste große Vortheil ist in dem ungeheuren Kohlenvorrath
zu finden. Der zweite darin, daß wir selbst das Rohmaterial besitzen. England muß sich jede Spule Baumwolle,
welche es spinnt, in einer Entfernung von 3000 Meilen
holen. Wir ziehen sie daheim selbst. Und es werden gegenwärtig im Süden Fabriken gebaut, um die Baumwolle
da, wo sie wächst, auch zu verarbeiten. Wir produciren
ebenfalls die Wolle, das Holz, die Felle und die Metalle
von jeder Art, welche für die verschiedensten Fabrikate erforderlich sind. Der übrige Vortheil, welcher unsere Erfolge krönt, ist die Qualität unserer Arbeit; die amerikanischen Werkführer sind als eine Classe die geschicktesten und
intelligentesten der Welt. Der Erfindungsgeist ist bei uns
zu Hause. Die amerikanische Regierung verabfolgt viermal so viele Patente als England. In 1889 wurden von
der Patentoffice in Washington 21,518 Patente ausgegeben. Bei der International Electrical Exposition, welche
vor mehreren Jahren in Paris gehalten wurde, waren fünf

---

*) Mulhall:

	1870	1880.	Zunahme.
Eisenerz, Tonnen	4,500,000	9,500,000	110 Prozent.
Kupfer, Tonnen	12,700	20,300	60 Prozent.
Kohlen, Tonnen	33,000,000	50,000,000	66 Prozent.
Petroleum, Gallonen	42,000,000	860,000,000	Zwanzigfach.

†) The Statesman's Year-Book for 1890.

‡) The World's Almanac, 1890.

Goldmedaillons für die größten Erfindungen ausgesetzt. Und wie viele von diesen, meint ihr, kamen nach den Ver. Staaten? Nur fünf. Die Mechanical World in London sagt, daß die Ver. Staaten die besten Maschinen und Werkzeuge der Welt besitzen; und Mr. Lourdelot, welcher unlängst von dem französischen Handelsminister nach den Ver. Staaten gesandt wurde, sagt, daß die vorzüglichen Werkzeuge 2c. geeignet seien, der europäischen Industrie bedeutende Gefahr zu bringen. Herbert Spencer bezeugt, daß mit Bezug auf mechanische Hülfsmittel die Amerikaner ohne Frage allen anderen Nationen voraus seien.*) Die Vorzüglichkeit der Werkzeuge allein sichert uns keine geringe Ueberlegenheit; jedoch der Besitz der besten Maschinerien besagt viel mehr — nemlich, daß wir auch die besten Mechaniker haben.

Bei scharfer Concurrenz sollte uns irgend einer der genannten drei Vortheile Ueberlegenheit geben, vorausgesetzt, daß die Arbeit hier so billig wäre, wie in Europa. Das Zusammentreffen dieser drei bedeutenden Vortheile in der Fabrikation, deren jeder von solcher augenscheinlichen Wichtigkeit ist, sollte daher eine dreifache Ueberlegenheit bedeuten, welche bei vortheilhafter Gesetzgebung den Unterschied im Preise der Arbeit überwiegen und uns schließlich den Weltmarkt in die Hände liefern.

In Hinsicht der Manufacturen stehen wir bereits in erster Reihe, indem unsere Productionen in 1880 diejenigen von Großbritannien um $629,000,000 überstiegen. So schnell hat sich Mr. Gladstone's Prophezeiung, die er vor einigen Jahren aussprach, erfüllt. Von den Ver. Staaten redend, sagte er: „Sie werden wohl einmal werden, was wir jetzt sind, die erste Dienstmagd im großen Haushalt der Welt, der Beschäftiger aller Beschäftigten, denn ihr Dienst wird der beste und fähigste sein." Und es ist ebenso interessant, das Verhältniß, wie den Umfang unseres Fort-

---

*) Viel wichtiges Zeugniß in dieser Richtung findet sich in dem Bericht des Massachusetts Bureau für Statistik der Arbeit für 1879, S. 14. 15.

schritts zu betrachten. Während die Fabrikate Frankreichs von 1870–1880 sich um $222,640,000, diejenigen Deutsch-lands um $476,240,000 und die Großbritanniens um $361,440,000 vermehrten, hatten die der Ver. Staaten eine Zunahme von $997,040,000 aufzuweisen.*) Zudem werden sich die bedeutendsten Vortheile noch erst entwickeln. Während in England die Kohlen im Preise steigen, werden die unseren wohlfeiler, und die Entwickelung unserer groß-artigen Hülfsquellen wird unser Rohmaterial bedeutend vermehren und somit billiger machen.

Und während unsere Fabrikation wächst, werden sich un-sere Märkte entsprechend ausdehnen. Dampf und Electri-cität haben die Welt bedeutend zusammengedrückt. Die Ellenbogen der Nationen berühren sich. Isolation — die Mutter des Barbarismus — wird unmöglich. Die Ge-heimnisse Afrikas fangen an, sich zu öffnen, und die Puls-ader ihres Handels fängt an zu schlagen. Südamerika wacht auf, und die Gebeine Asiens fangen an, sich zu bewe-gen. Der warme Hauch des 19. Jahrhunderts fängt an, Leben in die Todtengebeine zu bringen. Die Welt wird christianisirt und civilisirt. Es gibt etwa 1,000,000,000 Menschen, welche sich der christlichen Civilisation noch nicht erfreuen; 200,000,000 davon stecken noch in tiefem Bar-barismus. Vieles ist in dieser Hinsicht während der letzten 75 Jahre geleistet worden; aber viel mehr ist noch zu thun während der kommenden 50 Jahre. Und was meint die Entwickelung der Civilisation Anderes, als das Schaffen größerer und höherer Bedürfnisse? Der Handel folgt dem Missionar auf dem Fuße nach. Fünfhundert amerikanische Pflüge wurden während eines Jahres an die eingeborenen Christen in Natal versandt. Die Millionen Afrikas und Asiens werden eines Tages die Erzeugnisse der christlichen Civilisation bedürfen. Der Beginn des neuen Lebens in Indien erfordert jährlich Eisenfabrikate im Werthe von $12,000,000 und baumwollene Zeuge im Werthe von

---

*) Der Werth unserer sämmtlichen Ackerbauproducte belief sich in 1880 auf $2,541,000,000 und derjenige der Manufacturproducte auf $4,297,920,000.

$100,000,000. Während der letzten 30 Jahre hat sich ihr auswärtiger Handel fast vervierfacht. Was werden die Bedürfnisse Asiens in einem Jahrhundert von heute sein? Eine christliche Civilisation bewirkt das Wunder von den Broden und Fischen und speist die Menge in der Wüste. Sie entwickelt die Bevölkerung. Eintausend civilisirte Menschen gedeihen, wo einhundert Wilde umkommen. Was wird dann in einem Jahrhundert von heute Afrikas Bevölkerung und Afrikas Bedürfniß sein? Und wenn diese großen Welttheile unserem Markt geöffnet werden, was hindert dann die Ver. Staaten mit ihren allseitigen Vortheilen, die Werkstatt der Welt, und seine Bürger, „die Hand der Menschheit" zu werden?

Wenn die Annahme nicht übertrieben ist, daß unsere Agricultur bei gehöriger Entwickelung allein 1,000,000,000 Menschen zu nähren vermag, dann können gewiß Agricultur, Minen und Manufacturen der Ver. Staaten bei entsprechender Ausbeutung derselben diese Bevölkerung bereichern. Sehr wahr hat Matthew Arnold gesagt: „Amerika hält die Zukunft."

Capitel III.

Westliche Ueberlegenheit.

„Es ist mir fast, als wäre ich früher nie aus dem Hause gekommen," sagte ein Neu-Engländer, als er zum ersten Mal jenseit des Mississippi aus dem Eisenbahnwagen stieg.

Ein Hauptcharakterzug des Westens ist seine Größe. Berge, Flüsse, Eisenbahnen, Ranches, Heerden, Getreide, Geschäfte, Ideen — selbst die Tugenden und Laster der Menschen sind großartig. Alles scheint von dem gewaltigen Horizont mit dieser Größe angehaucht. Selbst die Geschichten aus dem Westen treten in so hohem Maßstabe auf, daß es oft sieben östliche Männer erfordert, eine derselben zu glauben. Es herrscht der Verdacht, daß selbst die besten derselben nicht frei von Uebertreibung sind, und wenn man das Messer der

Unterſuchung hineinſticht, daß ſie dann platzen, und nur ein
kleiner Reſt von Thatſachen übrig bliebe.   Es iſt daher nö=
thig, einen ſchnellen Blick auf den Weſten zu werfen, um zu
beweiſen, daß derſelbe zuletzt den Oſten übertreffen wird.
Und bei der Bezeichnung d e r W e ſ t e n verſtehe ich den
Theil des Landes weſtlich vom Miſſiſſippi ohne Alaska,
ausgenommen wenn dies beſonders erwähnt wird; denn
obwohl letzteres bedeutende Schätze birgt, ſo wird doch die
nationale Bedeutung ſtets auf den Theil dieſſeit Alaska be=
ſchränkt bleiben.

Von den 22 Staaten und Territorien weſtlich des Miſ=
ſiſſippi ſind nur drei ſo klein als Neu=England.   Montana
würde ſich von Boſton im Oſten bis nach Cleveland im
Weſten ausdehnen und bis Richmond, Va., hinunter rei=
chen.   Idaho, wenn im Oſten niedergelegt, würde im Nor=
den Toronto, Canada, und Raleigh, N. C., im Süden be=
rühren, während ſeine Südlinie lang genug iſt, um von
Waſhington City nach Columbus, O., zu reichen; und
wenn Californien an die atlantiſche Küſte hingeſtreckt würde,
ſo würde daſſelbe von der ſüdlichen Grenze Maſſachuſetts
bis zum ſüdlichen Theil Nord=Carolinas reichen.   In Eu=
ropa würde es ſich von London über Frankreich weit in
Spanien hinein erſtrecken.   New Mexiko iſt größer als
Großbritannien und Irland zuſammen.   Die längſte Strecke
von Texas würde faſt von New Orleans nach Chicago oder
von Chicago nach Boſton reichen.   Legt man Texas auf
Europa, ſo ruhte dieſer Rieſe mit dem Kopf in den Bergen
Norwegens (gerade öſtlich von den Orkney=Inſeln), mit
einer Hand bedeckte er London, mit der anderen Warſchau,
würde ſich dann über Dänemark, das deutſche Kaiſerreich
und Oeſtreich und Nord=Italien erſtrecken und ſeine Füße
im Mittelländiſchen Meere baden.   Aus den beiden Dako=
tas könnten ein halb Dutzend „Griechenland‟ herausge=
ſchnitten werden; oder wenn man daſſelbe in 26 gleichmä=
ßige Counties vertheilte, ſo könnte man in jedem derſelben
die beiden Reiche Juda und Iſrael unterbringen.

Verſetzt man die 50,000,000 unſerer Einwohner in 1880
nach Texas, ſo wäre die Bevölkerung nicht ſo dicht wie die=

jenige Deutschlands. Versetzt sie nach den Dakotas, und dieselben sind noch nicht so dicht bevölkert wie England und Wales. Und würden dieselben alle nach New Mexiko auswandern, so wäre dasselbe immer noch nicht so dicht bevölkert wie Belgien. Diese 50,000,000 könnten sich in Texas alle ernähren. Man nehme 50,000 Quadratmeilen an als Wüste, so könnten in Texas trotzdem alle Nahrungsmittel von 1879 — wie wir gesehen haben — auf 164,215 Quadratmeilen gezogen werden, daneben auch noch auf 19,000 Quadratmeilen der Weltbedarf an Baumwolle, 12,000,000 Ballen, ein Ballen per Acker; und dann wäre noch ein Flächenraum größer als der Staat New York übrig für Weideland. Würde man die Bevölkerung der Ver. Staaten in 1890 alle nach Texas versetzen, so wäre jener Staat immer noch nicht so dicht bevölkert als Italien.

Wenn man, der Bequemlichkeit halber, ganz Minnesota und Louisiana zu dem Lande westlich vom Mississippi rechnet, so haben wir nach dem Census von 1880*) 2,115,135 Quadratmeilen westlich und 854,865 östlich des Vaters der Ströme; d. h. für jeden Acker östlich ergeben sich beinahe zwei und ein halber Acker östlich des Mississippi. Aber wie verhält es sich mit der großen amerikanischen Wüste, welche früher so viel Raum auf der Landkarte einnahm? Dieselbe ist täuschend und „nomadisch;" sie zieht sich vor dem Herannahen der Civilisation zurück, wie der Indianer und der Büffel, welche sich in derselben herumtummelten. Es gibt allerdings Strecken mit Lavabetten oder Alkali, oder die in Folge von Regenmangel nicht baufähig sind; dieselben liefern jedoch vom besten Weideland der Welt, gutes Holz und einen fast unerschöpflichen Reichthum an Mineralien. Unbrauchbares Land, obschon durchschnittlich viel, gibt es dennoch viel weniger, als man gewöhnlich annimmt, und im Verhältniß zu dem fruchtbaren Lande ist es von keiner Bedeutung. Die großen Strecken östlich der Felsengebirge haben, obschon sie früher die „amerikanische Wüste" genannt

---

*) Der Flächeninhalt der Staaten vom neunten Census ist auch für den zehnten Census gegeben.

wurden, in Wirklichkeit nur wenig unbrauchbares Land. Wir haben alle von dem „schlechten Land" (Bad Lands) in den Dakotas gehört; dasselbe umfaßt jedoch nur 75,000 Acker aus 94,528,000 der beiden Staaten, und selbst diese haben gutes Weideland. Mr. E. V. Smalley sagt: „Das Vieh kommt im Frühjahr so fett aus diesem ‚schlechten Lande,' als ob es während des Winters im Stalle gefüttert worden sei." Der General=Vermesser der Ver. Staaten sagt: „Des unbrauchbaren Landes ist in diesem Territorium (Dakota) verhältnißmäßig weniger, als in irgend einem Staat oder Territorium der Union, weil sich keine Sümpfe, Gebirge oder überfluthete, sandige Strecken in demselben befinden." Im nordwestlichen Nebraska befinden sich 20,000 Acker werthlosen Landes, welches großen Reichthum an fossilen „Wundern" bietet, vom ackerbaulichen Standpunkte aus jedoch untauglich ist. Es wird oft behauptet, daß in Kansas unweit der Grenze von Colorado Alkali=Land sei; Prof. Mudge, der Geologe des Staates, sagt jedoch, daß er soweit nur zwei Alkaliquellen und nur zehn Acker Landes auf einer Stelle gefunden habe, welche dadurch beschädigt waren. Es gibt in Kansas vielleicht so wenig werthloses Land, wie in Illinois. Die „Staked Plain" in Texas wird bisweilen eine Wüste genannt. Ein Schreiber aus jenem Staate, welcher seit Jahren dort gewohnt hat, sagt darüber: „Es ist wahr, daß die in Rede stehenden Strecken hauptsächlich aus Weideland bestehen; in demselben befinden sich jedoch so fruchtbare Thäler und Strecken, wie sie irgendwo in der Union gefunden werden können." Zudem ist die Gegend der „Staked Plain" reich an Mineralien.

Von den Ebenen im Osten der Felsengebirge vertrieben, scheint die „große amerikanische Wüste" zu einem Flüchtling auf dem Angesicht der Erde geworden zu sein. Für eine Zeit lang wurde dieselbe von den Kartenzeichnern nach Utah verlegt; aber als sie sich hier verfolgt sah, flüchtete sie nach Arizona, Nevada und dem südlichen Californien. Nun will ich allerdings nicht verstanden sein, als habe Utah kein unfruchtbares Land. Gewisse Theile des Territoriums sind

werthlos, wie die Leute, welche dasselbe bewohnen. Es gibt
dort verschiedene Wüsten, eine davon liegt im Westen des
großen Salzsees, welche einen Umfang von mehreren Tau=
send Quadratmeilen hat; jedoch der General=Landmesser
des Territoriums sagt: „Trotz der Ansicht Vieler, daß un=
ser Land mager, wüste und werthlos sei, liefert dasselbe un=
ter entsprechender Cultur 40—50 Bushel Weizen, 70—80
Bushel Hafer und Gerste, 200—400 Bushel Kartoffeln per
Acker, und Obst und Gemüse so reichlich, wie irgend ein an=
derer Staat, sowohl nach Quantität wie Qualität."*) Es
gibt große Strecken, die nicht bewässert werden können; je=
doch selbst diese Ländereien sind vielleicht noch zum Ackerbau
zu benützen.

Arizona wurde ebenfalls als Wüste betrachtet, und ohne
Zweifel gibt es dort viel dürres Land; aber auf der ande=
ren Seite gibt es auch viele reiche Ländereien daselbst. Gen.
J. C. Fremont, welcher während der Jahre, in denen er
Gouverneur des Territoriums war, ausgezeichnete Gele=
genheit hatte, dasselbe kennen zu lernen, sagt in seinem offi=
ciellen Bericht vom Jahre 1878: „So weit meine Beobach=
tung geht, besitzt das Territorium Farm= und Weidelände=
reien, welche an Ausdehnung dem Staate New York gleich=
kommen." Ein Schreiber sagt in Harper's Magazine für
März, 1883: „Es wird von Sachkundigen versichert, daß
mit künstlicher Bewässerung 30 Prozent des Landes für
Agriculturzwecke und 60 Prozent für Viehweide gewonnen
werden kann."†) Gewiß ist, daß die Spanier, als sie das
Territorium in 1526 zum ersten Male besuchten, die Ruinen
von Städten und Canäle zu künstlicher Bewässerung da=
selbst vorfanden, welches anzeigt, daß hier eine civilisirte
Nation wohnte, welche sich mit Ackerbau nährte.

---

*) Ein Bewohner von Utah schreibt mir, daß er nie gehört habe,
daß mehr als 28 Bushel Weizen und 45 Bushel Hafer per Acker dort=
selbst gezogen würden.

†) Nach allen mir zu Gebote stehenden Quellen zu schließen, scheint
mir der letztere Ueberschlag zu groß zu sein. In meiner Zusammen=
stellung von werthvollen Ländereien des Westens, S. 35, habe ich
26,700 Quadratmeilen in Arizona, beinahe ein Viertel des Territori=
ums, als werthlos bezeichnet.

In Nevada gibt es mehr unfruchtbares Land, als in ir=
gend einem Staat oder Territorium des Westens.   Der
Reichthum jenes Staates besteht nicht in Ackerland oder
Viehzucht, sondern in Mineralien.   Nichtsdestoweniger sagt
der Gen.-Landmesser des Staates: „In unserem Haide=
land geedihen alle Getreidearten und Gemüse in üppigem
Wachsthum, wo man Wasser bekommen kann, und der
Staat ist im Begriffe, einer der größten Viehzüchter=Staa=
ten der Union zu werden."*   Unterhalb des großen Canons
des Colorado, mit Nevada und Californien im Westen und
Arizona im Osten, ist eine Strecke von großer Trockenheit.
Hier gedeihen Dattelpalmen, Orangen, Citronen, Granat=
äpfel, Feigen, Zucker und Baumwolle, wo man Wasser an=
zuwenden im Stande ist, und mit der Zeit kann hier eine
größere Strecke Landes bewässert werden, als die Nil=
gegend, in welcher alle Producte Egyptens gedeihen.

Die Strecke, in welcher sich hie und da am meisten des
unfruchtbaren Landes befindet, ist pyramidal in Form, de=
ren Fuß sich an der mexikanischen Grenze entlang nach
Texas zieht, und der Gipfel derselben wird im nördlichen
Theile von Idaho gefunden; d. h. das Verhältniß des un=
fruchtbaren Landes nimmt ab, je weiter man nördlich geht,
und scheint ganz zu verschwinden, ehe man die Linie der
Northern Pacific=Eisenbahn erreicht.   Mr. E. V. Smalley,
welcher im Sommer des Jahres 1882 jene Gegend bereiste,
schreibt: „Die ganze Landschaft durch die Reihe der nördli=
chen Territorien ist bewohnbar vom östlichen Dakota bis
Washington Territorium.   Auf der ganzen Strecke ist jede
Quadratmeile des Landes entweder für Ackerbau, Viehzucht
oder Bauholz werthvoll.   Es gibt durchaus kein unbrauch=
bares Land zwischen dem angebauten Theil Dakotas bis
zu den neuen Weizengegenden in Washington.   Selbst auf
den Höhen der Felsengebirge gibt es gute Viehweide; und
die ausgedehnten Waldungen um Clark's Fork und den
Pend d'Oreille=See, sowie die Höhenzüge der Cabinet und

---

*) J. W. Powell, Director der Ver. Staaten Geological Survey,
im Century für März, 1890.

Coer d'Alene=Gebirge ſind von größerem Werth, als Acker=
bauländereien von demſelben Umfang."*

Von den Gegenden der Felſengebirge iſt noch verhältniß=
mäßig wenig vermeſſen worden. In Abweſenheit beſtimm=
ter Angaben müſſen wir daher nach den Mittheilungen von
Landmeſſern, Gouverneuren und Anderen, welche Gelegen=
heit hatten, jene Gegenden kennen zu lernen, berechnen. In
manchen Fällen ſind in dem officiellen Berichte der Ver=
meſſer genaue Angaben mitgetheilt; in den meiſten Fällen
jedoch iſt es nöthig, nach allgemeinen Annahmen zu urthei=
len. Dieſelben ſind jedoch meiſtens ſehr mäßig geſtellt und
ſtehen eher unter als über der Wirklichkeit. Nach dieſen
Annahmen umfaſſen die Gegenden weſtlich vom Miſſiſſippi
785,000 Quadratmeilen Ackerbauland, 645,000 Quadrat=
meilen Viehweiden, 400,000 Quadratmeilen Waldungen
und 285,000 Quadratmeilen Ländereien, welche nur durch
ihre Mineralien werthvoll ſind. In Anbetracht dieſer Zahlen ergeben ſich die folgenden beherzigenswerthen Punkte:

1. Allgemein geſprochen, ſchätzen diejenigen, welche den
Weſten am genaueſten kennen, ſeine Hülfsquellen am höch=
ſten und haben am meiſten Glauben an ſeine Zukunft.

2. Manches Land ſcheint werthlos, welches ſich nach ge=
nauer Unterſuchung jedoch als höchſt fruchtbar erweiſt. Da
ſind z. E. die „Great Columbia Plains" im öſtlichen Waſh=
ington. Der Boden, welcher, ausgenommen in den Ver=
tiefungen, von einem bis zu zwanzig Fuß an Tiefe variirt,
beſteht aus einem leichtgefärbten Lehm, der einen unge=
wöhnlich großen Procentſatz an Alkali und Säuren enthält.
Wer in dieſen Grund vor wenigen Jahren Weizen geſäet
hätte, hätte dies als reinen Verluſt betrachtet; jedoch der
Verſuch hat den erſtaunlichen Beweis geliefert, daß dieſe
14 Millionen Acker Lehmerde vielleicht die beſten Weizen=
felder der Welt ſind. Andere ebenſo auffallende Vorfälle
könnte man anführen. Rev. A. Blanchard, Superintendent
für Innere Miſſion in Oſt=Wyoming und Colorado,
ſchreibt: „Nichts iſt auffallender, als die Entwickelung der

---

*) The Century Magazine für October, 1882.

Mittel zur Unterhaltung einer Bevölkerung in dieser Landschaft der Gebirge und Ebenen, die noch vor 20 Jahren als
unwirthliche Wüste betrachtet wurde, in welcher nur Indianer ihr Leben zu fristen vermöchten."

3. Oede Ländereien können bisweilen fruchtbar gemacht
werden. Es bedarf dazu oft nur gewisser Mineralien,
welche die Natur in der Nähe niedergelegt, und des Was-
sers, um den größten Theil unserer westlichen Wüsten in
blühende Rosengärten umzuwandeln. In 1882 wurden in
Tulare Co., Californien, zwölf artesische Brunnen gebohrt,
welches erstaunliche Folgen hatte. Denselben entquollen
täglich von 200,000 bis 1,500,000 Gallonen Wasser, und
wo früher öde Wüsten starrten, trifft man jetzt fruchtbare
Weinberge, Obstgärten und Weizenfelder. Seit jener Zeit
sind in Arizona, Nevada, New Mexiko und Colorado viele
ähnliche Brunnen gebohrt worden. Mit der Zeit werden
große Bergströme benützt und deren Wasser durch Kanäle
und große Reservoire auf die Ländereien geführt und dieselben damit bewässert werden. Es sind bereits mehr als 6
Millionen Acker Landes auf diese Weise gewonnen und unter Cultur gebracht worden. Major J. W. Powell, Director der Ver. Staaten geologischen Vermessung, ist seit mehr
als zwanzig Jahren mit der Untersuchung der Hülfsquellen
des Westens beschäftigt und hat die beste Gelegenheit, sich
über die Verhältnisse dieser Region wissenschaftlich zu infor-
miren. Diese höchste Autorität sagt: „Trockene Ländereien
sind keine Hungerländer, und das sonnige Firmament ist
keine Wüste. Gebändigte Ströme sind bessere Diener, als
die wilden Wolken. Die Thäler und Ebenen des Westens
haben alle Elemente der Fruchtbarkeit, welche der Boden
nur haben kann. Genügend Wasser und Sonnenschein sind
die Erfordernisse für üppigen Pflanzenwuchs, und der Ackerbau ist am erfolgreichsten, welcher diese beiden Bedingungen
am besten genießt; und dieselben werden am reichlichsten
gewonnen, wo die Fluren durch Ströme gewässert und von
einem klaren Himmel überspannt werden. Aus diesen
Gründen sind trockene Ländereien bei hoher Cultur ergiebi-
ger, als feuchtes Land. Die Weizenfelder der Wüste, die

Kornfelder, Wein=, Gemüſe= und Obſtgärten des Weſtens
übertreffen diejenigen des Oſtens weit an Ueppigkeit und
Fruchtbarkeit. Die trockenen Ländereien des Weſtens * * *
ſind die fruchtbarſten Ackerbaugegenden des Continents.

Die ganze Fläche der trockenen Ländereien in den Ver.
Staaten beträgt 1,331,151 Quadratmeilen, wovon 258,=
000 Meilen Waldungen ſind. Viel des dürren Landes iſt
reich an Mineralien, und vieles eignet ſich für Viehweide,
während ungefähr 120 Millionen Acker durch Bewäſſerung
für Ackerbau gewonnen werden können. Major Powell ſagt:
„Es iſt aufs klarſte bewieſen, daß die Gewinnung dieſes
Landes für Capital und Arbeit vortheilhaft iſt. Wenn das
Waſſer in den Bergſeen eingedämmt wird und Canäle ge=
graben werden, um daſſelbe auf die Aecker hinab zu leiten,
ſo wird ein Kraftſyſtem ſich zeigen, welches die Welt in Er=
ſtaunen ſetzt. Hier können Fabriken angelegt und den
Flüſſen kann das Geſchäft der Befruchtung übertragen
werden, und die Wucht der Bergſtröme kann zur Herſtellung
von Electricität benützt werden, um die Dörfer und Städte
des Landes zu beleuchten."

So ſcheint auch der Regenfall mit der Cultur des Bodens
beſtändig zuzunehmen. Bemerkenswerth iſt es auch, daß
der Regen, welcher in jenen Gegenden fällt, gerade dann
kommt, wenn derſelbe am nöthigſten iſt, und während der
Ernte faſt ganz ausbleibt.

4. Die fruchtbaren Gegenden der Felſengebirge befinden
ſich meiſtens in Thälern, in denen ſich die faulen Abfälle
von den Bergen ſeit Jahren geſammelt haben. Die Erde
iſt daher ſehr tief und ergiebig und weit ertragfähiger, als
der Boden des Oſtens. Im Südweſten ſind zwei Ernten
des Jahres ſehr häufig, und iſt das Land daher im Verhält=
niß zu dem des Oſtens doppelt und dreifach zu rechnen.
„Experimente in Californien, Nevada, Colorado, Utah,
Arizona und anderen bewäſſerten Gegenden haben gezeigt,
daß 80 Acker des bewäſſerten Landes bei guter Cultur die
Ertragsfähigkeit von 160 Acker vom Regenfall bewäſſerten
Landes übertreffen."*)

*) Senator W. M. Stewart im Forum für April, 1889.

5. In dem obigen Ueberſchlag des baufähigen Landes iſt das Holzland, wovon ein großer Theil ſich trefflich zum Ackerbau eignet, nicht mit einbegriffen. Von den 400,000 Acker Waldung befinden ſich 45,000 in Texas, 26,000 in Arkanſas und 25,000 in Minneſota. Ein bedeutender Theil deſſelben ſteht im Miſſiſſippithale, und ein großer Theil von dem übrigen hat prächtigen Boden, ſo daß man annehmen kann, daß ſich 100,000 Quadratmeilen oder mehr dieſes Holzlandes leicht in Farmen umwandeln laſſen. So kann ebenfalls ein großer Theil von den 645,000 Quadrat= meilen Weideland zu Ackerbauzwecken benützt werden. Es iſt daher wahrſcheinlich, daß das ſich zum Ackerbau eignende Land des Weſtens auf 900,000, wenn nicht gar auf eine Million Quadratmeilen angeſchlagen werden kann.

6. Ein großer Theil von den 854,865 Quadratmeilen öſtlich vom Miſſiſſippi eignet ſich nicht für den Ackerbau. In Neu=England, New York und Pennſylvanien gibt es 94,500 Quadratmeilen unbebauten Landes.*) Es iſt höchſt wa'jrſcheinlich, daß in ſolchen alten Gegenden, wo das Land ſehr geſucht iſt, ſo große Strecken nicht unbebaut lägen, wenn ſie zur Urbarmachung geeignet wären. Durch die vielen Höhenzüge des Appalachiſchen Gebirgsſyſtems liegt viel wüſtes Land, und noch mehr, welches ſich zum An= bau nicht eignet. Es iſt daher wohl überſchläglich anzu= nehmen, daß ſich öſtlich vom Miſſiſſippi nicht weniger als 50,000 bis 60,000 Quadratmeilen Landes befindet, wel= ches durchaus unfruchtbar, und etwa doppelt ſo viel, das nicht „pflügbar" iſt. Dieſes reducirt das baufähige Land des Oſtens auf 700,000 Quadratmeilen gegen 785,000 des Weſtens, mit der Wahrſcheinlichkeit, daß zu letzteren noch etwa 200,000 Meilen zuzuzählen ſind. Für jeden Acker des Oſtens — gut oder ſchlecht — gibt es einen Acker im

---

*) Neu=England hat 28,408 Quadratmeilen nicht in Farmen, 41,500 unbebaut.

New York hat 10,402 Quadratmeilen nicht in Farmen, 29,000 un= bebaut.

Pennſylvanien hat 13,952 Quadratmeilen nicht in Farmen, 24,= 000 unbebaut.

Westen, der Futter producirt, und dazu kommt noch eine
Waldregion von 400,000 Quadratmeilen, ohne daß hierbei
die ungeheuren Waldungen Alaskas mitgerechnet sind, von
welchen Wm. H. Seward sagte, daß sie einmal den Schiffs=
bauhof der Welt ausmachen würden. Dazu hat dann der
Westen noch ein ungeheures Weidefeld, 50,000 Quadrat=
meilen größer, als der ganze Flächeninhalt aller südlichen
Staaten östlich vom Mississippi. In 1880 gab es im We=
sten 61,211,000 Stück Vieh, und die großen Ebenen ver=
möchten verschiedenemal diese Anzahl zu nähren. Somit
hat der Westen 1,830,000 Quadratmeilen nützlicher Lände=
reien gegen 800,000 Quadratmeilen des Ostens — also
mehr als doppelt so viel.

Noch wäre damit das Inventarium der westlichen Reich=
thümer nicht vollständig. Die Mineralschätze sind gerade=
zu unerschöpflich. In den meisten der Staaten und Terri=
torien des großen Westens werden diese Edelmetalle gefun=
den. Seit der Entdeckung des Goldes bis zum 30. Juni
1881 hat Californien $1,170,000,000 Gold geliefert. Der
jährliche Ertrag ist gegenwärtig von 18–25 Millionen Dol=
lars. Von 1863 bis 1880 lieferte Idaho 90 Millionen
Dollars werth Gold und Silber und Montana von 1861
bis 1879 nicht weniger als 162 Millionen Dollars. Nevada
producirte während 20 Jahren $448,545,000 Edelmetalle.
Die Production Colorados während der 24 Jahre vor
1883 belief sich auf 167 Millionen Dollars und 27 Millio=
nen Dollars in 1882. Soweit es die Hebung des Wohl=
standes angeht, repräsentirt eine einzige reiche Mine eine
bedeutende Ackerzahl tragfähigen Landes. Die Comstock
Lode producirte in 1877 z. E. $37,062,252. Die zwölf
unanscheinlichen Löcher in der Seite des Berges lieferten
ein größeres Einkommen, als das Korn von 3,890,000
Acker Landes in jenem Jahre; d. h. diese wenigen Quadrat=
ruthen in Nevada waren, so zu sagen, ebenso groß, als alle
Kornfelder in Neu=England, New York, Pennsylvanien,
Michigan, Wisconsin und Minnesota zusammen. Die tau=
sende Fuß in die Erde hinabreichenden Schätze der Felsen=
gebirge entschädigen für gar manchen Acker öden Landes.

Die Ackerbauinteressen entscheiden gegenwärtig nicht mehr wie früher über die Bevölkerung eines Landes. Heute bevölkert und bereichert leichte Transportation ganze Gegenden, welche früher unbewohnbar schienen. Selbst wenn kein Hälmchen Gras in den Felsengebirgen wüchse, könnte jene Gegend 100 Millionen Seelen ernähren, vorausgesetzt, sie hätten die Mineralien, um dieselben gegen die Producte des Mississippithales auszutauschen. Quarz=Minen hat man in den Felsengebirgen längst gekannt, die aber ohne schwere Maschinerie nicht betrieben werden konnten. Die inneren Kammern von Gottes granitnen Geldschränken waren mit „Zeitschlössern" versehen, um die Schätze bis zur Ankunft der Eisenbahn für kommende Generationen aufzuheben. Durch die Ausdehnung des Eisenbahnnetzes in die Berge entwickeln sich diese Minen schnell. Während des Jahres 1880 producirten die Ver. Staaten 55 Tonnen 724 Pfund Gold, 1090 Tonnen 398 Pfund Silber. Diese Zahlen leuchten vielleicht noch besser ein, wenn wir bemerken, daß das Gold fünf Eisenbahnwagenladungen ausmacht, während zur Transportation des Silbers 109 Frachtwagen erforderlich wären. Der ganze Ertrag der Edelmetalle für das Jahr 1889 war $97,446,000. oder beinahe 23 Millionen Dollars mehr, als in 1880.

Aber diese Edelmetalle bilden nur einen kleinen Theil des Mineralreichthums des Westens. Derselbe besitzt über 200,000 Quadratmeilen Kohlenländereien; 38 mal den Umfang aller englischen Kohlenregionen. In allen Staaten und Territorien westlich vom Mississippi, mit Ausnahme von Minnesota, hat man Kohlen gefunden. Und in jedem derselben findet sich Eisen. Californien liefert vom vorzüglichsten Eisenerz. Dasjenige Oregons kann dem besten schwedischen und russischen Eisen zur Seite gestellt werden. Wyoming besitzt ungeheure Eisenlager. Der Vorrath in Utah ist großartig. In Missouri wird Eisenerz in irgend einer Form in jedem County gefunden. Iron Mountain und Pilot Knob enthalten 500 Millionen Tonnen des feinsten Erzes. Die Eisenlager von Texas werden nach Quantität und Qualität vielleicht in der ganzen Welt nicht übertroffen. In allen Staaten und Territorien des Westens, mit Ausnahme von Minnesota, Nebraska und dem Indianer-Territorium, wird Blei gefunden. In manchen derselben sind die Erze vorzüglich und in Menge vorhanden. Die bleihaltigen Ländereien in Missouri umfassen 5000 Quadratmeilen. Die Production des Staates war 63 Millionen Pfund in 1877. Nur in Nebraska und Kansas findet sich kein Kupfer. Reiche Erze und einheimische Metalle scheinen in unerschöpflicher Fülle vorhanden zu sein. Dasselbe gilt von den gewaltigen Salzlagern. Neben den Salzquellen und -Seen, welche große Quantitäten liefern, liegen die Schichten bis zu ungeahnter Tiefe über Tausende von Acker hin. So ist Schwefel ebenfalls in Fülle vorhanden. In Idaho ist ein Berg, welcher 85 Procent reinen Schwefels enthält. Ein ebenso reines Lager in Louisiana ist 112 Fuß dick. Nevada besitzt Borax genug, um die ganze Welt damit zu versorgen. In Wyoming befinden sich Seen, welche mit 10–15 Fuß dickem schwefelsaurem Soda bedeckt sind, welches fast chemisch rein ist. Gyps in Menge; Texas besitzt so viel davon, daß es die ganze Welt Jahrhunderte lang damit versorgen könnte. Der Coloradofluß in Texas durchfließt die reinsten Marmorlager. In manchen Theilen der Felsengebirge finden sich die prächtigsten Bausteine, Granit, Sandstein und Marmor in allen Formen und Farben. Es wäre ermüdend, alle die Schätze an Mineralien, die der große Westen in seinem Schooße birgt, nur anzuführen.

Die unvergleichlichen Hülfsquellen des Westens in Verbindung mit dem unermüdlichen Unternehmungsgeiste seiner Bewohner sind sichere Garantie für zukünftigen Wohlstand. Manche dieser jungen Staaten haben bereits welche von ihren älteren Brüdern überflügelt, wie die folgende Tabelle über die Abschätzung des Eigenthums per Kopf in 1880 zeigt:

Süd-Carolina	$110	Kansas	$161
Illinois	255	Minnesota	330
Vermont	259	Colorado	331
Indiana	368	Montana	475
New York	538	Californien	674

4

Während 1880–1890 stieg das abgeschätzte Eigenthum in diesen vier Staaten östlich vom Mississippi um 27 Procent, während dasjenige der vier Staaten westlich des großen Flusses um 107 Procent zunahm. Die sämmtliche Zunahme der ersteren war 1008 Millionen Dollars und diejenige der letzteren 1160 Millionen Dollars.*) Der Westen ist bestimmt, in Ackerbau, Viehzucht, Bergbau und endlich auch in Manufactur obenan zu stehen. Die Vorzüglichkeit des Klimas zeigt sich bereits, wovon Montesquieu sagt, daß es allein geeignet sei, die zukünftige Größe einer Nation zu sichern. Mit Ausnahme der näheren Verbindung mit Europa hat der Westen jeden Vortheil; und wenn der Osten den europäischen Handel beherrscht, öffnet sich dem Westen das goldne Thor für den Verkehr mit Asien über den weiten Pacific.

Es steht über allem Zweifel, daß der Westen den Osten überflügeln wird. Mit mehr als den doppelten Hülfsquellen und Länderstrecken erhält der Westen vielleicht auch die doppelte Zahl der Bevölkerung und den doppelten Reichthum des Ostens sammt dem größeren Einfluß, welcher unter einer populären Regierung mit jenen Hand in Hand geht. Der Westen wird die Executive erwählen und die Gesetzgebung beherrschen. Wenn der Mittelpunkt der Bevölkerung den Mississippi überschreitet, so hat er die Majorität im Repräsentantenhaus, und in Folge vorkommender Theilung von großen Staaten und Territorien wird er nach und nach auch den Senat†) beherrschen. Wenn Texas einmal so dicht bevölkert ist, wie Neu-England heute, so ist kaum anzunehmen, daß es ruhig zusieht, daß von den

---

*) The World's Almanac, 1890.

†) Die Bewegung der Macht und Bevölkerung nach dem Westen wird durch den Census von 1890 veranschaulicht. Wenn unter diesem Census die Eintheilung der Vertretung im Congreß so gemacht wird, daß die ganze Gliederzahl des Hauses bleibt, weniger acht Glieder von den sechs neuen Staaten, so werden die Staaten östlich vom Mississippi neun Repräsentanten verlieren und die westlichen nebst denjenigen von den sechs neuen Staaten neun gewinnen, d. h. der Osten wird um neun Glieder schwächer und der Westen um siebzehn Glieder stärker sein.

62,000 Quadratmeilen öſtlich vom Hudſon zwölf Senatoren in der Geſetzgebung ſitzen, während ſeine 262,000 Quadrat= meilen von nur zwei derſelben repräſentirt werden. Der Weſten wird die Politik der Regierung beherrſchen und in Folge des Uebergewichts ſeiner Bevölkerung und ſeines Einfluſſes unſeren nationalen Charakter und ſomit unſere Zukunft beſtimmen.

Seit vorhiſtoriſchen Zeiten iſt der Zug der Völkerwan= derung beſtändig weſtwärts gegangen, wie De Tocqueville ſagt: „Als ob ſie von der Hand Gottes getrieben wären." Verfolgt man ihre Bahn, ſo kann man ſich davon überzeu= gen. Das Scepter der Welt ging von Perſien auf Grie= chenland, von Griechenland auf Italien, von Italien auf Großbritannien über, und es iſt eben im Begriff, von Groß= britannien zu entweichen. Es geht auf das größere Bri= tannien, auf unſeren großen Weſten über, um da zu blei= ben; denn einen „weiteren Weſten" gibt es nicht; jenſeit beginnt der Orient. Gleich dem Stern im Oſten, welcher die drei Könige mit ihren Schätzen weſtwärts leitete, bis er endlich über der Krippe des neugebornen Königs ſtille ſtand, ſo bewegt ſich der Reichsſtern, welcher im Oſten aufging und die Schätze und Macht der Völker nach Weſten lenkte, bis er heute über der Wiege unſeres großen jungen Weſt= reiches ſtille ſteht, dem die Völker der Erde ihre Huldigun= gen darbringen.

Der Weſten von heute iſt ein Kind; derſelbe wird aber eines Tages ein Rieſe werden, welcher in einem jeden ſeiner Glieder die Kraft von Nationen birgt.

| Reichthumerzeugendes Land weſtlich vom Miſſiſſippi, ohne Alaſka oder Mineral= ländereien, 1,830,000 Quadratmeilen. | Reichthumerzeugendes Land, einſchließlich Mineralländereien, öſtlich vom Miſſiſſippi, 800,000 Quadratmeilen. |

Capitel IV.

Gefahren. — Einwanderung.

Politischer Optimismus ist eine der Sünden des ameri=
kanischen Volkes. Es scheint der Glaube allgemein zu herr=
schen, daß Gott auf Kinder, Narren und die Ver. Staaten
besonders Acht gibt. Wir halten uns für ein auserwähltes
Volk und geben uns der Ansicht hin, der Allmächtige habe
die Verpflichtung, unseren Erfolg zu sichern. Kaum einer
aus hundert von unserer Bevölkerung hat jemals die Frage
über unsere zukünftige Sicherheit in Zweifel gezogen. Die=
ser Optimismus ist so sinnlos, wie der Pessimismus glau=
benslos ist. Der eine ist so thöricht, wie der andere gott=
los ist. Denkende Männer sehen Gefahren an unserem na=
tionalen Horizont. Laßt uns diejenigen, welche besonders
dem Westen drohen, ins Auge fassen.

Amerika, als das Land der Verheißung für alle Welt, ist
der Schauplatz der merkwürdigsten Einwanderung, welche
man jemals erlebt hat. Während der verflossenen vier
Jahre sind wir in aller Stille von einer Völkerwanderung
überfluthet worden, doppelt so groß, als die Schaaren der
Gothen und Vandalen, welche einst das südliche Europa
überzogen und Rom überwältigten. Während der verflos=
senen hundert Jahre machten 15,000,000 Ausländer die
Ver. Staaten zu ihrer Heimath, und dreiviertel davon ka=
men seit 1850, während 5,248,000 seit 1880 ankamen.
Eine genaue Untersuchung der Ursachen dieses Völkerzuges
zeigt uns, daß wir vielleicht erst den Anfang desselben gese=
hen haben. Diese Hauptursachen sind dreifach: 1) Die
anziehenden Einflüsse der Ver. Staaten. 2) Die absto=
ßenden Einflüsse der alten Welt. 3) Bequeme Reisegele=
genheiten.

1. **Die anziehenden Einflüsse der Ver. Staaten.** Wir haben schon gesehen, daß unser Land für jeden der gegenwärtigen Einwohner zwanzig derselben zu ernähren im Stande wäre. Die Größe des Raumes bildet eine dringende Einladung an die dichtgedrängten Völkerschaften Europas. Die Aussicht, sich ein schönes Eigenthum hier sichern zu können, ist verlockend für den europäischen Bauer. In England ist nur eine Person aus zwanzig Landeigenthümer; in Schottland eine aus 25; in Irland eine aus 79, und die große Mehrheit der „kleinen Leute" in Großbritannien besitzen weniger, als einen Acker Land.*) Mehr als dreifünftel aller Ländereien in dem vereinigten Königreich befinden sich in den Händen der Gutsbesitzer, deren jeder über 1000 Acker oder mehr verfügt. Ein Mann reitet in gerader Linie mehr als hundert Meilen über seine Besitzungen. Ein anderer besitzt ein ganzes County, welches sich quer durch Schottland erstreckt. Ein Edelmann in Schottland hat unlängst ein Gut von mehr als hundert Quadratmeilen, welches von Meer zu Meer reicht, zu einem Rehpark eingerichtet, wobei manche Familie den Hirschen Platz machen mußte. Officielle Ziffern constatiren, daß ein Drittel der Familien Schottlands in je einem Zimmer wohnen, und mehr als ein anderes Drittel in je zwei Zimmern.†) Was muß e i g e n e s L a n d für solche Leute für eine Bedeutung haben?

Dazu ist unser Land das Land der Fülle. Die folgende Tabelle‡) zeigt den durchschnittlichen jährlichen Verbrauch von Nahrungsmitteln auf die Person und ist ein Beweis davon, wie viel bessere Nahrung die Leute in den Ver. Staaten genießen gegen diejenigen anderer Länder. Alle Sorten Getreide sind eingeschlossen, indem das, was Futter fürs Vieh liefert, dazu dient, schließlich Nahrung für die Bevölkerung zu produciren. Kartoffeln sind als Getreide zu vier Bushel auf einen Bushel Weizen berechnet.

---

*) Encyclopedia Britannica, Vol. XIII., S. 223.
†) Henry George in Twilight Club Tracts, S. 37.
‡) Mulhall, Balance Sheet of the World, 1870-1880, S. 39.

	Bujhel Getreide.	Pfund Fleijch.
Frankreich	24.02	81.88
Deutjchland	23.71	84.51
Belgien	22.84	57.10
Großbritannien	20.02	119.10
Rußland	17.97	54.05
Spanien	17.68	25.04
Oejtreich	13.57	56.03
Schweden und Norwegen	12.05	51.10
Italien	9.62	20.80
Europa	17.66	57.50
Ver. Staaten	40.66	120.00

John Rae jagt, daß fast die Hälfte der Einwohner in
Preußen mit einem jährlichen Einkommen von $105 per
Familie leben müjjen. Ijt es da ein Wunder, daß die
Leute jehnjüchtig nach Amerika herüber jchauen?

Die Einwanderung jteht und fällt mit unjerem Wohl=
jtande. Eine finanzielle Krijis dahier verlangsamt auf
einmal die Einwanderung, wohingegen der Strom gleich
wieder zunimmt, wenn jich die Gejchäfte heben. Wir wer=
den auch in Zukunft manchen Krach haben, welcher einen
flauen Gejchäftsgang zur Folge hat, aber im Allgemeinen
jind die Umjtände derart, daß wir in kommenden Jahren
auf bedeutende materielle Entwickelung rechnen können.
Und das Steigen unjeres Wohljtandes wird vermehrte
Einwanderung anziehen. Freie Schulen und gleiche Rechte
tragen das Ihre dazu bei. Wir bezahlen beinahe jechsmal
jo viel für Unterrichtszwecke per Kopf, als Europa. Die
Eltern wijjen, daß ihre Kinder hier bejjere Ausjichten ha=
ben, darum kommen jie um ihretwillen. Diese Umjtände
werden immer bekannter in anderen Ländern. Jeder Aus=
länder, welcher zu uns herüber kommt und Erfolg hat, was
unter den günjtigen Umjtänden bei den meijten der Fall ijt,
macht Reclame für unjer Land und zieht nicht nur jeine
Verwandten an, jondern in vielen Fällen jchickt er ihnen
noch Geld, daß jie auch kommen können. Unjer Conjul in
Frankfurt jchreibt: „Nicht weniger als die Hälfte der deut=

schen Auswanderer nach den Ver. Staaten ziehen in Folge
des Rathes und der Unterstützung ihrer Freunde dahin."
Prof. R. M. Smith*) sagt: „Die Inman Dampfschiff-
Linie hat 3500 Agenten in Europa und eine gleiche Zahl
in diesem Lande, welche vorausbezahlte Billete an Freunde
und Verwandte solcher Personen verkaufen, die schon hier
sind und ihren Freunden die Passage bezahlen." Andere
Compagnien handeln natürlich in ähnlicher Weise.

2. Die abstoßenden Einflüsse Europas. Dortige sociale
und politische Umwälzungen führen uns Schaaren von Einwanderern zu. Ein Blick auf die Verhältnisse zeigt, daß
die Aussichten für die nächsten 15 oder 20 Jahre nicht sehr
friedlich sind.

Frankreich. Die Franzosen sind leichtfertig. Seit der
Revolution bis 1870 hat keine ihrer Regierungen 20 Jahre
überdauert. Die Thatsache daher, daß die dritte Republik
diesen Zeitraum überschritten hat, welcher der erforderliche
Probetermin für eine französische Regierungsform zu sein
scheint, ist eine günstige Vorbedeutung für deren Bestand.
Der Boulangerismus hat die vorhandene Unzufriedenheit
der verschiedenen Classen der Republik gegenüber ausgesprochen, und sein totaler Sturz rechtfertigt die Hoffnung,
daß sich die Franzosen in Zukunft einer beständigen Regierung auf viele Jahre erfreuen werden. Und wenn die
Republik besteht, wie es ja den Anschein hat, so wird dieselbe für die europäischen Monarchien beständig ein Sta-
chel bleiben, der geeignet ist, Unzufriedenheit hervorzuru-
fen.

Deutschland. Die Revolution von 1848 hat gezeigt,
daß das allezeit freiheitsliebende deutsche Volk die Grundsätze der Freiheit erfaßt hat; dieselbe hat aber zugleich auch
gezeigt, daß dem Volke das praktische Verständniß für seine
Selbstregierung abgeht. Während der 42 Jahre wachsender Bekanntschaft mit unseren freien Institutionen ist ihre
Liebe zur Freiheit gewachsen, aber in der Kunst der Selbstregierung haben sie keine Erfahrung. Deutschland zeigt

*) Auswanderung und Einwanderung, S. 46.

uns das Unding einer modernen geſchäftsreichen Civiliſa=
tion unter einer mittelalterlichen militäriſchen Regierung;
ein Volk, welches eine ſtarke Liebe zur Freiheit kennzeichnet,
das aber von einem Kaiſer beherrſcht wird, der ſagt: „Wer
ſich mir widerſetzt, den ſchlage ich in Stücke!“ Solcher
Zuſtand der Dinge kann ſchwerlich lange ſein Gleichgewicht
halten. Ob dieſer junge Herrſcher im Stande iſt, ſich und
ſeine Regierung den modernen Verhältniſſen anzupaſſen,
muß die Zukunft lehren. Währenddeſſen wird die Auswan=
derung mit der allgemeinen Unzufriedenheit vielleicht zu=
nehmen, welch letzteres durch die Ueberhandnahme des So=
cialismus beſtätigt wird.

Während der letzten zwölf Jahre ſind beinahe 750,000
deutſche Unterthanen nach den Ver. Staaten ausgewandert,
und es iſt nicht wahrſcheinlich, daß ſich die Zahl unter zu=
nehmenden Laſten verringern wird. Ein Mitglied des
Reichstags ſagte vor mehreren Jahren: „Das deutſche
Volk ſcheint nur noch ein Bedürfniß zu haben, nemlich Geld
genug, um nach Amerika auszuwandern.“

Oeſtreich. Die Einwanderung aus jenem Lande zeigt
eine bedeutende Zunahme; und der Kriegsminiſter ver=
langt eine bedeutende Vermehrung der Armee, welches ver=
mehrte Ausgaben im Betrage von 80—100 Millionen Florin
bedeutet.

Italien. Die Italiener nähren ſich kümmerlicher, als ir=
gend ein Volk in Europa, die Portugieſen ausgenommen.
Der Steuerempfänger nimmt 31 Procent vom Verdienſt
der Leute weg. Viele Tauſend der kleinen Eigenthümer
ſind von den Kronländern ausgewieſen worden, weil ſie nicht
im Stande waren, die Steuern zu entrichten. Und die
Steuern werden höher. Trotz der induſtriellen Fortſchritte,
welche Italien von 1870–1880 gemacht hat, ſtiegen doch die
Nationalſchulden in einem ſolchen Maße, daß das Land in
1880 um 200 Millionen Dollars ärmer war, als zehn
Jahre vorher. Für das 1888 ſchließende Fiscaljahr ergab
ſich ein Deficit in der Regierungskaſſe von 57 Millionen
Lire; und für die beiden 1890 endenden Jahre zeigte das
Budget ein Deficit von 248 Millionen Lire. Die Zunahme

der Bevölkerung und Besteuerung werden eine zunehmende Auswanderung zur Folge haben. Die ganze Zahl der Auswanderer, welche in 1884 nur 147,000 war, ist in 1888 auf 290,000 angewachsen. Gegenwärtig wird dieser Strom in Gnaden theilweise nach Südamerika gerichtet; aber unser Antheil desselben ist im Wachsen begriffen, und Italien, so schwer bedrückt als Irland, mag sich noch fluthenartig über uns ergießen.

Rußland. Der Thron des Czaren steht auf einem Vulkan. Alexander III. scheint gänzlich dem Imperialismus zu huldigen, und die Revolutionäre sind entschlossen, daß das Volk seinen Antheil an der Regierung haben soll. Dieselben werden von keinen religiösen Scrupeln zurückgehalten und scheinen nicht zu zögern, sowohl sich selbst, wie ihre Feinde zu opfern, um ihre Zwecke zu erreichen. „Die Regierung mag fortfahren, einzufangen und zu hängen, so lange sie will, und mag auf diese Weise einzelne Theile der revolutionären Strömung dämmen. Dadurch aber wird der Stand der Dinge im Allgemeinen nicht verändert. Revolutionisten werden durch Umstände gemacht; durch die allgemeine Unzufriedenheit des ganzen Volkes, durch die Neigung Rußlands zu neuen socialen Formen. Eine ganze Nation kann nicht unterdrückt werden."*) Der gänzlich gesetzlose Widerstand der Nihilisten verhindert den Kaiser natürlich, ihnen irgend welche Zugeständnisse zu machen; während seine rohen und drückenden Handlungen die allgemeine Unzufriedenheit vermehren. Es hat den Anschein, als ob die abstoßende Politik der Regierung und die volksthümliche Agitation dazu beitrügen, sich gegenseitig zu vergrößern, bis als Folge derselben schmerzliche Convulsionen das ganze Land durchzucken. Und Revolution in Rußland bedeutet vermehrte Auswanderung.

Großbritannien. Es herrscht unter dem englischen Volke viel Unzufriedenheit, welche in dem Maße zunimmt, wie England die Herrschaft auf dem Gebiete der Fabrikation

---

*) Adresse der Executiv-Committee an den Kaiser, den 10. März, 1881. Underground Russia, S. 267.

einbüßt. Der unlängst verstorbene Mr. Fawcett sagt, daß die Localunkosten, wenn sie so zunehmen, wie dies während der letzten 25 Jahre geschah, diejenigen der kaiserlichen Regierung übersteigen werden. Die Localregierungen ziehen jetzt jährlich 200 Millionen Dollars und hinterlassen dabei ein Deficit von 100 Millionen Dollars, welches durch neue Anleihen gedeckt wird. Die Localschulden sind von 165 Millionen Dollars in 1867 auf 600 Millionen Dollars in 1884 angewachsen. In 1880 betrugen die Hypotheken in England und Irland auf Grundeigenthum 58 Procent des sämmtlichen Werthes. Thomas Hughes sagt: „Wir mögen die gegenwärtigen Führer der Socialdemokratie verachten und über ihre Reden und Handlungen lächeln; aber irgend Jemand, der die heutigen Vorgänge in England kennt, wird zugeben, daß ein Tag am Kommen ist, an welchem man mit ihnen zu rechnen gezwungen sein wird." Es gibt nur einen Gladstone, und der ist ein alter Mann. Ein Correspondent des British Quarterly sagt: „Der Rücktritt Mr. Gladstone's bedeutet das Aufbrechen der großen Tiefe in der englischen Politik." Die socialen und politischen Umwälzungen in Großbritannien werden vermehrte Einwanderung zur Folge haben.

Die Civilisation entwickelt sich in der Richtung, daß sie die Volksregierung begünstigt. Alle Könige mit ihren Armeen sind nicht im Stande, die Räder des menschlichen Fortschritts zu hemmen. Ich glaube, es war Victor Hugo, welcher mit prophetischem Ohr einen Europäer sagen hörte: „Ei, wir hatten hier früher einmal Könige." Alle Nationen Europas werden sich eines Tages der Freiheit erfreuen, welche jetzt das besondere Geburtsrecht der Angelsachsen zu sein scheint. De Tocqueville, welchen Gladstone den Thomas Burke seiner Zeit nennt, sagt, daß er den Fortschritt demokratischer Principien in der Regierung als providenciell, als Resultat göttlicher Verordnung betrachtet. Matth. Arnold, nach seinem neulichen Besuch in Amerika, sagt, indem er von der republikanischen Regierungsform redet: „Es ist die einzige schließliche Form der Regierung für alle Menschen." Somit sind große Umwälzungen im Anzug in

Europa, warum mögen nicht manche derselben noch in die=
sem Jahrhundert kommen? Und wenn wir die Zukunft
nach der Vergangenheit beurtheilen, so werden dieselben
nicht friedlich ablaufen. Der blinde Riese ist am Mahlen
in seinem Gefängniß; aber seine Locken sind am Wachsen,
und wer weiß, wie bald er sich strecken und die Säulen des
Despotismus erfassen wird?

Und neben den politischen Revolutionen, welche während
der nächsten Generation hereinzubrechen drohen, ist auch ein
gewaltiger Zusammenstoß der Waffen zu fürchten, welchen
Moltke schon Jahre lang wie ein Damoklesschwert über
Europa hängen sah, und den Andere als unvermeidlich be=
trachten. Stille, aber tiefe Einflüsse sind im Begriffe, die
Karte von Europa zu revidiren. Die gewöhnlichen Leute
lernen lesen, und Geschichte und Poesie erwecken Patriotis=
mus. Mit dem Wachsthum der Volksbildung entwickelt
das Gefühl der Zusammengehörigkeit nach Sprache und
Blut einen zunehmenden Einfluß, und die zerstückelten Na=
tionen, welche man längst als todt betrachtete, fangen an,
sich zu regen und zu beleben, wie die Todtengebeine in He=
sekiel's Gesicht, worauf eine Auferstehung des alten nationa=
len Geistes und Lebens folgt. Die östliche Frage entspringt
der Thatsache, daß viele nationale Reste verschiedener Ras=
sen, welche bisher durch unbilligen Druck in Knechtschaft ge=
halten wurden, eine Wiedervereinigung auf Grund ihrer
gemeinsamen Abstammung und Sprache anstreben. Es
scheint, als ob diese Tendenz früher oder später das beste=
hende Gleichgewicht der Mächte stören und dadurch einen
gewaltigen und vielleicht allgemeinen Zusammenstoß her=
beiführen möchte.

In der Vorbereitung auf diese Krisis scheint jede Nation
ihren Concurrenten übertreffen zu wollen. Die folgende
Tabelle gibt eine Andeutung darüber, was ein europäischer
Krieg zu bedeuten haben würde:

Länder.	Friedensfuß.	Kriegsfuß.	Total—einſchl. der Reſerven.
Oeſtreich=Ungarn	323,000	1,631,000	4,000,000
Frankreich	555,000	2,500,000	3,750,000
Deutſchland	492,000	2,232,000	3,000,000
Italien	255,000	588,000	2,765,000
Rußland	814,000	6,715,000	7,511,000
Total	2,439,000	13,666,000	21,026,000

Die Kriegsvorbereitung iſt allerdings eine relative Sache. Was immer ſeine Armee ſein mag, ſo iſt ein Volk doch ſchlecht vorbereitet, ſobald es von ſeinem Gegner in der Vorkehrung übertroffen wird. Daher die ſtets vermehrte Kriegsrüſtung und der Wachsthum des Militärismus, welcher, wie Gladſtone ſagt, „einem Vampyr gleich an dem Leben Europas ſaugt.“

In Continental=Europa werden die beſten Jahre eines Mannes gewöhnlich zum Militärdienſte verlangt. Der Deutſche gehört ſieben Jahre zur Armee, wovon drei dem activen Dienſte gewidmet ſind; der Franzoſe ſteht neun Jahre in der Armee und fünf Jahre im activen Dienſte, der Oeſtreicher zehn Jahre in der Armee und drei Jahre im activen Dienſte, der Ruſſe fünfzehn Jahre in der Armee und ſechs im activen Dienſte. Wenn nicht im activen Dienſte, ſind ſie doch unter beſonderer Reſtriction. Zudem mögen ſie ſpäter, nach ihren militäriſchen Dienſten, zu irgend einer Zeit auf zwei bis fünf Jahre zu Kriegsdienſten einberufen werden. Dieſer Raub an Menſchenleben wird ſtets eine gewaltige Triebfeder zur Auswanderung ſein; und die „Bluttaxe,“ welche verlangt wird, um dieſe Millionen während dieſer nutzloſen Jahre ihres Lebens zu unterhalten. nimmt von Jahr zu Jahr zu. Während von 1870 —1880 die Beſteuerung in den Ver. Staaten um 9 15 Procent abnahm, wuchs dieſelbe in Europa um 28.01 Procent. Die Zunahme in Großbritannien war 20.17 Procent, in Frankreich 36.13 Procent, in Rußland 37.83 Procent, in Schweden und Norwegen 50.10 Procent, in

Deutschland 57.81 Procent. Und trotzdem die Besteuerung
so zunimmt, wachsen doch die öffentlichen Schulden in Continental-Europa in einer erschreckenden Weise. Dieselben
haben sich von 1870–1880 um 71.75 Procent vermehrt,
seit jener Zeit .haben sie um nahe 3 Milliarden Dollars
zugenommen und belaufen sich jetzt auf 20,580 Millionen
Dollars. Die Regierungskosten haben sich innerhalb zehn
Jahre, von 1875–1885, um 50 Procent vermehrt. Wenn
die gegenwärtige Tendenz noch ein Vierteljahrhundert an-
dauert, so wird dadurch eine furchtbare finanzielle Kata-
strophe und vielleicht eine sociale Krisis herbeigeführt werden. Gleichfalls wächst auch der Druck der Ueberbevölkerung. Die Bevölkerung Europas ist innerhalb der zehn
Jahre vor 1880 um 22,225,000 gewachsen. Europa
könnte uns jährlich einen ununterbrochenen Strom von 2
Millionen Einwanderern herüberschicken, und seine Einwohnerzahl würde trotzdem beständig zunehmen.

Somit finden wir, daß die Aussicht auf politische Umwälzungen, die Daumschraube der Besteuerung, wenn sie
öfter gedreht wird, die zunehmende Ueberbevölkerung ihren
Einfluß vereinigen, um die Fluth der Einwanderung zu
schwellen.

3. Die Reisebequemlichkeiten entwickeln sich. Von 1870
bis 1880 wurden in Europa 39,857 Meilen Eisenbahnen
gebaut, nur 2000 weniger, als in den Ver. Staaten zur
gleichen Zeit, und von 1880–1888 noch weitere 26,478
Meilen. Dadurch wird den Bewohnern im Inneren der
Länder die Erreichung der Seeküste erleichtert. So machen
die Verbesserungen in der Dampfschifffahrt die Ueberfahrt
über den Ocean leichter und vollenden dieselbe in einer
Woche oder zehn Tagen. Während eines einzigen Jahres
machen die Dampfschiffe 741 Fahrten von neun europäischen Häfen nach New York und noch 144 von anderen
Häfen Europas. Und manche dieser Schiffe fahren mehr
als tausend Zwischendeckpassagiere. Verbesserungen der
Dampfschiffe machen die Fahrten über das Meer leichter,
schneller und wohlfeiler. In 1825 kostete die billigste Fahrt
von Europa nach Amerika $100. Gegenwärtig sind die

Raten von drüben nach New York nur $23–$26; und die Zwischendeckfahrt von Hamburg nach New York ist sogar auf sieben Dollars herabgesetzt. Es sind ganze Schaaren in Europa, welche sehnsüchtig westwärts blicken, aber sie waren bisher nicht im Stande, die Ueberfahrtskosten zu bestreiten. Diese Reduction der Fahrpreise jedoch macht es Tausenden möglich, ihre Wünsche zu verwirklichen.

Dieser dreifache Einfluß, welcher die Einwanderung controlirt, wirkt beständig, um den „Golfstrom der Menschheit" nicht nur voranzutreiben, sondern noch anzuschwellen.

Zudem machen die Arbeit ersparenden Maschinen immer mehr ihren Einfluß geltend, um sich zuletzt die Welt zu erobern. Diese Thatsache muß die obengenannten Einflüsse noch wirksamer machen. Wo nur Menschen arbeiten, dahin werden die Arbeit ersparenden Maschinen auch ihren Weg finden; und das Volk der Ver. Staaten wird daraus seinen größten Nutzen zu ziehen wissen. Wir besitzen ganze Berge von Eisen, unerschöpfliche Kohlenlager mit dem Genius der Erfindung. Während 53 Jahren hat unsere Patentoffice 449,928 Patente verabfolgt. Unsere Maschinen werden bereits über die ganze civilisirte Welt versandt. Und was bedeutet dies? Eine Maschine nach Europa gesandt, welche die Arbeit von 100 Personen verrichtet, entzieht dort 100 Arbeitern ihre Beschäftigung. Die Maschine ist nützlich, denn sie macht die Geschicklichkeit und Kraft von 100 Arbeitern überflüssig. Dieselben können sich aber in einer dichten Bevölkerung nicht so leicht in diesen Gang der Dinge finden. Die Anfertigung von Maschinen in den Ver. Staaten vermehrt die Arbeit hier, und ihre Verschiffung vermindert das Arbeiterbedürfniß in der alten Welt. Dies hat wieder Einwanderung zur Folge. Wir verschiffen unsere Arbeit ersparenden Maschinen über die ganze Welt hin und erhalten dafür das Equivalent an Personen und Arbeitskräften zurück.

Mit Rücksicht auf die Thatsache, daß Europa in der Lage ist, uns während der nächsten 30 Jahre neunmal so viel Emigranten zuzusenden, als dies während der verflossenen 30 Jahre der Fall war, ohne daß seine Bevölkerung dadurch vermindert wird, und mit Rücksicht darauf, daß all die gewaltigen Einflüsse zusammenwirken, die Bewegung anzuschwellen, ist es wahrscheinlich, daß wir einer ungeheuren Einwanderung entgegensehen, es sei denn, der Congreß würde geeignete Maßregeln ergreifen, dieselbe zu hemmen.

Der 10. Census beziffert unsere im Ausland geborene Bevölkerung auf 6,679,943; aber wir müssen nicht vergessen, daß die Kinder der eingewanderten Generation ein ernstlicheres Problem zu lösen geben, als selbst deren Eltern, die Einwanderer selbst. Jene Classe zählt 8,316,053, welches die Zahl der fremden Eltern und Kinder auf nahe 15 Millionen bringt.

Ueber die gegenwärtige Anzahl der fremden Bevölkerung hat uns der elfte Census noch keine Nachricht gegeben. Weil wir aber wissen, wie dieselbe in 1880 stand, und auch wissen, was die Einwanderung seitdem gewesen, können wir eine überschlägliche Schätzung machen. Wenn die Rate der Sterblichkeit unter der fremden Bevölkerung in 1880–1890 im Verhältniß zu der zwischen 1870–1880 stand, und wenn derselbe Procentsatz nach Europa zurückkehrte, so beträgt diese Bevölkerung gegenwärtig 9,590,000; und wenn dasselbe Verhältniß zwischen den im Auslande geborenen und den hier geborenen Kindern besteht, wie in 1880, so beträgt die Gesammtzahl derselben 21,385,000, oder 33.94 Procent der sämmtlichen Bevölkerung.

Ein solch ungeheures ausländisches Element muß einen gewaltigen Einfluß auf unser nationales Leben und den Nationalcharakter ausüben. Die Einwanderung bringt uns unbestreitbare Vortheile, doch diese kommen hier nicht in Betracht. Sie ist in allen Besprechungen der Inneren Mission ein Hauptgegenstand und liefert den Boden, in welchem mehrere der schädlichsten Auswüchse unserer Civilisation wuchern. Ich habe darum ihre mögliche Zukunft so eingehend besprochen, damit wir daraus die uns drohenden Gefahren desto genauer zu beurtheilen im Stande sind.

Betrachte in Kürze den moralischen und politischen Einfluß der Einwanderung. 1. Ihr Einfluß auf die Sittlich-

teit. Ich will nicht verſäumen, hier dem hohen Werth
mancher unſerer ausländiſchen Mitbürger meine volle Aner=
kennung zu zollen; ſie ſind gewaltig auf der Kanzel oder
erfolgreich in Zweigen der Gelehrſamkeit. Manche derſel=
ben kommen zu uns in voller Sympathie mit unſeren freien
Inſtitutionen und wünſchen uns in der Hebung chriſtlicher
Civiliſation zu unterſtützen. Aber Niemand weiß beſſer,
als gerade dieſe intelligenten chriſtlichen Ausländer, daß ſie
nicht die Maſſen der Einwanderer repräſentiren. Der Ty=
pus der Emigranten iſt der europäiſche Bauer, deſſen Hori=
zont beſchränkt, deſſen moraliſcher und religiöſer Unterricht
mager oder verkehrt, und deſſen Ideen vom Leben niedrig
ſind. Nicht wenige gehören der Bettler= oder Verbrecher=
claſſe an. „Aus einem neulichen Bericht der Howard Society
in London geht hervor, daß 74 Procent der entlaſſenen
Sträflinge in Irland ihren Weg nach den Ver. Staaten
gefunden haben.“*) Jeder Detectiv in New York weiß,
daß kaum ein Auswanderungsſchiff landet, ohne daß ſich
engliſche, franzöſiſche, deutſche oder italieniſche Spitzbuben
darauf befinden. Dazu wirkt die Einwanderung demorali=
ſirend. Niemand wird durch die Kraft ſeiner eigenen Wur=
zeln allein aufrecht erhalten; die Zweige ſind mit denen
Anderer verflochten, und auf dieſe Weiſe bildet ſich die Ge=
ſellſchaft, mit allen Geſetzen der Gewohnheit und Macht der
öffentlichen Meinung. Nur wenige Menſchen wiſſen den
Werth ihrer Umgebung, durch deren Mitwirkung ſie in
Kampf oder Leiden geſtärkt werden, zu ſchätzen. Alle dieſe
Macht läßt der Einwanderer hinter ſich zurück. Er ſteht
einſam in einem fremden Lande und zwar zwiefach ſo in
Folge ſeiner fremden Sprache. Er iſt aus einem Walde in
die offene Prärie verpflanzt, wo er vom Sturm der Verſu=
chung geſchüttelt wird, ehe er feſtwurzelt.

Wir haben ein gutes Theil Frömmigkeit in unſeren Kir=
chen, welche eine Verſetzung nicht auszuhalten vermöchte.
Sie vermag nicht einmal einem Klimawechſel zu widerſtehen
und ein paar Wochen in einem Badeort am Seeufer anzu=

---

*) Dorchester's Problem of Religious Progress, p. 423.

dauern, weßhalb sie meistens daheim gelassen wird. Ame=
rikanische Reisende in Europa erlauben sich oft Freiheiten,
auf die sie daheim mit Widerwillen blicken würden. Viele
Kirchenglieder, welche westlich ziehen, scheinen zu denken, daß
sie ihre Christenpflichten mit ihrem Gliederrecht im Osten
zurückgelassen haben. Und ein bedeutender Theil unserer
eingeborenen Bevölkerung scheint der Ansicht zu huldigen,
daß die zehn Gebote westlich vom Missouri keine Geltung
hätten. Ist es daher befremdend, daß diejenigen, welche
aus einem anderen Lande kommen und alle früheren Ver=
bindungen mit ihrer Reputation hinter sich zurückgelassen
haben, ebenso tief hinabsteigen sollten? Jenseit des Mee=
res standen sie unter mancher Einschränkung, welche hier
wegfiel. Besserer Arbeitslohn ermöglicht größere Genüsse;
manche Füße können gute Tage nicht ertragen, und Freiheit
wird oft als Lizens mißbraucht. Unsere Bevölkerung von
ausländischer Abkunft figurirt hervorragend in den Verbre=
cherlisten. In 1870 machte dieses Element 20 Procent der
Einwohnerschaft von New England aus und lieferte 75
Procent aller Verbrecher; d. h. es huldigte der Neigung
zur Uebertretung des Gesetzes zwölfmal so sehr, als die Ein=
geborenen. Die Lungerer und "roughs" in unseren
Städten sind meistens hier geborene Abkömmlinge von Ein=
wanderern. Von den 680 entlassenen Sträflingen, welche
während des Jahres, das mit dem 30. Juni 1882 schloß,
bei der Prison Association von New York um Unterstützung
nachsuchten, waren 442 in den Ver. Staaten und 238 im
Auslande geboren; die Eltern von 144 derselben waren
Amerikaner und diejenigen von 536 Ausländer.

Das Rhode Island Arbeits= und Correctionshaus nahm
bis zum 31. December 1882 6202 Sträflinge auf. Von
diesen waren 52 Procent Eingeborene und 76 Procent von
ausländischen Eltern Geborene. Von den 182 Gefangenen
in der Massachusetts Reformatory für Frauen in 1880–81
waren 81 Procent ausländischer Abkunft. Während in
1880 die im Ausland geborene Bevölkerung bloß 13 Pro=
cent der sämmtlichen Bevölkerung ausmachte, lieferte sie 19
Procent der Sträflinge in unseren Gefängnissen und 43

Procent in den Arbeits= und Correctionshäusern. Dabei
ist zu bedenken, daß ein bedeutender Theil der eingeborenen
Sträflinge von Ausländern abstammte, und während diese
weniger als ein Siebentel der Bevölkerung ausmachten,
stellten sie mehr als ein Drittel der Armen und fünf Achtel
der Selbstmörder.

Aber die Einwanderung liefert nicht nur die größte An=
zahl unserer Verbrecher, sondern beeinflußt auch die Sitten
unserer einheimischen Bevölkerung auf eine bedenkliche
Weise. Die Krankheit, nicht die Gesundheit, ist ansteckend.
Die meisten Ausländer bringen continentale Ideen vom
Sonntag mit herüber, welches sich besonders in unseren

Vergleichstafel.

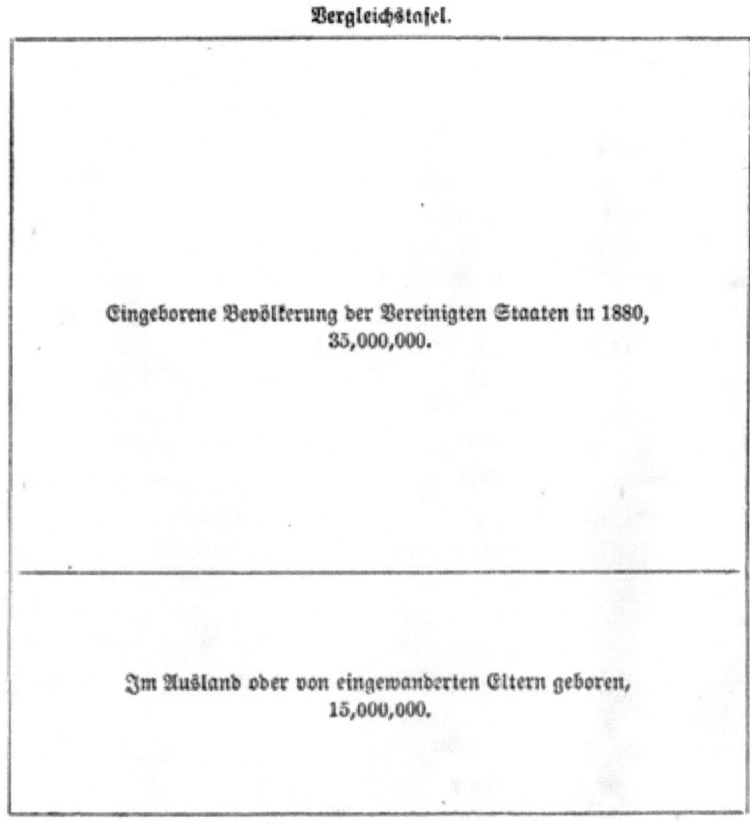

Eingeborene Bevölkerung der Vereinigten Staaten in 1880,
35,000,000.

Im Ausland oder von eingewanderten Eltern geboren,
15,000,000.

größeren Städten bedrohlich zeigt, wo man den Tag des
Herrn in einen Tag der Vergnügungen umwandelt. Aber
das bei Weitem erfolgreichste Mittel, die guten Sitten des
Volkes zu zerstören, ist der Handel mit berauschendem Ge=
tränke, und dieser wird hauptsächlich von Ausländern be=
trieben. In 1880 waren von Wholesalehändlern in Spi=
rituosen 63 Procent und von den Brauern und Malzhänd=
lern 75 Procent Ausländer, während der größte Theil der
Uebrigen von Ausländern abstammte. Von den Saloon=
haltern waren 60 Procent Ausländer, während die Eltern
des überwiegenden Theils der anderen Verführer der Ju=
gend, dieser westlichen Ismaeliten, deren Hand gegen Jeder=
mann ist, im Auslande geboren waren.

Auf die politische Seite der Einwanderung können wir
nur einen Blick werfen. Wie wir schon gesehen haben, wird
der Getränkehandel von der eingewanderten Bevölkerung
beherrscht, und diese spielt eine Rolle bei den Wahlen. Die
Einwanderung liefert die meisten Opfer des Mormonismus,
und diese spielen eine Rolle bei den Wahlen. Die Ein=
wanderung ist die Stärke der katholischen Kirche, und diese
spielt eine Rolle in der Politik. Die Einwanderung ist die
Mutter und Amme des amerikanischen Socialismus, und
dieser wird in unserer Politik seine Rolle spielen. Die
Einwanderung beeinflußt besonders die größeren Städte
und gibt denselben ihr politisches Gepräge. Und es gibt
keinen verderblicheren Einfluß für unsere Civilisation, als
unsere von Schelmen beherrschten Städte. Diese verschie=
denen Gefahren, welche alle durch die Einwanderung ver=
größert werden, sollen in späteren Capiteln Gegenstand un=
serer Betrachtung sein.

Manche amerikanischen Bürger sind nicht amerikanisirt.
Es ist so unglücklich wie natürlich, daß Ausländer in diesem
Lande ihre Sprache und Gewohnheiten theuer halten und
daher ihre Eigenthümlichkeiten in unsere Politik übertra=
gen. Die Einwanderung hat das „deutsche Votum" und
das „irische Votum" erzeugt, um welche die Politiker buhlen,
und welche bereits Staatswahlen entschieden haben und
bald auch Nationalwahlen entscheiden mögen. Eine Masse

von Leuten, welche von unſeren Inſtitutionen nur wenig
wiſſen, die in Vereinigung wirken und vielfach von ihren
Leidenſchaften und Vorurtheilen controlirt werden, bilden
ein wahres Paradies für Demagogen.

Wir haben geſehen, daß die Einwanderung den Sitten
des Volkes nachtheilig iſt. Den gleichen Einfluß übt ſie
auf die Intelligenz des Volkes aus, denn die Unwiſſenheit
der Eingewanderten iſt um 38 Procent größer, als die der
eingeborenen Weißen. So macht die Einwanderung unſere
moraliſchen und politiſchen Aufgaben ſchwieriger, indem ſie
die gefährlichen Volksclaſſen vermehrt. Und indem ſich die
Einwanderung verhältnißmäßig ſchneller vermehrt, als die
Bevölkerung, ſo iſt daraus zu ſchließen, daß die gefährlichen
Volksclaſſen in Zukunft noch ſchneller wachſen, als in der
Vergangenheit.*) Tugend und Bildung ſind zur Erhal=
tung der freien Inſtitutionen einer Republik ſo unerläßlich,
wie Gehirn und Herz für das Leben eines Mannes.

Eine Brücke mag einen ſchweren Druck vertragen, wenn
derſelbe gleichmäßig vertheilt iſt; auf einen Punkt vereinigt
würde derſelbe jedoch die Brücke zu Grunde richten. So
gibt es unter der fremdgeborenen Bevölkerung einen bedenk=
lichen Zug der Vereinigung, welcher den Druck auf gewiſſe
Stellen zuſammenzieht und dadurch unſer ſociales und po=
litiſches Gepräge bedroht. Gewiſſe Theile von manchen
unſerer Städte ſind in Sprache, Sitten und Gebräuche vor=
wiegend ausländiſch. Manche Colonien haben große Län=
derſtrecken gekauft und ſich dadurch den amerikaniſirenden
Einflüſſen entzogen. In 1845 wurde Neu=Glarus im ſüd=
lichen Wisconſin von 108 Perſonen aus einem Canton der
Schweiz angeſiedelt. Dieſelben zählen gegenwärtig 4000
Seelen, und kein „Yankee" wohnt innerhalb eines Ringes
von ſechs Meilen von der zuerſt erbauten Hütte. Dieſe

---

*) Von 1870–1880 wuchs die Bevölkerung um 30.06 Procent.
Während derſelben Zeit wuchs die Zahl der Verbrecher um 82.33
Procent. In 1850 gab es 290 Sträflinge auf jede Million der Be=
völkerung; in 1860 waren es 607 auf jede Million; in 1870 ſchon
853 und in 1880 bereits 1169. Das heißt: In 30 Jahren vermehrte
ſich die Zahl der Verbrecher um das Vierfache.

helvetische Ansiedlung, welche drei Jahre ehe Wisconsin ein
Staat wurde, gegründet wurde, hat ihre Nationalität,
Sprache, Gottesdienste und Gewohnheiten beibehalten.
Aehnliche Colonien werden gegenwärtig im Westen gegrün=
det. In manchen Fällen wurden 100,000–200,000 Acker
in einem Stück durch Ausländer von einer Nationalität und
Benennung angekauft und somit ein Staat innerhalb des
Staates mit besonderer Sprache, Abkunft, Religion, Ge=
wohnheiten, Ansichten und Vorurtheilen, wodurch Rassenhaß
gebildet wird, aufgebaut. In Neu=England werden Con=
ventionen abgehalten, bei welchen nur französisch=canadische
Katholiken zugelassen werden. Bei einer solchen Conven=
tion, die in 1888 in Nashua gehalten wurde, und wobei 80
Priester zugegen waren, wurden die folgenden Wahlsprüche
ausgestellt: „Unsere Sprache, unsere Nationalität und un=
sere Religion." „Ueber Alles lasset uns französisch blei=
ben." Und wenn unsere Besitzungen noch zehnmal größer
wären, als sie sind, wäre es doch mit Bezug auf unsere na=
tionale Sicherheit gewagt, kleine Deutschlands, kleine Scan=
dinaviens und kleine Irlands in denselben zu dulden. Eine
starke Centralregierung, wie diejenige Roms unter den Cä=
saren, vermag eher solches Bevölkerungsconglomerat zu
controliren, aber eine Volksregierung erheischt enge Bezie=
hungen zwischen Bürger und Bürger, ein gewisses Maß von
Sympathie, ja wohl Vereinigung der Ideen. Unsere Sicher=
heit erfordert die Assimilation dieser fremden Einwohner=
schaft, und der Prozeß dieser Assimilation wird langsamer,
je mehr die Einwanderung zunimmt.

In Anbetracht des Einflusses, welchen die Einwanderung
ausübt, ist es in keiner Beziehung beruhigend, wahrzuneh=
men, daß sich 75 Procent derselben in dem eben in seiner
Formation begriffenen großen Westen niederlassen. Bereits
ist schon das Verhältniß der Ausländer in den Territorien
zwei= bis dreimal größer, als in den Staaten östlich vom
Mississippi. Daher mögen wir wohl (und mit specieller
Beziehung auf den Westen) fragen, ob diese hereinströmende
Fluth uns „ausländerisiren," oder ob wir dieselbe amerika=
nisiren werden. Mr. Beecher sagt hoffnungsvoll: „Wenn

der Löwe einen Ochsen frißt, so wird der Ochs Löwe, und
nicht der Löwe Ochs." Diese Illustration wäre sehr schön,
wenn sie auch illustrirte. Der Löwe hat zufällig ein Instinkt,
welches ihm sagt, was, wann und wie viel er essen soll.
Sollte ihn dies Instinkt im Stiche lassen und er eines Tages einen kranken Ochsen fressen, oder sollte er sich über-
fressen, so würden wir in Folge dessen einen sehr kranken
Löwen auf Hand haben. Ich kann selbst begreifen, daß
unter solchen Umständen der gemeine Ochs das Ende des
Königs der Thiere herbeiführen könnte. Die Ausländer
kommen nicht angelockt von unserem „Appetit" nach den
Ver. Staaten, beherrscht von einem sicheren moralischen
oder politischen Instinkt. Dieselben consultiren dabei naturgemäß ihre eigenen Interessen, nicht die unsrigen. Der
Löwe, ohne daß man ihn mit Rücksicht auf Zeit, Quantität oder Qualität befragt, verschlingt sein Futter, und
bleibt ihm nur die Alternative, dasselbe zu verdauen oder
zu sterben.

Vergleichstafel.

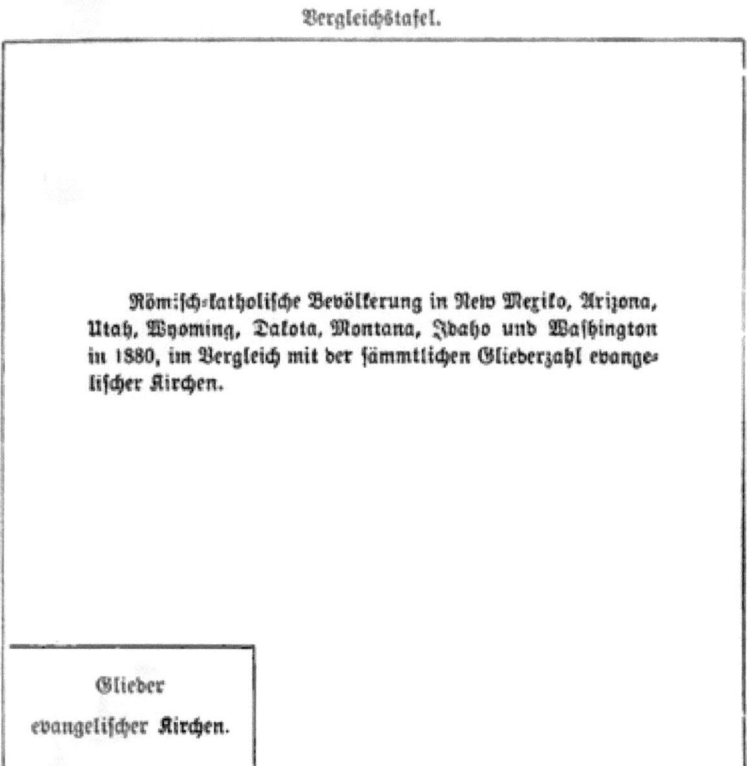

Römisch-katholische Bevölkerung in New Mexiko, Arizona, Utah, Wyoming, Dakota, Montana, Idaho und Washington in 1880, im Vergleich mit der sämmtlichen Gliederzahl evangelischer Kirchen.

Glieder
evangelischer Kirchen.

Capitel V.

Gefahren. — Romanismus.

Die Gefahren, welche unsere Nation bedrohen und besonders dem Westen gefährlich sind, erfordern, um sie gebührend ans Licht zu stellen, viel mehr Raum, als dieses Werk zu gewähren im Stande ist. Wir können daher nur die Hauptpunkte berühren.

Romanismus.

Es gibt viele Leute, welche jede Besorgniß mit Bezug auf den Katholicismus in den Ver. Staaten als bigott oder einfältig bezeichnen. Sie sehen nichts im Charakter und der

Stellung des Romanismus, das unseren freier Institutionen gefährlich werden, sehen nichts in seinem Wachsthum, das Jemand beunruhigen könnte. So laßt uns denn zunächst einige Fundamental-Principien unserer freien Institutionen mit denen der römisch-katholischen Kirche vergleichen.

I. Die Unabhängigkeitserklärung lehrt Volksherrschaft. Sie sagt, daß Regierungen ihre gerechte Macht von denjenigen, die regiert werden, erlangen. Die Lehre der römisch-katholischen Kirche überträgt dem Papste unbeschränkte Herrschaft. In "Essays on Religion and Literature," redigirt von Erzbischof Manning, 1867, lesen wir auf Seite 416: „Zudem steht das Recht, Könige abzusetzen, der Oberherrschaft der Päpste zu, welches sie, als Statthalter Christi, unter allen christlichen Nationen ausüben."

In Art. VI. §3 der Constitution der Ver. Staaten finden wir: „Diese Constitution und die Gesetze der Ver. Staaten, welche in Folge derselben erlassen werden * * * sollen das oberste Gesetz des Landes bilden." Das kanonische Gesetz der Kirche Roms ist wesentlich die Constitution derselben, welche überall für Katholiken bindend ist. Die Bulle "Pastoralis Regiminis," von Benedict XIV. herausgegeben, bildet einen Theil des kanonischen Gesetzes und bestimmt, daß Solche, die sich weigern, irgend eine „Verordnung des römischen Gerichts zu befolgen, sollen, wenn sie Priester sind, ipso facto von ihrem Amte suspendirt sein, und sind sie Laien, so sollen sie excommunicirt werden."

Die Bulle Unam Sanctam von Bonifacius VIII., welche ebenfalls einen Theil des kanonischen Gesetzes bildet und von Cardinal Manning als ein Glaubensartikel anerkannt wurde, sagt: „Es ist nothwendig, daß ein Schwert unter dem anderen steht, und daß die irdische der geistlichen Macht untergeordnet sei. Und so wird die Prophezeiung Jeremia's in der Kirche und der kirchlichen Gewalt erfüllt: ‚Plötzlich rede ich wider ein Volk und Königreich, daß ich es ausrotten, zerbrechen und verderben wolle.' Wenn daher die irdische Macht irre geht, so muß sie durch die geistliche

Macht gerichtet werden. Weiter erklären, sagen, bestimmen und urtheilen wir, daß es überhaupt zur Seligkeit erforderlich sei, daß jeder Mensch dem römischen Pontifex unterthan sei."*) Bischof Gilmour von Cleveland, O., sagt in seinem Fastenbrief für 1873: „Nationen müssen der Religion unterworfen sein, und wir müssen lernen, daß wir zuerst Katholiken und darnach Bürger sind."

Hier ist ein bestimmter Meinungsausdruck, der sich darüber erklärt, ob ein römischer Katholik der Ver. Staaten dem Papst in Rom oder der Constitution und den Gesetzen des Landes den höchsten Gehorsam schuldet. In seinem Syllabus der Irrthümer, Proposition 42, welche am 8. December 1864 erschien, sagte Pius IX.: „Es ist ein Irrthum, zu glauben, daß im Falle eines Conflikts zwischen zwei Mächten das Civilgesetz den Ausschlag geben solle."†) Der derzeitige Papst sagt in seiner Encyclica vom 10. Januar 1890: „Es ist unrecht, das Gesetz Jesu Christi zu brechen, um dem Richter zu gehorchen, oder unter dem Schein des Gehorsams gegen das Civilgesetz die Gesetze der Kirche zu übertreten."‡) Wieder sagt Leo XIII.: „Aber wenn die Gesetze des Landes den Gesetzen Gottes offenbar widersprechen — wenn sie Schaden auf die Kirche bringen * * * oder die Autorität Jesu Christi, welche dem obersten Pontifex inne wohnt, außer Acht lassen, dann wird es allerdings Pflicht, ihnen zu widerstehen, und der Gehorsam wird Sünde."¶)

Wir dürfen nicht denken, daß die beiden Gebiete, das religiöse und weltliche, so entschieden getrennt seien, um jeden Conflikt zwischen den Autoritäten zu vermeiden. Warum sagt Pius IX., daß es ein Irrthum sei, zu glauben, daß, „im Falle eines Conflikts zwischen zwei Mächten,

---

*) Corpus Juris Canonici, Leipziger Ausgabe, 1839, tom II. Seite 1159.

†) S. ebenfalls den apostolischen Brief, Ad. Apostolicae, Aug. 22, 1851.

‡) Autorisirte Uebersetzung der Encyclica, S. 3.

¶) Ebendaselbst S. 4.

das Civilgeſetz den Ausſchlag geben ſolle," es ſei denn, die Möglichkeit eines ſolchen Conflikts beſteht? Mr. Glad= ſtone ſagt :*) „Selbſt in den Ver. Staaten, wo doch die Trennung zwiſchen Kirche und Staat völlig zu ſein ſcheint, könnte ein langes Verzeichniß von Gegenſtänden angefertigt werden, welche in den Bereich und das Vermögen des Staates gehören, die aber ohne allen Zweifel auch das kirchliche Regiment berühren; ſolche ſind z. E.: Die Ehe, Begräbniſſe, Erziehung, Gefängnißdiſciplin, Gottes= läſterung, Unterſtützung der Armen, Incorporation, die todte Hand, religiöſe Endowments, Cölibatgelübde und Gehorſam." Der Papſt könnte erklären, daß eins oder alle dieſe „dem Glauben und der Sittlichkeit" oder „der Diſciplin und Regierung der Kirche" angehören, über wel= che das vaticaniſche Concil ihm „ausſchließliche Macht" ge= geben hat.†)

Das Wort „Sittlichkeit" iſt breit genug, um auf die Po= litik hinüber zu reichen. Cardinal Manning ſagt :‡) „Warum ſollte der heilige Vater überhaupt irgend einen politiſchen Punkt berühren? Aus der klaren Urſache, weil die Politik einen Theil der Sittlichkeit ausmacht. * * * Politik gehört zur Sittlichkeit im ausgedehnteſten Sinne." Leo XIII. erklärt in ſeiner Encyclica vom 10. Januar 1890, daß „Politik * * * mit den Geſetzen der Sittlichkeit und der religiöſen Pflichten unzertrennlich verwoben ſei."¶) Dieſe Er= klärung iſt ex cathedra und daher „unfehlbar" das Ende des Haders bei allen guten Katholiken. Sie macht jede künftige Erklärung des Papſtes in politiſchen Dingen für das Gewiſſen jedes Katholiken bei ſeiner Seligkeit abſolut bindend. Dieſes iſt vielleicht das wichtigſte Wort, das ſeit 1870 von Rom gekommen iſt, als das vaticaniſche Concil der römiſchen Hierarchie den Schlußſtein aufſetzte. Nicht

---

*) Vatican Decrees, Harper & Bro., 1875, S. 30.
†) S. Erſte Dogmatiſche Conſtitution der Kirche Chriſti, Cap. III.
‡) Ecclesiastical Sermons, Bd. 3, S. 83.
¶) The Pilot, Boston, Febr. 15, 1890.

daß die päpstliche Einmischung in die Politik, in Lehre*)
und Praxis etwas Neues wäre, aber es ist oft geleugnet
worden, und römische Katholiken bekennen gewöhnlich voll=
kommene Loyalität beides dem Staat und dem Papst ge=
genüber, damit andeutend, daß die beiden Sphären, die
weltliche und kirchliche, verschieden seien; während moderne
Romanisten öfter entschieden erklärt haben: „Wir wollen
unsere Religion, nicht aber unsere Politik von Rom neh=
men." Es ist daher von höchster Bedeutung, daß wir hier
eine klare und unwidersprechliche Erklärung haben, welche
kein guter römischer Katholik in Zweifel zieht, daß die Po=
litik nicht m ö g l i c h e r = oder z u f ä l l i g e r w e i s e,
sondern „u n z e r t r e n n l i c h" mit der Sittlichkeit und
Religion verbunden ist. Das meint, daß die Verbindung
zwischen den beiden Sphären nothwendig ist, und daß der
Papst „die volle und höchste Macht" über die Politik, als
mit „dem Glauben und der Sittlichkeit zusammenhängend,"
hat; und wer dieses zu bezweifeln wagt, steht unter dem
Anathema des vaticanischen Concils.

Der Generalvikar Preston sagte in einer Predigt, welche
er am 1. Januar 1888 in New York hielt: „Jedes Wort,
welches Leo von seinem hohen Sitz spricht, ist die Stimme
des hl. Geistes und muß genau befolgt werden. Jedem
guten katholischen Herzen kommt kein Gedanke, als nur Ge=
horsam. Es wird gesagt, daß die Politik nicht in den Be=
reich der Kirche komme, und daß die Kirche die alleinige
Entscheidung in Glaubenssachen habe. Ihr sagt: ‚Ich
will meinen Glauben vom Pontifex nehmen, aber nicht
meine Politik.' Diese Behauptung ist unloyal und un=
wahr. * * * Ihr müßt nicht denken, wie ihr wünscht,
sondern ihr müßt denken wie Katholiken. Derjenige, wel=
cher sagt: ‚Ich will meinen Glauben, nicht aber meine Po=
litik von Petrus annehmen,' ist kein wahrer Katholik. Die
Kirche lehrt, dem obersten Bischof Gehorsam zu leisten, denn
er ist der Statthalter Christi. Gott redet durch ihn." Die
Ansprüche des Ultramontanismus sind durchaus logisch.

---

*) S. Syllabus der Irrthümer von Pius IX., Dec. 8, 1864.

Chriſtus iſt König aller Könige und Herr aller Herren.
Sein Herrſcherrecht iſt abſolut und ſeine Macht unbe=
ſchränkt. Der römiſche Katholik muß, wie Leo XIII. ſagt,
„der Kirche und dem Pontifex Ergebung und Gehorſam
des Willens leiſten, wie Gott ſelbſt." Derjenige,
welcher die Autorität des Papſtes theilen, einen Theil der=
ſelben annehmen und Anderes verwerfen wollte, wäre ein
ſchlechter Katholik und Logiker. Wenn dann, wie der Ge=
neralvikar Preſton ſagt, derjenige „kein guter Katholik iſt,"
wie kann ein guter Katholik ein guter Bürger ſein? Er
kann dies nur ſo lange, bis ſich eine Streitfrage erhebt,
welche ihn zwingt, zwiſchen zwei Herren zu wählen. Und
wie ein berühmter Schreiber ſagt: „Wir können kaum hof=
fen, daß die Zeit nicht kommen wird, wann unſere katholi=
ſchen Mitbürger genöthigt werden, zwiſchen dem Gehorſam
gegen den Staat oder der Kirche zu wählen."

Cardinal Manning, in ſeiner Antwort an Gladſtone,
ſagt: „Weil der bürgerliche Gehorſam keines Mannes un=
begrenzt iſt, daher iſt der bürgerliche Gehorſam Aller, wel=
che an Gott glauben oder von ihrem Gewiſſen geleitet wer=
den, getheilt." Dies iſt die beſte Antwort, welche gegeben
werden kann, aber ſie iſt nicht entſprechend. Allerdings iſt
der bürgerliche Gehorſam keines Mannes abſolut unbe=
ſchränkt. Wenn menſchliche und göttliche Geſetze in Con=
flikt kommen, ſo „müſſen wir Gott mehr gehorchen, denn
den Menſchen." Aber gerade hier zeigt ſich der weſentliche
Unterſchied zwiſchen römiſchen Katholiken und Proteſtanten.
Der Letztere nimmt den Willen Gottes, wie er in der
Bibel und ſeinem Gewiſſen ſich offenbart, nach ſeiner
eigenen Auslegung. Wenn die Anſprüche der
Regierung nicht mit dem Worte Gottes übereinſtimmen
(welches bei unſerer conſtitutionellen Garantie der Religi=
onsfreiheit kaum möglich iſt), oder er glaubt, daß ſie dies
nicht thun, ſo mag er beſſer belehrt und ſein Gewiſſen auf=
geklärt werden, und er hat die Freiheit, ſeine Anſicht zu än=
dern. Und ſelbſt wenn er dies nicht thut, ſo ſteht er allein

---

*) Henry Charles Lee im Forum, Febr. 1890.

und kann daher dem Frieden der Gesellschaft nicht gefährlich werden.

Der Romanist, auf der anderen Seite, faßt den Willen Gottes auf, wie er durch den Papst erklärt, welcher, wie wir gesehen haben, beansprucht, daß die Sphäre seiner Autorität mit der weltlichen Regierung „unauflöslich verbunden" sei, und welcher daher nicht unparteiisch sein kann. Wenn nun die Anforderungen der Regierung nicht mit dem Willen des Papstes übereinstimmen, so darf der römische Katholik das Urtheil des Papstes nicht untersuchen, um seine Gebote nach dem Worte Gottes und seinem Gewissen zu messen — dieses zu thun, würde ihn zu einem Protestanten machen. Es kann hier von keiner Appellation an seine Vernunft und sein Gewissen die Rede sein, die Entscheidung ist endgültig und der Gehorsam unbedingt. Zudem steht er nicht allein, sondern neben vielen Millionen, welche durch die schrecklichsten Strafen gezwungen sind, einmüthig dem Willen eines fremden Potentaten zu gehorchen, ohne Rücksicht auf die Gesetze des eigenen Landes. Ich behaupte, daß dies sehr gefahrdrohend ist für den Frieden der Gesellschaft.

Wenn es Jemand scheint, als hätte ich die Uebergabe des Urtheils und Gewissens, die von einem Katholiken gefordert wird, übertrieben, der überlege die Worte von Cardinal Bellarmine, einem der gefeiertsten Theologen der katholischen Kirche: „Wenn der Papst irren sollte, indem er Laster geböte und Tugenden verböte, so wäre die Kirche verbunden, die Laster für gut und die Tugenden für schlecht zu halten, es sei denn, sie sündigte gegen ihr Gewissen."

Die revidirten Statuten der Ver. Staaten fordern: „Der das Bürgerrecht suchende Fremde muß schwören, allem Gehorsam und aller Anhänglichkeit an einem ausländischen Prinzen, Potentaten, Staat oder Herrschaft auf immer abzusagen, besonders aber dem, dessen Unterthan er bisher gewesen ist." Das katholische Glaubensbekenntniß, welches von dem Concil in Baltimore in 1884 sanctionirt wurde, enthält den folgenden Eid des Gehorsams gegen den Papst: „Und ich verspreche und schwöre wahren Gehorsam dem römischen Pontifex, dem Statthalter Christi. dem Nachfolger

des gefegneten Petrus, dem Fürften der Apoftel." Wir
haben fchon gefehen, wie weittragend der dem Romaniften
auferlegte Eid ift. Hier find alfo Leute, welche zwei ver=
fchiedenen Mächten Gehorfam zugefchworen haben, wovon
jede behauptet, die höchfte zu fein, deren Autoritätsfphären
„unzertrennlich" verbunden find, und welche daher hinläng=
lich Gelegenheit zur Entftehung von confliftirenden In=
tereffen und unverföhnlichen Anforderungen bieten.

Um auf diefen Stand der Dinge mehr Licht zu werfen,
ift es intereffant, das canonifche Gefetz zu lefen: „Keine
Eide find bindend, wenn fie den Intereffen der Kirche Roms
widerftreiten." Und wieder: „Eide, welche der Kirche
Roms entgegengehen, find nicht als Eide, fondern als
Meineide zu betrachten." Ein amerikanifcher Kirchenmann,
Bifchof Englifh von Charlefton, S. C., führt diefen Ca=
non an, und zur Bertheidigung deffelben fagt er: „Dies
find die Grundfätze, wie ich fie von römifch=katholifchen Au=
toren und römifch=katholifchen Profefforen gelernt habe;
dies find die Grundfätze, welche ich in allen Verhandlungen
und Erklärungen der Concilien der katholifchen Kirche aner=
kannt finde, von dem apoftolifchen Concil in Jerufalem bis
auf den heutigen Tag." In einem von Rev. F. X. Schouppe
bearbeiteten Buche für Schulen und Collegien, welches von
Cardinal Manning empfohlen ift, lefen wir (S. 278):
„Die bürgerlichen Gefetze binden die Gewiffen nur fo
lange, als fie den Rechten der katholifchen Kirche bequem
find."

Wenn Jemand fein Gewiffen und feinen Willen einem
Anderen auf lebenslänglich übergeben hat, und zwar auf
die Gefahr ewiger Verdammniß hin, wie kann der in irgend
einem Punkte ein unbedingtes Verfprechen geben? Oder
wenn folche Verfprechen gegeben find, welchen Werth haben
diefelben im Lichte der obenerwähnten Lehren? Verdient
fein Eid der Treue unferer Regierung gegenüber Refpekt?
Sollte man denfelben nicht mit dem Maßftabe meffen, wel=
chen Cardinal Manning angab, als er fagte, das Gelübde
eines Katholiken fei von keinem Werth, wenn Rom nicht
Theilhaber an demfelben fei?

Die beiden größten lebenden Staatsmänner, Gladstone
und Bismarck, halten den Gehorsam, welchen der Papst
fordert, unvereinbar mit gutem Bürgerthum. Ersterer
sagt: „.... Der Papst verlangt für sich, die Ausdehnung
seiner eigenen Rechte zu bestimmen, und hat dieselben in
förmlichen Documenten so gestellt, daß jede bürgerliche Einmischung ausgeschlossen ist; und daß diese neue Version der
Grundsätze des Papstthums seine Glieder unauflöslich zur
Zustimmung zu diesen übertriebenen Forderungen bindet,
ohne Ausflucht oder Vorbehalt mit Rücksicht auf ihre Pflichten gegenüber der Krone.“ Ebenfalls sagt derselbe: „Dieses
Rom verlangt einen Convertiten, welcher sich ihm anschließt
mit Verlust seiner moralischen und geistigen Freiheit, und
seine Loyalität und bürgerlichen Pflichten der Willkür eines
Anderen zu Füßen legt.“

Die Constitution der Ver. Staaten garantirt G e w i s -
s e n s f r e i h e i t. Nichts kann köstlicher und zur Grundle-
gung geeigneter sein. Das erste Amendement zur Constitution sagt: „D e r C o n g r e ß s o l l k e i n G e s e t z
b e z ü g l i c h d e r E r r i c h t u n g e i n e r R e l i g i o n
o d e r z u r V e r b i e t u n g d e r f r e i e n A u s ü b u n g
e i n e r s o l c h e n e r l a s s e n.“ Pius IX. erklärt es als
einen Irrthum, daß „Jedermann zur Annahme und zum
Bekenntniß einer Religion, die er, vom Lichte seiner Vernunft geführt, als wahr anerkennen mag, Freiheit haben
soll.“ Und mit diesem Dictum muß jeder gute Katholik
übereinstimmen. Derselbe Papst sagt in seiner Encyclica
vom 8. Dec. 1864: „Gegen die Lehren der hl. Schrift,
der Kirche und der Kirchenväter zaudern diese Leute nicht,
zu behaupten, der beste Zustand der menschlichen Gesellschaft
sei der, wo von der Regierung keine Pflicht anerkannt
werde, d u r c h S t r a f e n d i e U e b e r t r e t e r d e r
k a t h o l i s c h e n R e l i g i o n z u c o r r i g i r e n, ausgenommen wo dies zur Erhaltung des öffentlichen Friedens
erforderlich sei. In Folge dieser durchaus falschen Ansicht
über die sociale Regierung fürchten sie sich nicht, die verkehrte
Meinung zu vertheidigen, die der katholischen Kirche und
den Seelen so verderblich ist, welche unser Vorgänger, Gre-

gor XVI., den Wahnſinn (deliramentum) nannte, nem=
lich, daß Freiheit des Gewiſſens und Gottesdienſtes Jeder=
manns Recht ſei; und daß dieſes in jedem gut regierten
Staate geſetzlich feſtgeſtellt und aufrecht erhalten werden
müſſe." Noch Vieles könnte in dieſer Richtung von Pius
IX. und Leo XIII. angeführt werden.

Als im Mai 1851 Neu=Granada religiöſe Duldſamkeit
verkündigte und die Prieſter unter das bürgerliche Geſetz
ſtellte, erklärte Pius IX. in ſeiner Allocution "Acerbiſſi-
mum" vom 27. Sept. 1852 dieſe Geſetze null und nichtig,
und drohte Allen, die es wagen würden, dieſelben auszu=
führen, mit ſchweren Kirchenſtrafen. Als Mexiko in 1855
in ſeiner Conſtitution dieſelben Grundſätze aufnahm, annul=
lirte Pius dieſe Conſtitution in ſeiner Allocution "Nunquam
fore" vom 15. Dec. 1856 und verbot, derſelben Gehor=
ſam zu leiſten. Als Spanien zur ſelben Zeit einen ähnli=
chen Verſuch machte, erſchien die Allocution "Nemo
vestrum" vom 24. Juli 1855, und der Papſt hintertrieb
auf gleiche Weiſe dieſe mißliebige Einrichtung. Selbſt ein
mächtiges Kaiſerreich, wie Oeſtreich, theilte das gleiche
Schickſal, als es im December 1867 Freiheit des Gewiſſens
und der Preſſe proclamirte und im Mai 1868 durch ein
Geſetz die Civiltrauung einführte, denn die Allocution
"Nunquam certe" erklärte alles dies als unvernünftige
Geſetze, die keine Geltung hätten. Und alles dies geſchah
in unſerer modernen Zeit.

In "Essays on Religion and Literature," redigirt von
Cardinal Manning, leſen wir: „Daß weder die Kirche noch
der Staat, wo dieſelben auf dem wahren Grund des gött=
lichen Rechtes vereinigt ſind, etwas von Duldſamkeit wiſſen.
* * * Die Kirche (allerdings die katholiſche Kirche) hat
das Recht, kraft ihres göttlichen Auftrags von Jedermann
zu verlangen, ihre Lehre anzunehmen. Wer ſich deſſen ent=
ſchieden weigert, oder darauf beſteht, für ſich zu urtheilen,
was ihm davon gefällt, iſt ein Feind der Kirche. Würde
aber die Kirche einen ſolchen Gegner dulden, müßte ſie ei=
nen andern auch dulden. Duldet ſie eine Sekte, muß ſie
alle Sekten dulden und ſich dadurch ſelbſt aufgeben." Was

die hohe amerikanisch=katholische Autorität, Dr. C. A.
Brownson, sagt, ist nur zu wahr, nemlich: „Der Protestan=
tismus in irgend einer Form hat kein Recht und kann nie=
mals ein Recht haben, wo der Katholicismus triumphirt.“
(Eine sonderbare Art Katholicismus — Allgemeinheit —
nicht wahr?) Wieder sagt er: „Ketzerei (das meint irgend
eine Lehre, welche nicht mit dem Katholicismus harmonirt)
und Unglauben haben, hatten und können kein Recht haben,
weil sie, wie es außer Zweifel steht, dem Gesetz Gottes zu=
wider sind.“

In der Pontificale Romanum steht der Eid der Bischöfe,
welcher folgende Worte enthält: „Gegen Ketzer, Schismati=
ker und Rebellen gegen unseren besagten Herrn oder seine
Nachfolger will ich mein Aeußerstes thun, sie zu verfolgen
und ihnen zu widerstehen.“ Wenn nun auch die Bischöfe
der Methodisten und Episcopalen einen Eid leisten würden,
die Katholiken und alle Anderen, welche nicht zur Fahne
ihrer Kirche halten, zu verfolgen? Wenn Katholiken
in protestantischen Ländern verfolgt würden, würden sie
dann nicht die Religionsfreiheit für sich beanspruchen, welche
sie Anderen verweigern? Ihre Verfahrungsweise wird
von M. Louis Venillot, einem berühmten französischen
katholischen Schriftsteller, der in Rom sehr beliebt ist, offen
dargelegt, wenn er sagt: „Wo eine protestantische Mehrheit
besteht, da beanspruchen wir Religionsfreiheit, denn dies ist
ihr Grundsatz; wo wir aber in der Mehrheit sind, verwei=
gern wir dieselbe, weil dies unser Grundsatz ist.“

Ein anderes unserer, und zwar dem der Religionsfreiheit
nahe verwandten Principien ist Freiheit der Rede und der
Presse, welche uns durch das erste Amendement in der Con=
stitution garantirt sind. „Der Congreß soll kein
Gesetz erlassen .... welches die Freiheit
der Rede und Presse verkürzt.“ Leo XIII.
sagt in einem Briefe vom 17. Juni 1885: „Solche Pflicht
(Gehorsam), während sie Allen ohne Ausnahme obliegt,
gilt besonders den Journalisten, welche, wenn sie den Geist
der Anhänglichkeit und Unterwürfigkeit, die jedem Katholi=
ken so unerläßlich sind, nicht besäßen, die Uebel, welche wir

6

beklagen und verabscheuen, noch vermehren würden." Ein
Schreiber für die Catholic World zeigt uns in einem Arti=
kel unter dem Titel „Die Katholiken des 19. Jahrhunderts,"
was aus der freien Rede und der freien Presse werden
würde, sollten die Katholiken Herren der Ver. Staaten
werden. Er sagt: „Die von der Kirche beanspruchte Herr=
schaft in Sachen der Erziehung erfordert die weitere und
bestimmte Function, die Ideen zu prüfen, und das Recht,
alle für den öffentlichen Unterricht, die Aufklärung oder
Unterhaltung bestimmten Bücher, Publikationen, Schriften
und Aussprüche zu untersuchen, zu genehmigen oder zu ver=
werfen, sowie die Aufsicht über alle Vergnügungsplätze.
Dies ist der Grundsatz, nach welchem die Kirche handelte,
indem sie die Verbrecher in der Welt der Ideen den weltli=
chen Gerichten behufs Bestrafung überlieferte."

Wieder ist keins unserer Fundamentalprincipien mehr
vorwiegend amerikanisch, als die völlige Trennung von
Kirche und Staat, welches in dem bereits angeführten ersten
Amendement der Constitution gefordert wird. Pius IX.
lehrt das gerade Gegentheil. Er sagt, es sei ein Irrthum,
zu behaupten, „die Kirche solle vom Staat und der Staat
von der Kirche getrennt sein." Er behauptet ebenfalls, es
sei ein Irrthum, daß „die Kirche kein Recht habe, sich Ge=
waltmaßregeln oder irgend einer directen oder indirecten
zeitlichen Gewalt zu bedienen."

Ein anderer Grundstein unserer freien Institutionen ist
die ö f f e n t l i c h e S c h u l e , von welcher der Staat die
ausschließliche Leitung ohne alle kirchliche Einmischung hat
und haben sollte. Darüber sagt Pius IX., es sei ein Irr=
thum, zu behaupten, „die gänzliche Leitung der öffentlichen
Schulen . . . . solle und müsse der Civilgewalt überlassen
sein und so weit angehören, daß keine andere Autorität ir=
gend welcher Art sich in die Disciplin und Einrichtung des
Studienplanes . . . . oder die Wahl und Anstellung der
Lehrer einzumischen habe." Und wieder sagt derselbe Papst,
daß es ein Irrthum sei, daß „die beste Theorie der bürger=
lichen Gesellschaft erfordere, daß Volksschulen . . . . frei
von aller kirchlichen Autorität, Leitung und Einmischung

und völlig der bürgerlichen und politischen Führung, in
Uebereinstimmung mit dem Willen der Regenten und der
öffentlichen Meinung überlassen sein sollten." Wieder sagt
er, es ist ein Irrthum, daß „das System des Jugendunter=
richts, welches in Trennung desselben vom katholischen
Glauben und von der Macht der Kirche besteht .... von
Katholiken gutgeheißen werden kann." Bischof McQuaid
sagte in einer Vorlesung in der Horticulturhalle in Boston
am 13. Febr. 1876: „Der Staat hat kein Recht, zu erzie=
hen, und wenn der Staat sich das Recht der Erziehung an=
maßt, so beraubt er die Kirche ihrer Macht."

Wenn in irgend einem Gemüth noch ein Funke von
Zweifel hinsichtlich der unversöhnlichen Feindschaft der rö=
mischen Hierarchie gegenüber unseren öffentlichen Schulen
obwalten sollte, so wird derselbe beim Lesen von "The
Judges of Faith vs. Godless Schools," welches ein katho=
lischer Priester an katholische Eltern geschrieben hat, zer=
streut. Es wird durch die Beifügung von den Namen der
Cardinäle Gibbons und Newman, sowie anderer Prälaten,
befürwortet. Im Vorwort wird gesagt, daß das Buch die
Entscheidung von nicht weniger als 380 hohen und höchsten
kirchlichen Würdenträgern enthält. Einundzwanzig Ple=
nar= und Provinzial=Concile, daneben sechs oder sieben
Diöcesen=Synoden, zwei Päpste, zwei heilige Congregatio=
nen, etwa 20 Cardinäle und päpstliche Beamte, 33 Erzbi=
schöfe und zuguterletzt nahezu 80 in den Ver. Staaten le=
bende oder verstorbene Bischöfe und Erzbischöfe werden an=
geführt. Dieses ganze, pomphafte Heer ist gegen unsere
öffentlichen Schulen, und der Geist, welcher aus ihnen re=
det, zeigt sich in den zarten Ausdrücken. womit sie die von
uns so hoch geschätzte Institution belegen, wie z. E.: „un=
gezogen," „erniedrigend für die Gesellschaft," „eine sociale
Landplage," „gottlos," „pestilenzialisch," „scandalös," „un=
fläthig," „lasterhaft," „teuflisch," „Plätze ungezügelter Un=
sittlichkeit," wo Dinge getrieben werden, welche „euch das
Blut in den Adern erstarren machen."

Rom hat nie die Volkserziehung begünstigt. In prote=
stantischen Ländern, wie Deutschland und den Ver. Staa=

ten, wo dieselbe durch ein starkes protestantisches Element befürwortet wird, ist es gezwungen worden, in Selbstvertheidigung eigene Schulen zu errichten. Aber auf seine wirkliche Stellung gegenüber der Bildung der Massen sollte man aus seinem Verfahren in denjenigen Ländern schließen, wo es unbeschränkte Gewalt hat oder hatte; und dort hat es das Volk in greulicher Unwissenheit gehalten. Die "Cyclopedia of Education" in der Abhandlung "Illiteracy" gibt eine Tabelle, welche die Statistiken von 30 Ländern enthält. Von diesen werden fünf bezeichnet, in denen fast Alle lesen und schreiben können. Und alle sind protestantische Länder. Der höchste Procentsatz von Unwissenheit in einem protestantischen Lande war 33 Procent; und in allen Ländern, in welchen über 50 Procent nicht lesen und schreiben können, sind es katholische, griechische oder heidnische Länder, z. E.: Argentinien 83 Procent, China 50 Procent, Griechenland 82 Procent, Ungarn 51 Procent, Indien 95, Italien 73, Mexiko 93, Polen 91, Rußland 91, Spanien 80. Hier sind sechs römisch-katholische Länder, darunter Italien, die Heimath des Papstes, wo bis vor kurzem die Kirche ungestört herrschte, welche in Unwissenheit weit unter dem heidnischen China stehen. Mit Bezug auf die Bildung der Massen — ausgenommen in protestantischen Ländern, wie oben erklärt — müssen wir entweder auf entsetzliche Gleichgültigkeit oder Unfähigkeit der katholischen Kirche schließen.

Wir haben also einen kurzen Vergleich einiger der Fundamentalprincipien Roms mit denjenigen unserer Republik angestellt, und da finden wir:

1. Die Alleinherrschaft des Papstes gegenüber der Volksherrschaft.

2. Haben wir gefunden, daß die Forderungen des Papstes, anstatt der Constitution und den Landesgesetzen die Macht zuzusprechen, für sich den höchsten Gehorsam der Katholiken in den Ver. Staaten beanspruchen.

3. Haben wir gesehen, daß der fremde Katholik, der das Bürgerrecht sucht, dem Papst Treue schwört, anstatt „für immer allem Gehorsam gegen irgend einen fremden Prin-

zen, Potentaten, Staat oder Herrschaft" abzuschwören, wie
es das Gesetz verlangt.

4. Sahen wir, daß Rom religiöse Unduldsamkeit anstatt
Religionsfreiheit lehrt.

5. Daß Rom die Aufsicht über die Ideen und die Presse
beansprucht, anstatt Freiheit der Presse und Rede zu befür=
worten.

6. Haben wir gesehen, daß es die Vereinigung von Kir=
che und Staat sucht, anstatt deren völlige Trennung.

7. Sahen wir, daß Rom ein Feind unseres Freischulsy=
stems ist.

Augenscheinlich besteht ein unvereinbarer Unterschied
zwischen den päpstlichen Grundlehren und den Fundamen=
talprincipien freier Institutionen. Volksregierung meint
Selbstregierung. Ein Volk ist nur insofern der Selbstre=
gierung fähig, als die Personen, welche dasselbe ausmachen,
sich selbst zu beherrschen im Stande sind. Sein Gewissen
daher der Willkür eines Anderen zu übergeben und alle
persönliche Verantwortlichkeit im Gehorchen der Forderun=
gen eines Anderen außer Acht zu lassen, ist so weit als
möglich von Selbstregierung entfernt und daher durchaus
unverträglich mit republikanischen Institutionen und, wenn
hinreichend allgemein, deren Bestand äußerst gefährlich. Es
ist die Theorie des Absolutismus im Staate, daß die Per=
son um des Staates willen existirt. Es ist die Theorie des
Absolutismus in der Kirche, daß der Mensch um der Kirche
willen da ist. Aber in dem republikanischen und protestan=
tischen Amerika ist man der Ansicht, daß die Kirche und der
Staat um des Volkes willen da sind und durch dasselbe
verwaltet werden sollen. Unsere Grundprincipien der Ge=
sellschaft sind daher so entschieden gegen den Vaticanismus,
wie gegen den Imperialismus gerichtet, und es verträgt sich
so wenig mit unserer amerikanischen Freiheit, dem Papst
Treue zu schwören, wie dem Czaren. Es ist wahr, das
dritte Plenarconcil in Baltimore leugnete, daß irgend ein
Zwiespalt zwischen den Gesetzen, Institutionen und dem
Geiste der römischen Kirche und denen unseres Landes be=
stände, und illustrirte damit das französische Sprichwort:

„Zu leugnen heißt bekennen." Keine protestantische Kirche leugnet etwas Derartiges.

Die Geschichte bestätigt die Lehre der Philosophen vollkommen, daß nemlich die bürgerliche und politische Gesellschaft die Form der religiösen Gesellschaft annimmt. Absolutismus in der Religion kann nicht verfehlen, mit der Zeit die politische Gleichberechtigung zu untergraben. Schon jetzt nehmen wir ihren traurigen Einfluß wahr in großen Städten. Meistentheils nehmen diejenigen Stimmgeber den Absolutismus in ihren Glauben auf, welche sich nach den Dictationen ihrer niedrigen politischen Päpste richten und sich, wie so viele Schafe, an den Stimmkasten führen lassen.

Der berühmte Prof. Laveleye sagt: „Wir können heute aufs bestimmteste beweisen, was intelligente Leute des 18. Jahrhunderts kaum ahnten. Der entscheidende Einfluß, welchen gottesdienstliche Formen auf das politische Leben und die politische Haushaltung ausüben, hatte sich bis dahin nicht gezeigt. Jetzt aber tritt diese Thatsache ans Licht und wird durch die Zeitverhältnisse immer genauer beobachtet." Eine repräsentative Regierung ist die naturgemäße Regierung protestantischer Völker. Despotische Regierungen sind die entsprechenden Regierungen katholischer Länder.

II. Man betrachte nun in Kürze die Stellung und den Zweck des Romanismus in diesem Lande. In einer Encyclica vom 7. Nov. 1885 sagt Leo XIII. laut einer Kabeldepesche des New York Herald: „Wir ermahnen alle Katholiken, allen öffentlichen Angelegenheiten genaue Aufmerksamkeit zu schenken und sich an allen Municipalsachen und Wahlen, Versammlungen und öffentlichen Diensten zu betheiligen. Alle Katholiken müssen sich in dem täglichen politischen Leben der Länder, in denen sie wohnen, als thätige Elemente fühlbar machen. Alle Katholiken sollten ihre Kraft benützen, um die Constitutionen der Staaten nach den Grundsätzen der wahren Kirche zu gestalten." „Wenn Katholiken müßig stehen," sagt derselbe Papst, „dann können die Zügel der Herrschaft leicht durch Personen geführt

werden, deren Ansichten sicher wenig Aussicht auf die öffent=
liche Wohlfahrt verheißen. Daher haben Katholiken ge=
rechte Ursache, sich am politischen Leben zu betheiligen ...
indem sie den Zweck, das gesunde Lebensblut katholischer
Weisheit und Tugend dem ganzen System des Staates
einzuverleiben, nicht außer Acht lassen. Alle Katholiken,
welche ihres Namens würdig sind, müssen .... auf das
Ziel hinarbeiten, daß jeder Staat nach dem christlichen Vor=
bilde, welches wir beschrieben haben, formirt werde." Dr.
Brownson erklärt in seinem Review für Juli, 1864: „Ohne
Zweifel ist es die Absicht des Papstes, dieses Land zu be=
sitzen. In diesem Streben wird er von den Jesuiten, allen
Prälaten und Priestern unterstützt." Und in manchen Fäl=
len ist die Hoffnung so eifrig, als das Verlangen. Vater
Hecker sagt in seinem letzten, in 1887 erschienenen Buche:
„Vor Abschluß dieses Jahrhunderts werden die Katholiken
an Zahl alle anderen Bekenner des Christenthums in dieser
Republik übertreffen."

III. Viele unserer römisch=katholischen Mitbürger lieben
ohne Zweifel unser Land und glauben, demselben durch
Romanisirung desselben einen großen Dienst zu erweisen;
aber wenn wir bedenken, wie wir gezeigt haben, daß die
Fundamentalprincipien Roms denjenigen unserer Republik
feindlich gegenüberstehen, daß der Unterschied derselben
keine Vereinigung zuläßt, sondern dieselben sich diametral
gegenüberstehen, so wird es klar, daß es unmöglich wäre,
„Amerika katholisch zu machen" (welches der
Erzbischof von St. Paul auf dem Congreß in Baltimore
erklärte, daß es die Aufgabe der Katholiken dieses Landes
sei), ohne die Grundsätze jener Kirche mit
denen unserer Regierung in ernsten Con=
flikt zu bringen, wodurch die Katholiken
genöthigt würden, zwischen beiden zu
wählen, und in diesem Falle würde jeder
Katholik, welcher dem Papst gehorsam
wäre, d. h. der fortführe, ein Romanist
zu sein, unseren freien Institutionen
nothwendigerweise disloyal gegenüber=
stehen müssen.

IV. Es wird gesagt, und mit Wahrheit, daß sich zwei Classen Katholiken in den Ver. Staaten befänden, nemlich solche, welche mehr katholisch als römisch, und andere, welche mehr römisch als katholisch seien. Die Ersteren haben den Einfluß modernen Denkens gefühlt, sind freiheitlich beeinflußt und daher in einem großen Maße unseren amerikanischen Institutionen geneigt. Manche neigen sich dem Glauben zu, daß Männer dieser Classe die katholische Kirche in diesem Lande controliren würden, und reden schon von einer „amerikanisch-katholischen Kirche." Aber es gibt nichts der Art, wie eine amerikanische oder mexikanische oder spanische katholische Kirche. Es ist die römisch-katholische Kirche in Amerika, Mexiko und Spanien, mit ein und demselben Haupt, dessen Wort Gesetz ist, so absolut und unbedingt unter Katholiken hier, wie in Mexiko und Spanien. Die Bischöfe und Erzbischöfe der Ver. Staaten, im dritten Plenarconcil versammelt, sagen in ihrem Hirtenbrief an ihre Priester und Gläubigen: „Wir sind stolz darauf, zu sein und mit Gottes Segen zu bleiben, nicht die amerikanische Kirche, noch die Kirche der Ver. Staaten, noch eine Kirche in einer anderen Bedeutung, exclusiv oder beschränkt, sondern ein zugehörender Theil der einen, katholischen und apostolischen Kirche Jesu Christi."

Die Katholiken der Ver. Staaten haben keinen der Aussprüche von Leo XIII. oder Pius IX. zurückgewiesen, noch haben sie ihre politische Unabhängigkeit vom Vatican erklärt. Im Gegentheil erklären die liberalsten Führer der Kirche hier entschieden ihre enthusiastische Anhänglichkeit an den Papst. Der Hirtenbrief vom 3. Plenarconcil in Baltimore (Dec. 7, 1884), von Cardinal Gibbons „in seinem Namen und im Namen aller Väter" unterzeichnet, sagt: „Noch gibt es in der Welt treuere Anhänger der katholischen Kirche, des Nachfolgers Petri, des Statthalters Christi, als die Katholiken der Ver. Staaten." Ein Schreiber sagt über den neulichen katholischen Congreß in Baltimore: „Es war gut, daß freimaurerische Pseudo-Katholiken, Zweifler an der päpstlichen Autorität, Verfolger der Priester, Anti-Jesuiten, sociale Revolutionäre, gesetzliche Räuber von

Kircheneigenthum, Laien-Educationalisten, Anti-Priester
ein für allemal gelernt haben, daß die Laien Amerikas stolz
darauf sind, unbedingte Anhänger des Papstes sein zu dürfen; daß sie stolz sind auf die Jesuiten, von deren keuschen
Lenden die Kirche der Ver. Staaten ihr kräftiges Leben erhielt." Jener Schreiber wird nicht als Vertreter des gemäßigten Romanismus angeführt, sondern weil er die Ge-
fühle der Anhänglichkeit an den Papst treulich ausspricht,
welche den Baltimorer Congreß charakterisirten, und welche,
so weit wir sehen können, von Allen gleichmäßig getheilt
wurden.

Es ist ohne Zweifel sicher zu sagen, daß sich kein Glied
der Hierarchie in Amerika befindet, das nicht an die Unfehlbarkeit des Papstes glaubte und ihm nicht Gehorsam ge-
schworen hätte. Und dieses Dogma der Unfehlbarkeit, wie
es vom vaticanischen Concil bestimmt und von Pius IX.
und Leo XIII. erklärt wurde, trägt und schließt logisch alle
die hier besprochenen Fundamentalprincipien des Romanismus ein. Unfehlbarkeit ist nothwendigerweise unduldsam.
Sie kann sich so wenig mit einer abweichenden Ansicht vertragen, wie eine Aufgabe in der Mathematik. Die Wahrheit kann dem Irrthum keine Zugeständnisse machen. Sie
ist so absolut, wie Gott selbst, und kann sich ebenso wenig in
einen Compromiß einlassen, als Gott mit der Sünde unter-
handeln kann. Und wenn die Unfehlbarkeit so unduldsam
ist, als die Wahrheit, so ist sie auch ebenso anmaßend. Die
Wahrheit mag verworfen werden, aber selbst auf dem
Schaffot ist sie König und hat das Recht und muß das
Recht behalten, jedes vernünftige Wesen absolut und vollständig zu controliren. Wenn ich den Papst für den un-
fehlbaren Statthalter Christi hielte, so würde ich mich ihm
so rückhaltslos hingeben, wie Gott selbst. Wie kann ein
wahrer römischer Katholik anders handeln? Es mag Jemand die Luft des 19. Jahrhunderts und des freien Amerika hinreichend eingesogen haben, um für den Absolutismus und die Intoleranz Roms keine Neigung mehr zu haben; gesteht er aber dem Papst das Recht zu, ihm seinen
Glauben und seine Handlungen vorzuschreiben, was nützen

ihm dann seine liberalen Ansichten? Er ist einfach das
Werkzeug des absoluten und unduldsamen päpstlichen Willens. Seine Sympathien können sich nur in dem Maße
bethätigen und sein Leben beeinflussen, wie er sich vom
Papste losreißt und aufhört, ein römischer Katholik zu sein.
Ich befürchte, wir dürfen nicht hoffen, daß sich Viele auf
diese Weise vom Papst losrissen, im Fall sich eine bestimmte
Streitfrage erhöbe. Jeder, der als Katholik geboren wurde,
ist an Autorität groß geworden. Seine Erziehung beeinflußt jede Ader seines geistigen Lebens. Er wurde belehrt,
daß er nicht für sich selbst urtheilen, noch seinen eigenen
Ueberzeugungen trauen dürfe. Wenn er seine Neigung,
sein Urtheil und seine Ueberzeugung im Widerspruch mit
den päpstlichen Befehlen findet, so ist es in Folge seiner
Erziehung sehr natürlich, daß er anfängt, sich selbst zu miß-
trauen. Sein Wille, während seines ganzen Lebens gewöhnt, sich ohne Frage der Autorität zu fügen, vermöchte
dem Conflikt, der auf den Ungehorsam folgte, nicht zu widerstehen. Wie kann er einer Macht, die ihn in diesem
Leben bereits empfindlich zu strafen vermag und ihm in dem
zukünftigen mit ewigen Qualen droht, widerstehen? Nur
hie und da erhebt sich einer und trägt die Folgen in dem
Geiste des Capitäns in Beaumont, in Fletscher's Gedicht:
„Die Seereise." Julette sagt dem Capitän und seiner Gesellschaft ·

„Ei, Sklaven, es steht in unserer Macht, euch zu
hängen."

Der Capitän antwortet:

„Sehr wahrscheinlich, dann steht's in unserer Macht,
gehängt zu werden und euch zu verachten."

Die moderne Zeit liefert eine ausgezeichnete Illustration
davon, was zu erwarten wäre, wenn liberale Prälaten, die
dem Ultramontanismus abhold sind, scharf auf die Probe
gestellt werden. Viele Glieder des vaticanischen Concils
(1870) sträubten sich entschieden gegen das Unfehlbarkeits-
dogma, unter welchen sich, wie Prof. Schaff sagt, „diejenigen Prälaten befanden, welche sich durch Gelehrsamkeit und
Stellung auszeichneten." Viele derselben sprachen und

schrieben gegen das Dogma. Erzbischof Kendrick veröffent=
lichte in Neapel eine unwiderlegbare Kritik desselben. Am
Tage, ehe die entscheidende Abstimmung stattfinden sollte,
verließen mehr als hundert Bischöfe und Erzbischöfe, Glieder
der Opposition, das Concil und Rom, lieber als diese Nie=
derlage zu erleiden. Aber diese modernen und liberalen
Romanisten, mehrere amerikanische Prälaten, die zur Op=
position gehörten, mit eingeschlossen, krochen alle zu Kreuze
und verkündigten ihren respectiven Heerden die verhaßte
Entscheidung, welche manche von ihnen als mit der Ge=
schichte und Vernunft im Widerspruche stehend nachgewiesen
hatten. Es muß nicht vergessen werden, daß diese Männer
von den liberalsten und gelehrtesten der Kirche waren.
Welche Hoffnung haben wir nun, im Hinblick darauf, daß
ihre Opposition zusammenfiel, daß der liberale Romanist
dieses Landes, welcher die Unfehlbarkeit des Papstes bereits
anerkannt hat, ihm jemals den Eid der Treue brechen wird?
Wenn die Liberalität von ausgesprochenen Gegnern des
Ultramontanismus sich der päpstlichen Autorität beugen
mußte, wie können wir dann erwarten, daß anerkannte Ul=
tramontane derselben je widerstehen werden?

Zudem muß man nicht vergessen, daß die mehr moderni=
sirten Katholiken in den Ver. Staaten diejenigen sind, wel=
che in ihrer Jugend den Vortheil genossen haben, unsere
öffentlichen Schulen zu besuchen, und sie ihre Intelligenz
und Liberalität meistens dem dort genossenen Unterricht
verdanken. In den öffentlichen Schulen lernten sie denken
und wurden durch den Umgang mit anderen Kindern ame=
rikanisirt. Aber ihre Kinder sind in den Parochialschulen,
welche sie besuchen, ganz anderen Einflüssen ausgesetzt.
Dort erhalten sie eine Erziehung, welche sie bigott und eng=
herzig macht, und durch ihre Abgeschlossenheit von prote=
stantischen Kindern werden sie den Protestanten gegenüber
argwöhnisch und so gründlich romanisirt und sektirisch, um
gegen alle amerikanisirenden Einflüsse unserer Civilisation
im späteren Leben wohl geschützt zu sein.*)

---

*) Im folgenden Capitel wird gezeigt, daß die Parochialschule sich

bleibend eingebürgert hat. Es ist die ausgesprochene Absicht der Hierarchie, alle katholiſchen Kinder unter ihren erziehlichen Einfluß zu bringen. Dieſe Erziehung iſt durchweg ultramontan und geeig= net, jede Tendenz zur Ausbildung liberaler Anſichten unter dem her= anwachſenden Geſchlecht der Katholiken zu zerſtören. "Familiar Explanation of Catholic Doctrine" v. Rev M. Müller iſt ein ka= tholiſcher Katechismus, der in den Parochialſchulen gebraucht wird, mit Genehmigung von Cardinal Gibbons und anderen Prälaten. Folgendes ſind Auszüge aus der Serie IV. deſſelben: „Der Papſt könnte ſein Amt als Lehrer aller Nationen nicht ausführen, wenn er nicht mit u n f e h l b a r e r Gewißheit v e r ſt ä n d e, L e h r e n v o n l o g i ſc h e r, w i ſ ſ e n ſc h a f t l i ch e r, p h y ſ i ſc h e r, m e= t h a p h y ſ i ſc h e r, p o l i t i ſc h e r o d e r i r g e n d e i n e r A r t, die mit dem Worte Gottes im Widerſpruche ſtehen und die Redlichkeit und Reinheit des Glaubens oder die Seligkeit der Seelen gefährden, v o r z u ſc h r e i b e n o d e r z u v e r w e r f e n" (S 126). Das Unterſtrichene iſt in allen Fällen Vater Müller's. Merke die Worte: „p o l i t i ſc h e r o d e r i r g e n d e i n e r A r t." „Von der göttli= chen Autorität des Papſtes abzuweichen, heißt von Gott abzuweichen und keinen Platz im Reiche Chriſti zu haben" (S. 126). „Die Kirche nur kann urtheilen, wie weit ihre Autorität geht . . . . wo die Grenze gezogen werden ſoll, und in welches Verhältniß wir uns ge= genüber gewiſſen Gegenſtänden zu ſtellen haben. Dieſe Dinge ſind ſämmtlich außer dem Bereiche unſerer Macht und unſeres Rechts und gänzlich unter dem Urtheil des apoſtoliſchen Stuhles" (S. 127). Der Schreiber widmet der Lehre der Unfehlbarkeit 18 Seiten.

Dann werden den „Urſachen, warum außerhalb der katholiſchen Kirche keine Seligkeit möglich iſt," 25 Seiten gewidmet. „Chriſtus hat ausdrücklich erklärt, daß nur diejenigen ſelig werden, welche auf Erden den Willen Gottes thun, wie derſelbe nicht durch Privatausle= gung, ſondern durch die unfehlbare Lehre der römiſch-katholiſchen Kirche erklärt wird" (S. 163). „Alle diejenigen, welche ſelig zu wer= den wünſchen, müſſen in Vereinigung mit der katholiſchen Kirche ſter= ben, denn außer ihr iſt keine Rettung" (S. 164). „I r g e n d J e= m a n d, g e t r e n n t v o n d e r ſ e l b e n (der Kirche), w i e l o= b e n s w e r t h e r ſ o n ſt a u c h z u l e b e n d e n k t, d i e ſ e s V e r b r e ch e n a l l e i n, d. h. ſ e i n e T r e n n u n g v o n d e r V e r e i n i g u n g C h r i ſt i w i r d i h n v o m e w i g e n L e b e n a u s ſc h l i e ß e n, u n d d e r Z o r n G o t t e s b l e i b e t ü b e r i h m" (Anhang S. 9). Dieſe Lehre wird auf einer Seite ein Dutzend Mal wiederholt (Anhang S. 7). Die Allocution von Pius IX an die Cardinäle, Dec. 7, 1847, wird angeführt: „Aber erſt kürzlich — wir ſchaudern, es zu ſagen — haben ſich gewiſſe Männer nicht ge= ſcheut, uns zu verleumden, indem ſie ſagen, daß wir an ihrer T h o r= h e i t theilnähmen, das gottloſe Syſtem begünſtigten und ſo wohl= wollend gegen jede Claſſe der Menſchheit dächten, als anzunehmen, daß nicht nur die Söhne der Kirche, ſondern auch die Andderen, wie

Wir haben also die Fundamentalprincipien unserer freien Institutionen neben diejenigen der katholischen Kirche gehalten, wie sie von den höchsten Würdenträgern derselben ausgesprochen werden; und in dieser Darstellung haben sie selbst den wesentlichen Widerspruch erklärt, welcher zwischen denselben besteht.

Es wurde gezeigt, daß es die ausgesprochene Absicht Roms ist, „Amerika katholisch zu machen."

---

weit entfernt sie auch von der katholischen Vereinigung sein möchten, auf dem Wege der Seligkeit seien und das ewige Leben erreichen würden. Wir sind vor Entsetzen kaum im Stande, Worte zu finden, unseren Abscheu vor diesem uns angethanen verwerflichen Unrecht auszusprechen."

Der Schreiber fährt fort: „Man merke, daß Pius IX. diese Worte gegen ‚gewisse Männer' richtete, welche er die Feinde des katholischen Glaubens nennt — er meint liberal gesinnte Katholiken, wie aus seinen Worten hervorgeht, welche er am 28. Juli 1873 an die Glieder der katholischen Gesellschaft zu Quimper richtete: ‚Sagt den Gliedern der katholischen Gesellschaft, daß wir bei den öfteren Gelegenheiten, da wir diejenigen, welche liberale Gesinnungen hegen, tadelten, nicht diejenigen, welche die Kirche hassen, im Augenmerk hatten, denn es ist nutzlos, sie zu ermahnen, **sondern diejenigen Katholiken, welche sogenannte liberale Gesinnungen theilen, welche das verborgene Gift liberaler Grundsätze nähren'."** Pius fährt fort: „Ansichten zu hegen, welche diesem katholischen Glauben zuwiderlaufen, ist gottlose Niederträchtigkeit" (Anhang S. 8). Das ist, was die heranwachsende katholische Jugend bezüglich „liberaler Katholiken" gelehrt wird.

Ich kann dieser Note nur noch einige Worte über den katholischen Unterricht bezüglich des Verhältnisses von Kirche und Staat beifügen: „Daher wird die Kirche ihre Gesetze den Gesetzen des Staates nicht anbequemen, sondern Acht geben, daß die Gesetze des Staates nicht mit den Gesetzen der Kirche in Conflict kommen dürfen" (S. 199). Nachdem er eine Reihe den Katholiken anstößige Gesetze angeführt hat, fährt der Schreiber fort: „Gerade hier laßt uns eine unantastbare Plattform niederlegen. Wir haben ein Recht, gerechte Gesetzgebung zu fordern und ungerechte und scandalöse Gesetze zu verbannen. Wir haben dies Recht auf Grund unseres Bürgerrechts, und wir beabsichtigen, jedes in diese Kategorie gehörige Recht zu benützen, ob auch die Horden und ‚Mobs' heulen und spotten oder uns ruhig gehen lassen werden" (S. 200).

Das sind also die Formen, in welchen das katholische Urtheil für die kommende Generation gegossen wird.

Es wurde auch gezeigt, daß dieses nicht geschehen kann, ohne die entgegengesetzten Grundsätze jener Kirche und unserer Republik in directen Conflict zu bringen und alle Romanisten in den Ver. Staaten zu zwingen, zwischen den beiden Herren zu wählen, denen sie jetzt beiden zu dienen bekennen.

Es wurde gezeigt, daß die katholische Erziehung von Kind auf darauf berechnet ist, den Verstand zu unabhängigem Handeln unfähig zu machen, und es unwahrscheinlich sei, daß eine bedeutende Zahl selbst liberaler Katholiken im angeregten Falle ihre Anhänglichkeit an den Papst aufgeben würden.

V. Daher ist das Verhältniß des Wachsthums des Romanismus in den Ver. Staaten eine Sache von höchster Bedeutung.

Manche, welche mit dem wahren Charakter des Katholicismus wohl vertraut sind, stehen der Sache gleichgültig gegenüber, weil sie den schnellen Wachsthum desselben nicht ahnen. Sie sagen uns, und zwar mit Recht, daß Rom hier viele seiner Anhänger verliert durch den Einfluß unserer freien Schulen, freien Institutionen und des starken, anziehenden Geistes der Unabhängigkeit, welcher der Priesterherrschaft so feindlich gegenübersteht. Aber laßt uns nicht zu früh jubeln. Die Verluste Roms in den Ver. Staaten sind nicht nothwendigerweise ein Gewinn für den Protestantismus. Wenn derjenige, welcher in der katholischen Kirche erzogen wurde, das Vertrauen in den einzigen Glauben verliert, welchen er kennt, so versinkt er leicht, anstatt den Protestantismus zu untersuchen, in Unglauben, welcher noch schlimmer ist, als Aberglauben. Rom ist hauptsächlich verantwortlich für den französischen und deutschen Unglauben. Denn wenn ein Gemüth, dem Denken und freies Forschen als ein Vergehen verboten wurde, seine geistige „Volljährigkeit" erreicht, so ist es selten mit der Ausdehnung der ihm gebotenen Freiheit zufrieden, es artet in Zügellosigkeit aus. Skepticismus und Unglauben sind die Kinder der Thorheit des Aberglaubens und die Enkel Roms. Abgefallene Katholiken gesellen sich zu unseren gefährlichsten Classen. Nicht

gewöhnt, für sich selbst zu denken, und von aller Autorität
losgerissen, werden sie leicht das Opfer der schlimmsten Auf=
wiegler.

Aber trotzdem die Katholiken Verluste in den Ver. Staa=
ten*) beklagen, ist die Kirche doch in schnellem Wachsthum
begriffen. Niemand weiß, was die gegenwärtige katholische
Bevölkerung ist, und Abschätzungen gehen weit auseinan=
der. Cardinal Gibbons gab dieselbe auf dem katholischen
Congreß in Baltimore (1889) auf 9,000,000 an. Viele
katholische Schriftsteller schätzen sie höher. Bischof Hogan
von Missouri berechnet sie auf 13,000,000. Das ist jedoch
ein wilder Sprung. Ohne Zweifel sind die Ziffern in
"Sadlier's Catholic Directory, 1890," hoch genug. Dieses
beziffert die katholische Bevölkerung auf 8,277,039. Viel=
leicht sind diese Zahlen so zuverlässig, als die vorhergehen=
den aus derselben Quelle und dienen daher als eine Basis,
um das Verhältniß des Wachsthums zu bestimmen.

In 1800 betrug die katholische Bevölkerung unseres Lan=
des 100,000. Damals gab es in den Ver. Staaten je
einen Katholiken auf 53 der ganzen Bevölkerung; in 1850
je einen auf 14.3; in 1870 je einen auf 8.3; in 1880 ei=
nen auf 7.7; in 1890 einen auf 7.5. Daraus geht her=
vor, daß, trotzdem der Wachsthum unserer Bevölkerung seit
1800 merkwürdig war, derjenige der katholischen Bevöl=
kerung noch viel schneller stieg. Dr. Dorchester zeigt in sei=
nem werthvollen und begeisternden Werke "Problem of
Religious Progress," daß die wirkliche Zunahme des
Protestantismus in den Ver. Staaten während des Jahr=
hunderts viel größer war, als die des Katholicismus, und
scheint somit jedes Bedenken über den gegenseitigen Wett=
lauf zurückzuweisen. Aber es ist eher der relative, als
wirkliche Zuwachs, welcher prophetisch spricht. Wir finden,
daß der Wachsthum Roms während der ersten 80 Jahre
dieses Jahrhunderts denjenigen irgend einer, sowie aller pro=

---

*) Nach katholischen Autoritäten belaufen sich die Glieder, welche
sie hier verloren haben, mit deren Nachkommen über 10 Millionen —
bedeutend mehr, als die gegenwärtige katholische Bevölkerung.

teftantifchen Kirchen zusammen übertraf. Von 1800—1890 wuchs die Bevölkerung neunfach, die Gliederschaft aller protestantischen Kirchen 27fach und die katholische Bevölkerung 63fach.*) Dieser Vergleich hat jedoch keine große Tragweite, weil die katholische Bevölkerung in 1800 unbedeutend war, und ein kleiner Zuwachs hinreichte, dieselbe zu verdoppeln. Aber in 1850 war diese Bevölkerung beinahe halb so groß, als die Gliederschaft aller protestantischen Kirchen. Daher laßt uns auf deren verhältnißmäßige Zunahme seit jener Zeit schauen. Von 1850—1880 vermehrte sich die Bevölkerung um 116 Procent, die Communicanten evangelischer Kirchen um 185 Procent und die katholische Bevölkerung um 294 Procent. Während derselben Zeit wuchs die Zahl der evangelischen Kirchen um 125 Procent, die Zahl der evangelischen Prediger um 173 Procent, aber die der katholischen Kirchen um 447 Procent und der Priester um 391 Procent.

In 1800 waren die Priester 1.9 Procent gegenüber der Zahl evangelischer Prediger; in 1850 5.8 Procent; in 1870 8.3 Procent; in 1880 9.1 Procent. In 1850 waren katholischer Kirchen 2.8 Procent gegenüber den evangelischen Kirchen; in 1870 5.4 Procent, und in 1880 6.8 Procent. In 1800 war die katholische Bevölkerung 21 Procent gegenüber der ganzen Zahl evangelischer Kirchenglieder; in 1850 45 Procent; in 1870 68 Procent, und in 1880 63 Procent.†) So sehen wir, daß während der

---

*) Des Autors Vergleich der katholischen Bevölkerung mit der Gliederzahl der evangelischen Kirchen anstatt mit der evangelischen Bevölkerung ist kritisirt worden. Aber der Vergleich basirt auf das Zunahmeverhältniß und auf wirklichen Zahlen, und wenn er mit der evangelischen Bevölkerung anstatt der Zahl der Kirchenglieder wäre gemacht worden, hätte sich dasselbe Resultat ergeben.

†) Der verhältnißmäßige Verlust von 1870—1880 ist vielleicht nur scheinbar und beruht auf Ueberschätzung der Katholiken in 1870. Man wird wahrnehmen, daß die katholische Bevölkerung für jenes Jahr in der gegenüberstehenden Tabelle in „runder Zahl" angegeben ist. Es ist vielmehr anzunehmen, daß ihre Bevölkerung von 1850—1880 im Verhältniß zu ihren Kirchen und Priestern gewachsen ist, als daß sie von 1850—1870 schneller zugenommen haben sollte, als die Zahl der Kirchen und Priester, und viel langsamer von 1870—1880.

erſten 80 Jahre des Jahrhunderts die katholiſche Bevöl=
kerung verhältnißmäßig ſchneller wuchs, als die Gliederzahl
der evangeliſchen Kirchen und die Bevölkerung des Landes.
Aber die ſpäteſte Statiſtik zeigt, daß zwiſchen 1880 und
1890 eine Veränderung eingetreten iſt. In 1881 war die
katholiſche Bevölkerung 63 Procent gegenüber der Zahl
evangeliſcher Communicanten; in 1890 61 Procent. In
1880 bildeten ihre Prieſter 9.1 Procent gegen die Zahl
evangeliſcher Prediger; in 1890 8.8 Procent. In 1880
waren ihre Kirchen 6.8 Procent von der Zahl evangeliſcher
Kirchen; in 1890 5.2 Procent. Dieſer verhältnißmäßige
Verluſt ſeit 1880 iſt nicht einer Abnahme von Lebenskraft
zuzuſchreiben; denn wie wir ſchon geſehen haben, hat der
Romanismus durch die zehn Jahre zugenommen, ſondern
iſt in dem ſchnelleren Wachsthum der proteſtantiſchen Kir=
chen zu ſuchen, welche während dieſer Zeit erfreulich auſleb=
ten.

Ob dieſer verhältnißmäßige Verluſt aber nur eine vor=
übergehende oder permanente Wendung der Dinge bedeu=
tet, iſt noch abzuwarten. Zunächſt bedenke man, daß dieſer

Die folgende Tabelle zeigt den wirklichen Zuwachs der evangeliſchen
und katholiſchen Communicanten, wie ſie von Dr. Dorcheſter in ſei=
nem Werke nach dem 11. Cenſus zuſammengeſtellt ſind:

Jahr.	Evangeliſche Kirchen oder Gemeinden.	Ordinirte Prediger.	Communi= canten.	Bevölkerung der Ver. Staaten.
1800	3,000	2,651	364,872	5,305,925
1850	43,072	25,555	3,529,988	23,191,876
1870	70,148	47,609	6,673,396	38,558,371
1880	97,090	69,870	10,065,963	50,152,866
1890	142.599	93,776	13,417,180	62,480,540

Jahr.	Katholiſche Kirchen.	Prieſter.		Bevölkerung.
1800		50		100,000
1850	1,222	1,302		1,614,000
1870	3,806	3,966		4,600,000
1880	6,622	6,402		6,367,330
1890	7,523	8,332		8.277.639

Verluſt nur gering iſt; und zum andern, daß die Parochial=
ſchulen in Zukunft Viele in der Kirche halten werden, wel=
che ihr ſonſt durch den Einfluß der öffentlichen Schulen ent=
fremdet wurden, wodurch das Verhältniß des Wachsthums
wieder bedeutend gehoben wird.

Aber dies iſt nicht Alles.   Rom concentrirt mit characte=
riſtiſcher Vorſicht ſeine Kräfte in den weſtlichen Territorien.
Wie der Weſten die Nation regieren wird, ſo erwartet
Rom, den Weſten zu regieren.   In den Ver. Staaten iſt
etwas mehr als ein Achtel der Bevölkerung katholiſch; in
den Territorien zuſammen mehr als ein Drittheil.*)   Im
ganzen Lande ſind nicht ganz zwei Drittel ſo viele Katholi=
ken, als Glieder der evangeliſchen Kirchen.   Ausſchließlich
Arizona und New Mexiko, welche eine große Zahl eingebo=
rener Katholiken haben, befanden ſich in den übrigen ſechs
Territorien in 1880 viermal ſo viele Katholiken, als Glieder
aller evangeliſchen Kirchen zuſammen, und mit Einſchluß
von Arizona und New Mexiko waren es 18mal ſo viele.†)
Es wird uns geſagt, daß die Katholiken von Arizona und
New Mexiko nicht ſo energiſch ſind, als die Proteſtanten,
welche ſich in jenen Landestheilen niederlaſſen.   Schon recht;
aber ſie ſind energiſch genug, um gezählt zu werden.   Die
gemeinſten Glieder der Geſellſchaft zählen ſo viel am
Stimmkaſten, als die beſten, und oft ſogar v i e l   m e h r.
Es iſt ein ſchlechter Troſt, der auf der Unwiſſenheit irgend
eines Theiles unſerer Bevölkerung beruht.   Jene verkom=
menen Leute ſind Thon in der Hand der Jeſuiten.   Als
die Jeſuiten aus Berlin vertrieben wurden, erklärten ſie,

---

*) Dies ſind die Zahlen von 1880. Ueber dieſen Punkt ſind die
Angaben des 11. Cenſus noch nicht zugänglich.

†) Der Schreiber iſt hier ebenfalls deßhalb kritiſirt worden, daß er
die katholiſche B e v ö l k e r u n g mit evangeliſchen K i r c h e n =
g l i e d e r n ſtatt der Bevölkerung (welch letztere nicht genau zu be=
ſtimmen iſt) verglichen hat. Jedoch die Kritiker überſehen den Zweck
des Schreibers.   Der Vergleich iſt nicht zwiſchen der Stärke des Ka=
tholicismus und Proteſtantismus im Weſten, ſondern zwiſchen der
relativen Stärke des Katholicismus und der des ganzen Landes in
den Territorien.

daß sie sich in den westlichen Territorien der Ver. Staaten niederlassen würden. Und dort sind sie heute, mit ganzen Reichen in ihrem Kopfe. Vertrieben wegen ihrer Intriguen selbst aus katholischen Ländern, wie Spanien, Portugal, Frankreich, Italien, Oestreich, Mexiko, Brasilien und anderen Staaten, haben sie Freiheit, in dem großen Westen zu colonisiren, und dort hausen sie mit der Absicht, den großen Westen zu romanisiren und zu controliren. Dr. J. H. Warren schreibt aus Californien, in welchem Staate viermal so viele Katholiken sind, als evangelische Kirchenglieder: „Die römisch-katholische Macht fängt an, ein überwältigendes Uebel zu werden. Ihre Schulen sind überall und zählen vielleicht 200 im Staate. Ihr neues Collegium, St. Ignatius, ist, wie uns gesagt wird, das größte, schönste und am besten ausgestattete seiner Art im Lande. Sie lassen nicht vor sich her posaunen, sie sind sparsam mit Statistiken, aber arbeiten Tag und Nacht, um die Institutionen des Landes zusammenzubrechen, und fangen mit den öffentlichen Schulen an. So gewiß, als wir leben, wird der Conflict kommen, und derselbe wird nicht leicht sein."*)

Lafayette, ein geborener Katholik, welcher die Natur Roms und ihre Abneigung gegen alle Freiheit wohl kannte, sagt: „Wenn die Freiheiten des amerikanischen Volkes jemals zerstört werden, so wird es durch die Hand der katholischen Priester geschehen."†)

---

*) Angeführt von Dr. E. P. Goodwin in einer Predigt vor der Am. Home Miss. Society, am 9. Mai, 1880.

†) Von dem Titelblatt über die Bekenntnisse eines französischen kathol. Priesters, 1887. Prof. Sam. F. B. Morse, welcher die Einleitung des Buches schrieb, sagt in derselben: „Die Erklärung von Lafayette, welche der Autor als ein Motto auf das Titelblatt seines Buches gesetzt hat, ist ein schöner Beweis der Treue und Wachsamkeit des großen Freundes der Freiheit. Lafayette beobachtete, wie ein erfahrener Seefahrer, stets den Horizont, ob sich etwa seinem geliebten Amerika Gefahr drohende Zeichen sehen ließen, und die Gefahr, auf welche seine letzten Warnungen hindeuteten, war gerade der politische Angriff, der gegenwärtig auf unserem Boden in voller Thätigkeit ist; ein Angriff, welcher um so gefährlicher ist, weil er sich unter der Maske der Religion birgt und bei jedem Versuch, seinen wahren, sei-

nen politischen Charakter aufzudecken, ‚Verfolgung‘ schreit." Diese Worte sind heute so anwendbar, als vor Jahren, da sie geschrieben wurden.

Prof. Morse fügt in einer Fußnote noch bei: „Es mag am Platze sein, hier noch beizufügen, daß Lafayette die Erklärung, welche dieses Motto enthält, zu mehr als einem Amerikaner sagte. Bei der letzten Zusammenkunft, welche ich am Morgen meiner Abreise von Paris mit Lafayette hatte, machte er, voll von Besorgniß um das Wohl Amerikas, von derselben Warnung Gebrauch; und in einem Briefe, welchen ich einige Zeit darauf von ihm erhielt, deutet er wieder auf den Gegenstand hin, mit der Hoffnung, daß ich den ganzen Stand der Dinge in Europa meinen Landsleuten mittheilen möchte. Zur selben Zeit machte er es mir, als einem Amerikaner, zur heiligen Pflicht, dieselben auf die Befürchtungen, welche von Freiheitsfreunden hinsichtlich unseres Landes gehegt würden, aufmerksam zu machen. Wenn ich in dem Versuch, meine Landsleute auf die drohenden Gefahren aufmerksam zu machen, einigen Erfolg hatte, so verdanke ich denselben in großem Maße den oft wiederholten Warnungen Lafayette's."

Briefe, in welchen ähnliche, nur noch stärkere Warnungen gegeben werden, wie die von Lafayette, könnten mitgetheilt werden. Es scheint der Mühe werth zu sein, von Prof. Morse eingehender zu citiren, weil die Echtheit des oben angeführten Ausspruches von Lafayette durch Bischof Kain von Wheeling, W. Va., und anderen Katholiken geleugnet worden ist.

Capitel VI.

Gefahren. — Religion und die öffentlichen Schulen.

Die Demokratie erfordert die öffentliche Schule. So wichtig die Schule für irgend ein Volk sein mag, ist sie dies besonders für uns, denn in den Ver. Staaten hat die öffent= liche Schule eine besondere Aufgabe, nemlich, die Kinder der Einwanderer zu amerikanisiren. Die öffentliche Schule ist das Hauptverdauungsorgan der allgemeinen Politik. Durch dieselbe werden die Kinder fremder Völker, welche zu uns kommen, während einer Generation assimilirt und zu Amerikanern gemacht. Es ist der fremdartige Charakter unserer Bevölkerung (besonders in den großen Städten), welcher die Unverletzbarkeit unseres öffentlichen Schulsystems bedroht und es zur selben Zeit so wichtig macht, dessen In= tegrität zu bewahren. Und abgesehen von den Folgen für unser Schulsystem, ist die Verfahrungsweise, welche schließ= lich von dem amerikanischen Volke hinsichtlich der Religion und der öffentlichen Schule befolgt wird, von der größten Bedeutung für die Wohlfahrt unserer Jugend und des Staates.

Mit Rücksicht auf das Verhältniß des Staates gegenüber dem religiösen Unterricht sind die Meinungen noch sehr ver= schieden und unbestimmt. Die Schulen werden beschuldigt, daß sie beides gottlos und sektirisch seien, weil sie zu wenig Religion und auch wieder zu viel Religion hätten. Zwei Theorien, welche die Wohlfahrt der Schulen und des Staa= tes bedrohen, beanspruchen unsere Aufmerksamkeit.

Erstens die der katholischen Hierarchie, welche behauptet, die Erziehung solle entschieden religiös, d. h. natürlich ka= tholisch sein. Unbestimmter oder allgemeiner Unterricht reicht nicht hin, die Lehre des katholischen Katechismus muß den Kindern eingeprägt werden. Sie behauptet, daß reli= giöser und allgemeiner Unterricht nicht wohl getrennt wer= den können. Insofern also der Staat die katholische Lehre

nicht in den öffentlichen Schulen lehrt, werden Gemeindeschulen erforderlich.

Es wird angegeben, daß die öffentlichen Schulen im Wesen protestantisch seien, und die Katholiken dennoch behufs
Unterstützung derselben besteuert würden, während sie zu
gleicher Zeit die Lasten ihrer Gemeindeschulen zu tragen
hätten. Dies sei eine Ungerechtigkeit, welche nur durch
Theilung des Schulfonds gehoben werden könne, und daß
die Theilung desselben zwischen die „protestantischen" und
katholischen Schulen pro rata nur billig sei. Solche Theilung herbeizuführen, ist ihr Streben.

Dieses Verhältniß ist zu bedauern, aber man kann sich
darüber nicht wundern. Es war unvermeidlich, daß die
Gemeindeschulen eröffnet und der Besuch derselben obliga-
torisch gemacht werde. Die Priesterherrschaft wäre anders
dem Geist und Streben der Kirche nicht treu geblieben. Der
Conflict zwischen der Gemeindeschule und öffentlichen
Schule geht viel tiefer, als die Frage des öffentlichen Unterrichts. Ersterer schließt den ganzen Gegenstand der Erziehung, ihren Zweck und ihre Methoden ein. Der Zweck der
öffentlichen Schule ist, gute Bürger heranzubilden. Der
Zweck der Gemeindeschule ist, gute Katholiken zu erziehen.
Die öffentliche Schule versucht beides Belehrung und
Disciplin einzuprägen; nicht nur die Wahrheit, sondern
die Fähigkeit, die Wahrheit zu finden, zu lehren. Die Parochialschule hat mehr den Zweck, den Verstand zu leiten,
als zu erziehen; einen Geist der Unterwürfigkeit statt der
Unabhängigkeit zu bilden. Das eine System hat den Zweck,
aufzuwecken, das andere, den Geist der Nachfrage zu er-
sticken. Das eine strebt die Selbstbeherrschung, das andere
dagegen das Beherrschtwerden von Vorgesetzten an. Das
eine sucht intelligenten Gehorsam gerechter Autorität gegenüber, das andere unbedingten Gehorsam unbeschränkter
Autorität gegenüber zu wecken. Während eines Prozesses
in New York im November 1888 wurde Mgr. Preston, der
Generalvicar von New York, unter Eid gefragt, ob Katholiken — ob recht oder unrecht — ihren Bischöfen gehorchen
müßten. Er antwortete: „Ja;" und als die Frage wie-

derholt wurde, sagte er: „Sie müssen gehorchen, ob recht oder unrecht." (Notes of hearing before the Committee on Education and Labor, U. S. Senate, S. 79.) Das öffentliche Schulsystem hat die Absicht, die Gesellschaft durch Entwicke= lung einer starken Individualität in den Schülern zu heben; die katholische Erziehung dagegen stärkt die Kirche auf Kosten der Individualität. Dies wurde von dem verstorbenen Pa= ter Hecker, welcher einer der fruchtbarsten und loyalsten Schriftsteller der katholischen Kirche war, offen zugestanden. In seinem neulichen Werke, welches gerade vor seinem Tode erschien, sagt er: „Die Vertheidigung der Kirche und das Heil der Seelen wurde nothwendigerweise gewöhnlich auf Kosten der Tugenden gesichert, welche ordnungsgemäß die Stärke der christlichen Männlichkeit ausmachen."*)   (Man denke: Das Heil der Seelen auf Kosten der christlichen Tugenden.) „In den oben kurz angeführten Grundsätzen," fährt er fort, „mag im großen Maße die Erklärung gefun= den werden, warum fünfzig Millionen Protestanten über zweihundert Millionen Katholiken so lange einen herrschen= den Einfluß in Bestimmung der Bewegung und des Schick= sals der Nationen ausübten."†)

Ohne Zweifel war aber der Befehl des dritten Plenar= concils in 1884 zur Errichtung von Gemeindeschulen ebenso viel einer offenkundigen Thatsache, als der katholischen Theorie über Erziehung zuzuschreiben. Diese Thatsache ist der schwere Verlust der katholischen Kirche unter den Nach= kommen der Eingewanderten in den Ver. Staaten. Der Editor der Irish World, der von einem fähigen katholischen Schriftsteller „ein Meister der Statistik" genannt wird, hat eine ausgedehnte Untersuchung der Bevölkerung angestellt, woraus er den Schluß zieht, daß in den Ver. Staaten ge= genwärtig zehn Millionen Menschen wohnen, welche als Nachkommen von Katholiken Glieder der katholischen Kirche sein sollten, derselben aber verloren gegangen sind. Dieser Verlust wird gewöhnlich auf Rechnung der öffentlichen Schulen geschrieben. Das Catholic Review vom 31.

---

*) The Church and the Age, S. 16.   †) Ebendaselbst S. 17.

August, 1889, schreibt: „Die Gemeindeschule ist nothwendig, denn katholische Kinder können nicht als Katholiken erzogen werden, wenn sie die öffentliche Schule besuchen. Dies ist eine anerkannte Thatsache .... Zur Zeit hängt die katholische Kirche in Amerika mehr vom Glauben der Eingewanderten ab, als vom Glauben der Generation, welche ihren Unterricht in den öffentlichen Schulen erhalten hat. .... Wir sehen keinen anderen Weg, aus denselben (jungen Amerikanern) Katholiken zu machen, als die Gemeindeschule. Unser Gewissen drängt uns, diese Arbeit aufzunehmen."

Es ist darauf hingewiesen worden, daß aus den Handlungen des Katholicismus hervorgeht, daß er sich zu keinem Compromiß herbeiläßt. Wäre die Bibel in den öffentlichen Schulen die Ursache der katholischen Secession, so könnte die Entfernung derselben der Sache eine andere Wendung geben; aber sie ist nicht die Ursache, und ihre Entfernung wäre daher ein fruchtloses Opfer. Wir mögen uns somit an die Thatsache gewöhnen, daß die Gemeindeschule eine bleibende Einrichtung ist, ohne Rücksicht auf die Behandlung der Religion in den öffentlichen Schulen.*) Sie ist ein erforderlicher Theil eines großen Unterrichtssystems, welches zur Versorgung seiner 3194†) Gemeindeschulen seine lehrenden Brüder und Schwestern, seine 102 Collegien, seine 35 theologischen Seminare und, um dem Ganzen die Krone aufzusetzen, seine große katholische Universtität in Washington hat, für welche bereits $1,000,000 gezeichnet sind, und welche, mit Einschluß der Fondirung von Lehrstühlen, wie uns gesagt wird, $5,000,000 bis $10,000,000 kosten soll.

Hier ist also eine Unterrichtstheorie, welche sich so wenig mit der amerikanischen Theorie vereinigen läßt, als Wasser sich mit Oel vereinigt; hier machen wir die Entdeckung, daß es unerläßlich ist, jene Theorie zu verfolgen, um verhäng-

---

*) „Wir müssen dieselben (Gemeindeschulen) vermehren, bis jedes katholische Kind des Landes die Mittel des Unterrichts in seinem Bereiche hat." Hirtenbrief. Acta et Decreta Concilii, Baltimorensis Tertii, p. LXXXV.

†) S. Catholic Directory for 1890.

nißvolle Wirkungen für die katholische Kirche zu vermeiden;
hier ist ein großartiges Unterrichtssystem, für welches viele
Millionen Dollars verwendet wurden; und schließlich stellen
die entscheidenden Erklärungen der katholischen Kirche, auf
welche wir im vorigen Capitel hinwiesen, die Stellung der
Hierarchie den öffentlichen Schulen gegenüber, sowie die
Beständigkeit der von ihnen niedergelegten Unterrichtsme=
thode und die Unmöglichkeit eines Compromisses außer allem
Zweifel.

Es gibt allerdings viele katholische Laien, welche die
öffentlichen Schulen schätzen und besuchen, aber diese haben
kein Theil an der Autorität der Kirche. Die Hierarchie hat
die Kirche gründlich und unwiderruflich gestellt, und die Un=
fehlbarkeit kann nicht zurückgehen, denn dieses zu thun, wäre
ein Bekenntniß der Fehlbarkeit.

Wir haben uns zu zeigen bemüht, daß das Unterrichts=
wesen der katholischen Kirche so stehen bleibt, weil die Aner=
kennung dieser Thatsache dem Publikum zur Annahme einer
bestimmten Verfahrungsweise hinsichtlich des religiösen Un=
terrichts in den öffentlichen Schulen behülflich ist.

Die Spaltung der Bevölkerung in religiösen Richtungen
ist sehr zu bedauern. Dieselbe ist unamerikanisch. Es
rückt den Zeiger an der Sonnenuhr des Fortschritts rück=
wärts aus dem 19. in das 17. Jahrhundert. Der gegen=
seitige Verkehr hat die Tendenz, die Unterschiede zu verwi=
schen und Eintracht der Völker herbeizuführen. Abschluß
vom Verkehr verursacht Argwohn, Vorurtheile und religiöse
Bitterkeit, wovon die Welt bereits mehr als genug gesehen
hat. Es gibt viele Ursachen, warum Kinder verschiedener
Bekenntnisse und Nationen, reiche und arme, aus allen
Classen der Gesellschaft in der Schule mit einander verkeh=
ren sollten. Die Absonderung der katholischen Kinder, ob=
schon sie nicht böse gemeint sein mag, benachtheiligt die
Gesellschaft und bringt den katholischen Kindern selbst den
größten Schaden. Wie können die üblen Folgen, welche
die Errichtung von Gemeindeschulen nothwendigerweise be=
gleiten müssen, vermindert werden? Sicherlich nicht durch
Beschränkung der öffentlichen Schulen. Dieses wurde in

gewissen Maße versucht, als die Frage wegen der Bibel in den Schulen, vor etwa 20 Jahren, so viel besprochen wurde. Anstatt versöhnend auf die katholischen Priester zu wirken, legte es ihnen nur den Vorwurf auf die Zunge, welchen sie heute noch aufs ausgiebigste bei ihren Leuten gebrauchen, nemlich, daß die öffentlichen Schulen „gottlos“ seien.

Es gibt Katholiken, welche, wie schon gesagt, „mehr ka= tholisch, als römisch“ sind — Männer, die viel von dem amerikanischen Geiste besitzen, die in großem Maße für sich selbst zu denken und zu handeln gelernt haben (und welche daher als Katholiken etwas anders gefärbt sind). Viele solcher Katholiken begünstigen die öffentlichen Schulen und werden hoffentlich so zu thun fortfahren. Nur die mehr li= beral Gesinnten jedoch wagen es, die Gebote der Priester außer Acht zu lassen, und solche, denke ich, werden gegen den geringen religiösen Unterricht, welchen ihre Kinder in der öffentlichen Schule erhalten, nichts einzuwenden haben.

Der Schaden, welchen die Gemeindeschulen anrichten, steht allerdings im Verhältniß zu der Schülerzahl, welche sie an sich ziehen. Das beste Hülfsmittel ist, die öffentlichen Schulen so gut als möglich zu machen, den anderen so offen= bar und bedeutend überlegen, daß sich viele katholische El= tern weigern, um der Priesterlaune willen das Wohl ihrer Kinder zu opfern.

Im Vorbeigehen mag bemerkt werden, daß die Errichtung der Gemeindeschulen seitens der Kirche und die Gründe, womit sie dieselben vertheidigen, unerwartete und unange= nehme Folgen haben mag. Die Prälaten der katholischen Kirche haben sich in letzter Zeit Mühe gegeben, zu behaup= ten, der Romanismus sei im Geiste gründlich amerikanisch und in schönster Harmonie mit den amerikanischen Institu= tionen; aber sie behaupten auch, daß unsere öffentlichen Schulen, welche doch von unseren theuersten Anstalten bil= den und zur Erhaltung unserer Freiheit als unerläßlich be= trachtet werden, für katholische Kinder durchaus unpassend seien, und sie dieselben, ohne zu sündigen, nicht besuchen könnten; damit bekennen sie also unbeabsichtigt, daß zwi= schen Rom und freien Institutionen ein innerer Widerspruch

besteht Jeder Amerikaner erkennt den assimilirenden und
amerikanisirenden Einfluß der öffentlichen Schulen an.
Wenn daher die römische Priesterschaft und Presse behaup=
tet, der einzige Weg, aus einem Kinde einen guten Katholi=
ken zu machen, sei, es aus der öffentlichen Schule zu halten
und gegen andere Kinder abzuschließen, so ist das ein Be=
kenntniß, daß der Katholicismus unamerikanisch ist und eine
fremde Civilisation vertritt.

Wenn man die ganze Bedeutung dieses Bekenntnisses er=
wägt, so ist es geeignet, Verdacht gegen die Kirche zu er=
wecken und ihr diejenigen Katholiken, welche schon im be=
deutenden Maße amerikanisirt sind, zu entfremden.

Noch einige Worte über die Forderung der Katholiken
zur Theilung des Schulfonds, und wir verlassen diesen
Theil des Gegenstandes. Würde dieser Forderung ent=
sprochen, so könnte eine ähnliche Forderung seitens der
Lutheraner, Episcopalen oder solcher Eltern, welche ihre
Kinder in Privatschulen schicken, nicht abgeschlagen werden.
Solche Concession würde aber leicht, ja wahrscheinlich die
Verkrüppelung und schließliche Zerstörung der öffentlichen
Schule herbeiführen.

Aber dies ist nicht nur eine Vorsichtsmaßregel, sondern
durch das Entsprechen der obigen Forderung würde auch ein
Grundsatz verletzt, in dessen Aufrechterhaltung die Amerika=
ner auffallend einstimmig sind, nemlich die Trennung der
Kirche vom Staate. In diesem Punkte treten uns die Ka=
tholiken mit dem Vorwurf entgegen, daß die öffentlichen
Schulen protestantisch seien. „Warum sollte der Staat
protestantische und nicht auch katholische Schulen unter=
stützen? Der Unterhalt der letzteren wäre nicht mehr eine
Verletzung des oben ausgesprochenen Grundsatzes, als die
der ersteren, und die Gleichberechtigung verlangt es.“ Die=
ses Argument scheint billig; aber der Irrthum liegt da, daß
die öffentlichen Schulen nicht protestantisch sind. Was macht
eine Schule protestantisch? Die Thatsache, daß der Lehrer
ein Protestant ist, macht sie nicht so, ebenso wenig als die
Thatsache, daß Präsident Harrison ein Presbyterianer ist,
die Regierung der Ver. Staaten protestantisch macht. Noch

macht die Thatsache, daß die Mehrzahl der Schüler prote=
stantisch ist, die Schule denominationell. Wenn die Confes=
sion der Lehrer oder Schüler der Schule ihren Charakter
gäbe, so wären manche unserer öffentlichen Schulen, beson=
ders in großen Städten, entschieden katholisch. Aber kein
Katholik würde zugeben, daß eine öffentliche Schule in den
Ver. Staaten katholisch sei, selbst wenn jeder Lehrer und
Schüler derselben katholisch wäre; und sie wäre es auch
nicht, es sei denn, es würde die entschiedene katholische Lehre
in denselben gelehrt. Die öffentlichen Schulen sind nicht
protestantisch, weil in denselben keine bestimmten protestan=
tischen Lehren gelehrt werden.

Wenn das Publikum einmal zu der Ueberzeugung ge=
kommen ist, daß die katholische Schulmaßregel fest und be=
stimmt und von Nachgeben seitens derselben keine Rede ist,
so sollte es uns nicht befremden, wenn das die Tendenz
hätte, unsere öffentlichen Schulen mehr protestantisch zu
machen; dagegen müssen wir uns aber verwahren, wenn
auch aus keinem anderen Grunde, als daß es in den Augen
der gewöhnlichen Stimmgeber dem Argument der Katholi=
ken behufs Theilung des Schulfonds Gewicht gäbe; gegen
welche Theilung jeder gute Amerikaner ohne Ansehen der
Person und ohne um einen Schatten zu weichen, Stellung
nehmen muß. Man denke an die weisen Worte Präsident
Garfield's:*) „Es würde unsere Institutionen in Gefahr
bringen, irgend einen Theil des Einkommens der Nation
oder des Staates zur Unterstützung confessioneller Schulen
zu verwenden;" und derjenigen von Gen. Grant:†) „Un=
terstützt freie Schulen und beschließt, daß kein Dollar zum
Unterhalt confessioneller Schulen bestimmt werde."

Die zweite Theorie, welche mit Rücksicht auf Religion und
öffentliche Schulen unsere Aufmerksamkeit beschäftigt, ist die
des Säcularisten, wozu man manche Christen, Juden und
Agnostiker zählen kann.

Nach ihrer Ansicht ist das Gebiet des Staates ausschließ=

---

*) In seinem Annahmeschreiben, 12. Juli, 1880
†) An die Armee in Tennessee, Des Moines, 1876.

lich weltlich; seine wahre Stellung ist entschiedene Neutra-
lität allen Formen religiösen Glaubens und Unglaubens
gegenüber; und Religion in irgend einer Form zu lehren,
hieße die Rechte gewisser Classen von Bürgern zu beein-
trächtigen. The Jewish Exponent*) führt Rabbi Calish
an wie folgt: „Die öffentlichen Schulen sind ein Auswuchs
unseres weitherzigen amerikanischen Republikanismus, welcher im Interesse der Freiheit irgend eine Vereinigung oder
Theilhaberschaft von Kirche und Staat verbietet. Ich wünsche daher im Namen der jüdischen Brüderschaft über das
ganze Land, und im Namen der Personen verschiedener religiöser Ansichten überall, gegen die Art und Weise, wie
unsere öffentlichen Schulen geleitet werden, zu protestiren.
Es ist eine beliebte Behauptung der Kirchen," fährt er fort,
„daß dies ein christliches Land sei, und sofern es auf den
Unterricht der Kirche oder den Unterricht der Familie beschränkt bleibt, ist dies unanstößig und recht. Die Idee
von Christus bleibt jedoch nicht auf solchen Unterricht beschränkt. Sie wird mit all ihrer religiösen Abhängigkeit zu
einem Theil des Unterrichts in der öffentlichen Schule gemacht. Dieses muß als eine Uebertretung gegen die Fun-
damental-Theorie unserer Regierung verworfen werden.
Im Namen der Gerechtigkeit fordere ich, daß der Grundsatz
des Gesetzes, welches bestimmt ist, Jedermann in seiner religiösen Freiheit zu beschützen, beachtet werde."

Die Platform der Liberal League der Ver. Staaten
enthält Folgendes: „Wir fordern, daß alle religiösen Ue-
bungen, welche die Regierung unterhält, abgeschafft werden,
und besonders der Gebrauch der Bibel in den öffentlichen
Schulen, ob sie öffentlich als Lehrbuch oder nebenbei als
Andachtsbuch benutzt wird, abgeschafft werde."

Die Theorie dieser Säcularisten beruht auf der falschen
Anwendung eines rechten Grundsatzes, nemlich der völligen
Trennung der Kirche vom Staate. Von allen großen Ex-
perimenten, welche in dieser neuen Welt versucht wurden,
ist keins entschiedener amerikanisch, als die völlige Trennung
der Kirche und des Staates, und keins unserer Principien

---

*) 16. August 1889.

hat sich gründlicher gerechtfertigt. Wir dürfen daher nicht
zaudern, es logisch zu verfolgen; aber unsere Säcularisten
gehen zu weit. Wie es mir scheint, verfehlen sie, den gehö=
rigen Unterschied zwischen K i r c h e und R e l i g i o n zu
machen. Rabbi Isaacs sagt mit Bezug auf das Vorlesen
eines vorgeschlagenen Handbuches in den Schulen: „Sie
sind entschieden religiös, und der Staat kann religiöse Leh=
ren in seinen Schulen ebenso wenig dulden, als in den
Amtsstuben der Regierung. Solche Handlung ist gänzlich
außerhalb seiner Befugniß. Kirche und Staat müssen auf
immer getrennt bleiben." Als ob das Lesen religiöser
Bücher in den öffentlichen Schulen jenem Grundsatz zuwi=
derlaufe.

Es ist eine Thatsache, daß unsere Regierung stets religiös
war und ist. Der Oberrichter Shea sagt: „Unsere eigene
Regierung und die Gesetze, wodurch sie geführt wird, sind in
jeder Beziehung — legislativer, juristischer und executiver
— christlich in ihrer Natur, Form und ihrem Zweck."*) In
seinen "Institutes of International Law" sagt Richter
Story: „Eine der schönen Eigenschaften unserer Munici=
pal=Jurisprudenz ist, daß das Christenthum einen Theil
des gewöhnlichen Gesetzes ausmacht, wovon es die Geneh=
migung seines Rechts erwartet, und nach welchem es seine
Ansichten zu gestalten sucht." Der große Ausleger der
Constitution, Webster, sagt: „Wir blicken auf nichts mit
größerer Gewißheit, als daß das Christenthum einen Theil
des Gesetzes unseres Landes ausmacht . . . . . . allge=
meines, duldsames Christenthum, unabhängig von Sekten
und Parteien."†) Viele andere Autoritäten von ähnlicher
Art könnten angeführt werden.

Als unsere Väter der Constitution den Grundsatz ent=
schiedener Trennung der Kirche und des Staates beifügten,
hatten sie nicht die Absicht, den Staat von aller Religion zu
trennen. Richter Story sagt, indem er von der Zeit der
Annahme der Constitution redet: „Der Versuch), alle Reli=

---

*) Nature and Form of the American Government, S. 35.
†) Webster's Works, VI. S. 176.

gionen wegzuräumen und es zur Staatsmaßregel zu machen, allen entschieden indifferent gegenüber zu stehen, würde allgemeine Mißbilligung, wenn nicht allgemeine Entrüstung hervorgerufen haben."*) Der Grundsatz von Trennung der Kirche vom Staat verbietet ohne Zweifel confessionellen Unterricht in den Schulen des Staates; aber wir haben die höchste gesetzliche und richterliche Autorität, zu behaupten, daß er der Ertheilung von allgemeinem Religionsunterricht nicht widerstreitet. „Aber," wird man fragen, „beeinträchtigt das Ertheilen von undenominationellem Religionsunterricht nicht die Rechte des Agnostikers gerade so viel, als das Lehren der Dogmen einer Kirche die Grundsätze der anderen beleidigen würde?" Keineswegs! Denn der Unterricht in den drei großen Fundamentallehren, welche allen monotheistischen Bekennern eigen sind, ist für den Fortbestand freier Institutionen erforderlich, während das Lehren denominationeller Dogmen dies nicht ist. Diese drei Hauptlehren sind das Dasein Gottes, die Unsterblichkeit der Seele und die Verantwortlichkeit des Menschen. Diese Lehren werden von allen Protestanten, Katholiken und Juden geglaubt. Es gibt in diesem Lande verhältnißmäßig Wenige, welche sie leugnen; und die Kinder dieser Wenigen sollten diese Fundamentallehren der Religion lernen, nicht weil sich die Agnostiker in der Minderheit befinden — denn Gewissensfragen können weder durch Majoritäten, noch Autoritäten entschieden werden; sondern weil die Interessen des Staates über den persönlichen Rechten stehen. Wenn es die Nothwendigkeit erfordert, zaudert der Staat nicht, Leute zum Dienst auszuheben, welche Gewissensscrupel gegen den Krieg haben. Ohne Rücksicht auf sein Gewissen, seine persönlichen Neigungen und Rechte, zwingt ihn die Regierung, seine Beschäftigung und Familie zu verlassen, und setzt ihn der Gefahr der Verletzung und des Todes aus.

Die Frage ist nicht, wie Manche zu denken scheinen, ob

---

*) Commentaries on the Constitution of the United States, Boston, 1888.

die Religion mit Recht in den öffentlichen Schulen gelehrt
werden darf, ſondern ob die Regierung ein Recht hat, ſie zu
lehren. Dieſes Recht iſt außer Frage, wenn es die Be=
dürfniſſe des Staates erfordern. Laßt uns dieſes näher
betrachten.

„Wenn es eine unantaſtbare Maxime über die Rechte der
Nationen gibt, ſo iſt es diejenige des berühmten Boſſuet in
ſeiner Vertheidigung der Erklärung der franzöſiſchen Prie=
ſterſchaft in 1862, daß alle ſouveräne Gewalt für ſich hin=
reichend und mit aller zu ihrer Erhaltung erforderlichen
Macht von Gott ausgeſtattet iſt.“*) Selbſterhaltung iſt
das erſte Geſetz ſowohl für den Staat wie für Perſonen.
Wenn der Staat das Recht hat, zu beſtehen, ſo hat er
ſelbſtverſtändlich auch das Recht, das zu thun oder zu for=
dern, was zum Fortbeſtand ſeiner Exiſtenz erforderlich iſt.
Dem Staate dieſes Recht abzuſprechen, heißt, ſein Leben
anzugreifen. Wie Shylock ſagt :—

> „Du nimmſt mein Haus, wenn du die Stütze nimmſt,
>   Die mein Haus hält; du nimmſt mein Leben,
>   Wenn du die Mittel raubſt, wovon ich lebe.“

Niemand wird leugnen, daß für eine erfolgreiche Volks=
regierung die Volksbildung erforderlich iſt; und die Sitt=
lichkeit eines Volkes iſt nicht weniger eine politiſche Noth=
wendigkeit, als ſeine Bildung. Dieſe Darſtellungen mögen
als axiomatiſch angeſehen werden. Hier iſt der Grund=
ſtein, worauf die Geſetze des Schulzwanges, des Rechtes
der Beſteuerung für öffentliche Schulen und des Rechtes
und der Pflicht, religiöſen Unterricht in denſelben zu erthei=
len, beruhen.

Unſer allgemeines Schulſyſtem gründet ſich nicht auf die
Anſicht, daß jedes Kind zum Unterricht b e r e c h t i g t ſei.
Soweit es die perſönlichen Rechte betrifft, könnte Jemand
unter unſerer Regierungstheorie ebenſowohl Capital für
die Errichtung eines Geſchäfts verlangen, als für ſein Kind
das geiſtige Capital, welches man Schulunterricht nennt, zu

---

*) A Glimpse of the great Secret Society, S. 43.

beanspruchen. Beides möchte in einem socialistischen Staate geschehen, aber unsere Regierung ist weder socialistisch, noch patriarchalisch. Warum nimmt der Staat Geld aus eurer Tasche, um mein Kind zu unterrichten? **Nicht deßhalb, weil der Unterricht eine gute Sache für dasselbe ist, sondern auf den Grund hin, weil dessen Unwissenheit dem Staate gefährlich werden könnte.** Dieses mag niedriger Grund sein, aber sumpfig ist er nicht. In gleicher Weise muß der Staat in seinen Schulen religiöse Fundamentalwahrheiten lehren, nicht weil das Kind derselben zu seinem künftigen Wohlergehen bedarf, — der Staat kümmert sich um die ewige Wohlfahrt seiner Bürger nicht, — sondern weil Unsittlichkeit dem Staate gefährlich ist und die Sittlichkeit eines Volkes ohne die Sanction der Religion nicht gesichert werden kann. Allerdings ist die Befürwortung der Religion auf den Grund hin, daß sie einem sittlichen Zwecke dienen soll, nicht sehr erhaben; aber soll der Grund breit genug sein, damit 60,000,000 Menschen darauf stehen können, so muß er nothwendigerweise niedrig sein. Die Zinne der Pyramide ist schmal.

Die Säcularisten leugnen, daß der religiöse Unterricht zur Sittenlehre nothwendig sei. Es wird behauptet, daß es wenig Unterschied mache, ob Glück, Nützlichkeit oder der Wille Gottes der Grund der Sittlichkeit sei; wie man auch immer den metaphysischen Grund des Rechts betrachte, hätten alle Theorien denselben Zweck in der Aneignung von praktischen Tugenden, welche daher unabhängig von der Religion gelehrt werden möchten. Ja, ein Kind mag ohne Hinweisung auf Gott belehrt werden, daß dieses recht und Jenes unrecht sei; aber das Kind muß sowohl sittlich erzogen, als sittlich unterrichtet werden; und die sittliche Erziehung wendet sich an den Willen, und dieser muß durch Beweggründe beeinflußt werden. Das Lügen, welches durch die Kinder in diesem Lande geschieht, hat seinen Grund nicht in ihrer Unwissenheit, daß Lügen unrecht sei, sondern in der Thatsache, daß deren Wille nicht durch Beweggründe zur Wahrheit hinreichend gestärkt ist. Wir behaupten nicht,

8

daß die Religion in Verbindung mit der Sittlichkeit gelehrt werden muß, auf den Grund hin, daß es die einzige gleiche Baſis der ethiſchen Wiſſenſchaft bilde, denn die Kinder wer=den nicht über ethiſche Wiſſenſchaft unterrichtet; ſondern auf den Grund hin, daß die Religion allein die entſprechenden Motive zur Ausführung moraliſcher Grundſätze bildet. Der Philoſoph Couſin ſagt in einem Bericht über den öffentlichen Unter=richt Deutſchlands, mit Bezug darauf, daß derſelbe ſich auf die Bibel gründet: „Jeder Weiſe wird ſich darüber freuen, denn bei drei Viertel der Bevölkerung kann die Sittlichkeit nur durch das Mittel der Religion eingeprägt werden.“ Präſident Woolſey ſagt in einer Abhandlung über die Bibel in den öffentlichen Schulen:*) „Wir können in einem Syſtem der Sittlichkeit, im abſtracten Sinne betrachtet, die Religion von demſelben trennen; im practiſchen Sinne jedoch, ſelbſt von einem Werke über Ethik, iſt es eine unumgängliche Nothwendigkeit, die beiden in Verbindung zu bringen.“ Und Daniel Webſter ſagt in einer 4. Juli=Rede: „Um die Regierung zu erhalten, müſ=ſen wir die Sittlichkeit erhalten. Die Sittlichkeit beruht auf der Religion; wenn man daher das Fundament zer=ſtört, ſo muß das Gebäude zuſammenfallen. Wenn das Volksgemüth laſterhaft und verdorben wird, ſo ſind Geſetze wirkungslos und Conſtitutionen nutzloſes Papier.“

Es gibt allerdings Leute, welche Agnoſtiker oder Atheiſten ſind und doch ein ſittliches Leben führen; aber viele, wenn nicht die meiſten derſelben, genoſſen in ihrer Jugend eine chriſtliche Erziehung, unter welcher ſich ihre Lebensgewohn=heiten bildeten. Das iſt ſehr verſchieden davon, daß man ein Kind lehrt, es gäbe keinen Gott, oder es ohne Unterricht läßt. Und ob es ſchon ſittliche Ungläubige gibt, ſo gibt es doch keine ungläubigen Geſellſchaften, welche ſittlich ſind. Ihr wißt, daß Plutarch ſagt: „Niemals gab es einen Staat von Atheiſten. Ihr mögt über die ganze Welt reiſen und

---

*) Vorgeleſen vor dem National Council of Congregational Churches, 1877.

Städte ohne Mauern, ohne Könige, ohne Münze, ohne
Theater und Gymnasium finden; aber nirgends findet ihr
eine Stadt ohne Gott, ohne Gebet, ohne Orakel und ohne
Opfer. Eher mag eine Stadt ohne ein Fundament stehen,
als ein Staat ohne Glauben an die Götter. Dieser ist das
Band aller Gesellschaft und der Grund aller Gesetzgebung."
Erlaubt mir, den oft angeführten Satz aus Washington's
Abschiedsadresse zu citiren: „Was auch immer dem Einfluß
der besseren Erziehung auf besonders geartete Gemüther zu-
geschrieben werden mag, so lehren uns doch beides Vernunft
und Erfahrung, daß die Volkssittlichkeit ohne religiöse
Grundsätze nicht zu bestehen vermag."

Alle christlichen Säcularisten halten freilich dafür, daß
die Kinder religiösen Unterricht genießen sollten, sagen uns
aber, daß derselbe daheim und in der Sonntagschule ertheilt
werden müsse. Wie sollen aber diejenigen Kinder unterrichtet werden, welche in keine Sonntagschule gehen, und
wovon ohne Zweifel die meisten auch daheim von solchem
Unterricht nichts erfahren? Angenommen, daß zwei Drittel aller katholischen Kinder in ihre Sonntagschulen gehen,
so läßt dies fast die Hälfte der im Schulalter stehenden Jugend der Ver. Staaten zurück, die keine Sonntagschule irgend welcher Art besucht. Wollen uns die Säcularisten
sagen, auf welche Weise diese „Ehrfurcht vor Gott, Ehrfurcht vor Menschen, Ehrfurcht vor den Frauen, vor dem
Gesetz, welche," wie gesagt wird, „die Pfeiler der Republik
sind," lernen sollen, es sei denn, es wird ihnen in den öffentlichen Schulen gelehrt? Es ist nicht genug, daß die
eine Hälfte unserer Kinder in der Erkenntniß Gottes unterrichtet wird; nicht genug, daß nur eine Hälfte Pietät vor
der göttlichen und daher vor der menschlichen Autorität
hat; nicht genug, daß die eine Hälfte in der von der Religion getragenen Sittlichkeit unterrichtet wird. Solche
Theilung unserer Bevölkerung ließe unsere Zukunft in einer
schwankenden Wage. Die Volksregierung herrscht durch
Majoritäten. Republiken sind nur zuverlässig, wenn die
g r o ß e M e h r h e i t des Volkes die Ehrfurcht vor dem
Gesetz hat, welche aus der Ehrfurcht vor Gott hervorgeht.

Der traurigste Fehler „Jungamerikas" ist Mangel an Pie=
tät. Der Geist der Unabhängigkeit und der Sinn der
Gleichheit sind derselben nicht förderlich. Unsere Jugend
hat wenig Ehrfurcht vor dem Alter, der Autorität, dem Ge=
setz und den Regenten. Unser Mangel an Pietät wird uns
von unseren Kritikern vorgeworfen. Matth. Arnold sagt
in seinen berühmten Studien der amerikanischen Civilisa=
tion, welche kurz vor seinem Tode im Nineteenth Century
erschien: „Wenn es eine Disciplin gibt, worin die Ameri=
kaner mangelhaft sind, so ist es diejenige der Ehrfurcht,
Furcht und des Respects. Eine ernste und tiefe Religion
prägte den puritanischen Gründern den Sinn der Ehrfurcht
ein .... aber diese Religion ist am Aussterben." Ein
berühmter englischer Prediger, Dr. Dale, welcher dieses
Land vor mehreren Jahren besuchte, schrieb nach seiner
Rückkehr eine Skizze über seine Reise, worin er, nach An=
führung der Thatsache, daß die Kinder von Jonathan Ed=
wards jedesmal aufstanden, wenn Vater oder Mutter das
Zimmer betraten, dem englischen Publikum mittheilt, daß
dies in keiner der Familien, welche ihm Gastfreundschaft er=
wiesen, mehr der Fall gewesen sei. Es herrscht wenig Ehr=
furcht und daher wenig Autorität in vielen amerikanischen
Häusern, ausgenommen die, welche die Kinder über ihre
Eltern ausüben. Der Geist der Selbsterhebung, welcher
characteristisch amerikanisch ist, wird der Einschränkung bald
müde und leicht gesetzlos. Es gibt in der ganzen Christen=
heit keine Kinder, welche es so nöthig — bürgerlich nöthig
haben, daß ihnen der Sinn für die göttliche Autorität ein=
geprägt werde, als die amerikanischen Kinder. Viele Lehrer
und Schulmänner, deren Stellung besonders Gelegenheit
bietet, Beobachtungen zu machen, könnten als Beweis hier
angeführt werden, um zu zeigen, wie der Geist der Ehr=
furchtslosigkeit und Gesetzlosigkeit unter der Jugend ver=
breitet ist. Ein Wort vom Schul=Commissionar von
Rhode Island genüge. Er sagt: „Der Geist des An=
spruchs, der Insubordination, der Abneigung gegen alle
Einschränkung, der offenen Auflehnung gegen das Gesetz,
— alles dies ist heute viel vorherrschender, als je zuvor."

Alles dies berührt den Staat sehr empfindlich. Hier ist ein großes Uebel, welches noch größere Uebel in Aussicht stellt. Wie soll der Staat ein Heilmittel dagegen anwenden? Die Schule ist der Ort, wo er die Jugend bilden kann. Wird er derselben den Geist der Ehrfurcht durch Entfernung aller Religion beibringen? Oder dadurch, daß aus den Lehrbüchern ·jeder Hinweis auf Gott ausgemerzt wird? Durch Verbieten, daß die Kinder von ihren Lehrern über das Dasein Gottes belehrt werden?

Wie soll unserer amerikanischen Jugend Ehrfurcht beigebracht werden, ohne welche unsere Zukunft unsicher ist? Aus der Geschichte? Die gegenwärtige Generation steht der Vergangenheit ehrfurchtslos gegenüber. Wir sind im Begriffe, ein Volk von Bilderstürmern zu werden. Was auch altersgrau, ja was „gottähnlich" und daher der Verehrung würdig ist, wird unter den Focus der wissenschaftlichen Untersuchungsmethode gehalten. In Tausenden von Fällen hat das Alte dem Neuen Platz gemacht, einfach weil es so recht und das Letztere unvergleichlich besser war. Daher hat sich in der Volksmeinung eine gewisse Verachtung des Alten festgesetzt.

Soll unsere Jugend Ehrfurcht aus der Natur lernen? Wenn die Natur nicht als eine Offenbarung des Unendlichen studirt wird — ihre Entwickelung seine Methoden; ihre Harmonie seine Ursache; ihre Schönheit seine Gedanken; ihre Wunder seine Weisheit; ihre Kräfte seine Macht; ihre Gesetze sein Wille; wenn die Natur nicht als ein Schleier, der den Unendlichen verdeckt und zugleich offenbart, sondern nur als eine Vorrathskammer studirt wird, aus welcher man sich bereichern kann; als ein Steinbruch, woraus man eine gewaltige materialistische Civilisation heraushauen kann; wenn ihre Gesetze nur befolgt werden, um sie zu bezwingen; wenn man ihre Kräfte nur studirt, um sie zu überwinden — wie soll dann unsere Jugend von der Natur Pietät lernen und nicht statt dessen stolz den Menschen als Herrn der Natur feiern?

In seinem „Wilhelm Meister" spricht Göthe die Ansicht aus, daß die Ehrfurcht dem Menschen nicht innewohnt, son-

dern eingeprägt werden muß, um zu existiren. Wenn Ehr=
furcht gelehrt werden muß, wer soll es denn thun, ohne der
Staat? Und wie kann der Staat die amerikanischen Kin=
der Ehrfurcht lehren, ohne sie über Gott und ihre Verant=
wortlichkeit Ihm gegenüber zu unterrichten?

Wir sind im Begriffe, eine Nation zu bauen. Perma=
nente Institutionen können wir auf bloße Bildung, Klug=
heit, Geschäftstrieb und Selbstschätzung nicht bauen. Es
muß eine tiefe Ehrfurcht vor dem Gesetz obwalten.

Eine feste Gewohnheit, der rechtmäßigen Autorität zu
gehorchen, muß vorhanden sein. Solcher Gehorsam der
Massen kann niemals durch das Lehren einer religionslosen
Moralität gesichert werden; wir möchten ebensowohl erwar=
ten, eine Lokomotive durch Licht oder einen Oceandampfer
durch seinen Compaß zu treiben.

Wenn dann der Staat, der **das Recht der Existenz** hat,
auch das Recht besitzt, seinen Fortbestand zu sichern, und
wenn die Volkssittlichkeit zum Fortbestand seiner freien In=
stitutionen erforderlich ist, und wenn die Erkenntniß der
Grundwahrheiten der **Religion** zur Erlangung solcher Sitt=
lichkeit nothwendig sind, so hat der Staat das Recht, diese
Wahrheiten einzuprägen.

Als Personen sind wir allerdings verpflichtet, religiöse
Grundsätze zu ehren, so sehr dieselben auch von den unseri=
gen abweichen, und wir müssen mit religiösen Vorurtheilen,
so blind und bigott dieselben auch sein mögen, Geduld ha=
ben; aber wenn die Selbsterhaltung sowohl eine Pflicht,
wie ein Recht ist, dann ist es die Pflicht des Staates, diese
religiösen Grundwahrheiten (nicht confessionelle Dogmen)
seinen Kindern zu lehren, selbst wenn agnostische Eltern Ein=
sprache dagegen erheben, gerade wie es das Recht und die
Pflicht des Staates ist, den Knaben vom Pflug, aus der
Mühle oder der Mine zu nehmen und ihn in die Schule zu
bringen, gegen den Protest seiner Eltern, nicht zum Wohl
des Knaben, nicht weil die Eltern nicht Rechte haben, welche
wir als Personen respectiren müssen, sondern weil die Er=
fordernisse des Staates über den persönlichen Rechten ste=
hen.

Confessionelle Dogmen sind zur Volkssittlichkeit nicht erforderlich. Daher hat der Staat kein Recht, dieselben zu lehren, und dies zu thun, wäre entschieden unrecht und drückend für viele Bürger.*) Es wird von Manchen die Einwendung erhoben, dieser Unterschied könne nicht aufrecht erhalten werden. Erzbischof Ireland in seiner Adresse an die National Educational Association (St. Paul, Juli 1890) sagt: „Es ist und kann kein positiver religiöser Unterricht sein, wo der Grundsatz der Confessionslosigkeit herrscht." Dem gegenüber führen wir Daniel Webster an, welcher sagt: „Dieser Einwand gegenüber der Masse und dem Unterschied der Confessionen ist nur die alte Geschichte, das alte Argument des Unglaubens. Es ist bemerkenswerth, daß es gewisse große Wahrheiten gibt, welche von allen Christen geglaubt werden. Alle glauben an das Dasein Gottes. Alle glauben an die Unsterblichkeit der Seele. Alle glauben an die Verantwortlichkeit in einer anderen Welt für unser Verhalten in dieser Welt. . . . . Und können nicht alle diese großen Wahrheiten den Kindern gelehrt werden, ohne deren Verstand durch widersprechende Lehren und confessionelle Controversen zu verwirren? Ohne allen Zweifel."†)

Solcher Unterricht würde in einer mustergültigen Gesellschaft nicht als genügend betrachtet werden. Aber wir

---

*) Der Autor hat nie von einer öffentlichen Schule gehört, in welcher ein protestantischer Katechismus gebraucht oder irgend eine bestimmte protestantische Lehre wäre gelehrt worden. Aber Rev. C. O. Brown von Dubuque, Jowa, sagt, daß der katholische Katechismus während der Schulstunden in den öffentlichen Schulen in Key West, New Malory, Prairie Creek, Bernard, Wilton, Holy Croß und Tate de Morte in jenem Staate als regelmäßiges Lehrbuch gebraucht wird.

„Ich selbst," sagt er, „habe es in zwei dieser Schulen gesehen und gehört während der regelmäßigen Schulstunden." „In Spruce Creek, Spring Brook, La Motte, Otter Creek, Butler, District Nr. 3 und vielen anderen Plätzen in Jackson Co. herrscht ein ähnlicher Stand der Dinge." — The Public Schools and their foes. Fifth Address.

†) Webster's Works, Vol. VI. S. 161.

müssen die Gesellschaft nehmen, wie sie existirt, und dieselbe ist nicht mustergültig. So lange Menschen verschieden denken und verschiedene und conflictirende Interessen haben, muß man diese Verhältnisse berücksichtigen.

Eltern und die Kirche mögen natürlich so viel mehr Unterricht ertheilen, als ihnen gefällt, aber wenn der Staat über die Ertheilung des Unterrichts in den Haupt-Grundlehren, welche allen monotheistischen Religionen gemein sind, hinausgehen wollte, so könnte das zu einer Theilung des Schulfonds führen, welches ein großes Unglück wäre. Auf der anderen Seite ist die Ausmerzung aller Religion gleichbedeutend mit Corruption der Volkssitte, wodurch das Fundament unserer freien Institutionen gefährdet würde. Zudem arbeiten die Säcularisten denjenigen, welche eine Theilung des Schulfonds anstreben, unbewußt in die Hände und an der Zerstörung unseres gegenwärtigen Schulsystems. Die meisten protestantischen Einwanderer sind in confessionellen Schulen erzogen worden. Die Lutheraner, welche 1,000,000 zählen, neigen sich denselben zu; und es gibt viele andere Protestanten, welche dermaßen von der Nothwendigkeit des religiösen Unterrichts in den Schulen überzeugt sind, daß sie denominationelle Schulen der gänzlichen Verbannung der Religion aus den öffentlichen Schulen vorziehen.

Die große Gefahr ist gegenwärtig, daß zwischen dem oberen und unteren Mühlstein des Romanismus und Säcularismus alle Religion aus unseren öffentlichen Schulen hinausgemahlen wird. Und diese Gefahr ist im Westen größer, als im Osten, denn wie wir bereits gesehen haben, ist der Katholicismus westlich vom Mississippi viel stärker, als östlich von demselben, und wie wir später noch sehen werden (Cap. XII.), ist doch die Gliederschaft evangelischer Kirchen viel schwächer daselbst.

Vergleichstafel.

Flächenraum von Frankreich und Großbritannien zusammen:
325,000 Quadratmeilen.

Gutes Ackerland in den Vereinigten Staaten im Territorium
der Mormonen:
350,000 Quadratmeilen.

Capitel VII.

Gefahren. — Mormonen.

Das Volk der Ver. Staaten empfindet die Schande des
Mormonenthums mehr, als die drohende Gefahr desselben.
Die civilisirte Welt wundert sich, daß solche abstoßende
Carricatur der christlichen Religion in diesem erleuchteten
Lande zur Erscheinung gekommen ist; daß solcher Anachro=
nismus neben der fortschrittlichsten Cultur aufwuchs; daß
das Volk, welches die Frauen am meisten ehrt, es duldet,
daß denselben hier diese tiefe Demüthigung und dies him=
melschreiende Unrecht geschieht. Die Vielweiberei, als die
auffallendste Erscheinung des Mormonismus, fesselt das

Auge der Oeffentlichkeit. Dieselbe erweckt zugleich Interesse und Entrüstung; und um ihretwillen zeigt Europa mit Fingern auf uns. Die Polygamie war der Streitpunkt zwischen den Mormonen und der Regierung der Ver. Staaten. Dieselbe hat die Zulassung Utah's zum Staatenbund bisher verhindert. Gegen sie hat der Congreß Gesetze erlassen. Und doch ist die Vielweiberei kein wesentlicher Theil des Mormonismus; sie ist ein späterer Gedanke; keine Wurzel, sondern ein Zweig. Es gibt große und wachsende Sekten von Mormonen*) außerhalb Utah, welchen einen Polygamisten ausschließen würden. Auch ist die Vielweiberei kein großer Theil des Mormonismus. Nur eine kleine Minderheit fröhnt derselben. Zudem kann dieselbe unter den „Heiligen" niemals allgemein werden, denn hier zieht das Naturgesetz seine Schranken, welche nicht geändert werden können. In Utah, wie sonstwo, werden mehr Knaben als Mädchen geboren; unter den Gliedern der Mormonen befinden sich die Männer um einige Tausend in der Mehrzahl.

Die Vielweiberei könnte total ausgerottet werden, ohne den Mormonismus wesentlich zu schwächen. Sie hat das System dadurch um Etwas gestärkt, daß sie ihre Opfer gründlich in das Mormonennetz verstrickt, denn ein Polygamist wird schwerlich jemals von den Mormonen abfallen. Er hat „zahlreiche Anhaltspunkte" und kann hülflose Frauen und Kinder nicht so leicht verlassen, wie anstößige Lehren. Zudem hat er sich der Regierung gegenüber auf die Seite der Uebertreter des Gesetzes gestellt. Franklin's Ausspruch an die Unterzeichner der Unabhängigkeitserklärung könnte dieser Volksclasse passend in den Mund gelegt werden: „Wenn wir nicht zusammen hängen, so wird Jeder allein hängen müssen." Doch ist es eine offene Frage, ob die Vielweiberei dem Mormonismus mehr Kraft oder Schwäche beigebracht hat; denn seine üblen Folgen haben ohne Zweifel viele Kinder solcher Ehen, und manche andere, da-

---

*) Die Josephiten, welche durch die Ver. Staaten zerstreut und gesetzliebende Bürger sind — verführt, aber harmlos. Ihre Zahl soll sich auf 25,000 belaufen.

hin geführt, daß sie an dem Glauben zweifelten und denselben endlich verließen.

Worin liegt denn die eigentliche Stärke des Mormonismus? Es ist der kirchliche Despotismus, welcher denselben zusammenhält, vereinigt und stark macht. Die Mormonenkirche ist vielleicht die vollkommenste Organisation in der Welt. Um auf eine Mormonenbevölkerung von 165,218 Acht zu geben, gibt es 31,577 Beamte, oder einen auf je fünf Personen.*) Und so fest centralisirt ist diese Macht, daß alle diese Fäden der Autorität in einer Hand zusammenlaufen, das ist die Hand des Präsidenten. Die Priesterschaft, von welcher er das Haupt ist, beansprucht das Recht, alle religiöse, sociale, geschäftliche und politische Sachen zu controliren. Brigham Young beanspruchte das Recht, Alles zu verwalten, „vom Stricken eines Strumpfes bis zu den Bändern an einem Frauenhut." Hier ist also ein Anspruch auf absolute und allgemeine Regentschaft, welcher von jedem „Heiligen" freudig Folge geleistet wird. Der Mormonismus ist daher nicht einfach eine Kirche, sondern ein Staat, ein "imperium in imperio," regiert von einem Manne, welcher zugleich Prophet, Priester, König und Papst — Alles in Einem — ist, und dazu ein Papst, welcher kein Jota unfehlbarer ist, als der mit der dreifachen Krone. Und wie man von einem amerikanischen Papste, und besonders von einem westlichen Papste, naturgemäß erwarten sollte, „überpapstet" er den römischen noch dadurch, daß er vorgibt, Zwiegespräche mit dem Allmächtigen zu halten und auf Bestellung neue Offenbarungen direct aus dem Himmel bekommt. Daneben hält er, was mehr materieller Natur ist, die Zügel der zeitlichen Verhältnisse mit fester Gewalt. Es sieht in der That aus, als wenn das Geistliche dem Zeitlichen untergeordnet wäre.   Dr. W. M. Barrows

---

*) In 1889 berichtete die Mormonenkirche officiell ihre Beamten und Glieder in der ganzen Welt wie folgt: Apostel 12, Patriarchen 70, Hohepriester 3919, Aelteste 11,805, Priester 2069, Lehrer 2292, Diakonen 11,610, Familien 81,890, Kinder unter acht Jahren 49,303, gänzliche Mormonenbevölkerung (außer den Josephiten) 165,218.

sagt, nach einem mehr als achtjährigen Aufenthalt in der
Mormonenhauptstadt:*) „Es unterliegt keinem Zweifel,
daß sie immer weniger eine religiöse und mehr und mehr
eine politische Macht werden. Die ersten Mormonenpredi=
ger waren unwissende Fanatiker; aber die meisten derselben
waren ehrlich, und ihre Worte machten einen Eindruck, den
der Ernst immer macht, selbst in einer bösen Sache. Die
Prediger der Gegenwart lassen es an Toben auch nicht feh=
len; aber es fehlt ihnen die Inspiration. Ihre Reden
klingen hohl; der Klang des Ernstes ist daraus entwichen.
Aber ihre Augen sind von dem Glanze eines irdischen Rei=
ches geblendet. Sie sind auf die alte jüdische Idee von ei=
nem zeitlichen Königreiche gerathen, und dieses Königreich
erwarten sie in den Thälern von Utah, Idaho, Montana,
Wyoming, Colorado, New Mexiko, Arizona und Nevada zu
errichten.“

Wenn Jemand bezüglich der Absichten der Mormonen im
Zweifel steht, so lasse er sich von Bischof Hunt endgültig be=
lehren. Derselbe sagt in 1880: „Wie ein Senfkorn wurde
die Wahrheit in Zion gepflanzt; und dasselbe ist bestimmt,
sich über die ganze Welt auszubreiten. Unsere Kirche wurde
erst vor fünfzig Jahren organisirt, und man betrachte ihren
Reichthum und ihre Macht. Dies ist unser Jubiläumsjahr.
Wir blicken mit Zuversicht dem Tage entgegen, da wir die
Zügel der Ver. Staaten=Regierung in Händen haben wer=
den. Das ist gegenwärtig unser einstweiliges Ziel. Nach=
dem erwarten wir, diesen Continent zu beherrschen.“ Als
man ihm bemerkte, daß diese Aussicht ziemlich luftig sei, da
Utah keine Aufnahme in den Staatenbund fände, entgegnete
der Bischof: „Es täusche sich nur Niemand, wir werden
schon dazu sehen. Wir fragen nichts nach diesen Territo=
rialbeamten, die man uns hierher sendet, um uns zu regie=
ren. Sie haben hier keine Bedeutung. Wir erkennen sie
nicht an, noch befürchten wir irgend ein ernstliches Hinder=
niß seitens des Congresses. Wir erwarten, daß Utah als

---

*) Vortrag vor der Home Missionary Anniversary in Chicago,
8. Juni, 1881.

Staat anerkannt wird. Wir halten bereits die entscheidende
Stimme in politischen Angelegenheiten in Idaho, Utah
werden wir unbeschränkt beherrschen, und in kurzer Zeit
werden wir auch in Wyoming die entscheidende Stimme in
unserer Hand haben. Vor einigen Monaten zog Präsident
Snow von St. George mit einer Schaar Priester behufs
einer Bekehrungstour durch Colorado, New Mexiko,
Wyoming, Montana, Idaho und Arizona. Wir erwarten
ebenfalls Missionare nach Nevada zu senden und Colonien
in Washington Territorium anzulegen.

Während der verflossenen sechs Monate haben wir über
3000 von unseren Leuten durch das Sevierthal gesandt, um
sich in Arizona anzusiedeln, und die Bewegung ist immer
noch im Gange. Dieses Alles gibt uns mit der Zeit solche
politische Gewalt, welche den Demagogen des Landes endlich Anerkennung abnöthigt. Am Stimmkasten sind wir
vereinigt und bleiben es auch. Und unsere Stimmen fallen
dahin, wo sie der Kirche den größten Vortheil bringen.
Dann werden die politischen Parteien in einer vorkommen-
den politischen Krisis unsere Unterstützung nöthig haben.
Utah wird dann als Polygamie-Staat aufgenommen, und
die anderen Territorien, die wir uns in aller Stille unter-
thänig machten, werden folgen. Dann haben wir durchweg die entscheidende Stimme und werden dem Lande dic-
tiren. Mit der Zeit werden unsere Grundsätze, welche heiligen Ursprungs sind, sich über die Ver. Staaten verbreiten.
Wir besitzen dann die Macht, die politische Wage in irgend
einer Nachbarschaft zu unseren Gunsten zu drehen. Unsere
Leute sind gehorsam. Wenn die Kirche sie ruft, so folgen
sie aufs Wort. Sie verkaufen ihre Häuser, Ländereien und
Heerden und ziehen irgendwo hin, wohin die Kirche sie gehen
heißt. Sie können sich also die Folgen denken, welche eine
vorsichtige Führung mit Hülfe einer solchen kirchlichen Organisation herbeizuführen vermag."

Seitdem obige Worte gesprochen wurden, hat sich die
Ver. Staaten-Regierung in „Zion" freilich fühlbar gemacht,
und ihre Beamten finden gebührende Anerkennung; aber
der hoffnungsvolle Bischof überschätzt die Wirksamkeit der

Mormonenkirche nicht mit Rücksicht auf ihre Colonisations=
projecte. Es wird z. E. eine Anordnung ausgesandt, daß
ein gewisser District so und so viele Emigranten für Arizona
oder Idaho stellen solle. Die Familien werden durch Loos
gezogen, so viele aus einer Ward, und jede Ward versorgt
ihr Quota mit Wagen, Vieh, Nahrung, Werkzeugen, Sa=
men rc. Auf diese Weise kann der Mormonen=Bischof
Stimmgeber irgendwo so leicht ansammeln und dirigiren,
wie ein General seine Truppen bewegt.

In Folge dieser systematischen Colonisation haben die
Mormonen große Länderstrecken in ihren Besitz gebracht und
halten gegenwärtig fast alles Ackerland vom Felsengebirge
bis an die Sierra Nevada, oder eine Fläche nicht geringer
als 500 Meilen in einer und 700 Meilen in der anderen
Richtung, welches 350,000 Quadratmeilen ausmacht;*)
oder ein Sechstel des ganzen Flächenraumes zwischen dem
Mississippi und Alaska. Ueber diesen ungeheuren Länder=
complex beabsichtigen sie eine Bevölkerung anzusiedeln, die
zahlreich genug ist, denselben auch zu controliren. Mit
dieser Absicht schickt die Kirche jährlich von 200—400 Missi=
onare aus, wovon die meisten in Europa wirken. Gewöhn=
lich kehren dieselben nach einer zweijährigen Thätigkeit zu=
rück. In 1849 wurde „der immerwährende Emigrations=
fond“ gegründet, um „Neubekehrte,“ welche zu arm waren,
„Zion“ ohne fremde Hülfe zu erreichen, zu unterstützen.
Während der ersten zehn Jahre nach Gründung dieses
Fonds betrug die Durchschnittszahl der Einwanderer jähr=
lich 750; während der folgenden zehn Jahre schon 2000;
von 1880—1885 bereits von 2500—3000, und seit 1885 hat
diese Zahl langsam abgenommen. Die Verluste durch Ab=
fall†) sind allerdings bedeutend, werden aber durch Neube=

---

*) Rev. J. L. Leonard, Home Missionary Superintendent für
Utah, Idaho, Montana und West Wyoming.

†) Wir mögen vielleicht erfahren, daß es mit dem Abfall der Mor=
monen geht, wie mit dem der Katholiken. Der Mormone ist seiner
geistigen Beschaffenheit nach ein besonderer Charakter. In jeder
Nachbarschaft gibt es Leute, welche für die Mormonen geboren zu sein
scheinen. Sobald ein Missionar dieser Heiligen erscheint, zieht er diese

kehrte mehr als ersetzt, während der natürliche Wachsthum
durch die Familie ungeheuer ist. Zu diesem Wachsthum
kommt noch die ungeheure Zunahme des Reichthums. Die
Mormonen sind arbeitsam — ein Fauler kann nicht in ihren
Himmel kommen — und die Steuerabgaben vermehren be=
ständig den ungeheuren Reichthum, welcher sich bereits in
den Händen der Priesterschaft befindet. Der Mormonen=
Delegat an den Congreß, welcher in einer Hand 100,000
Stimmen und in der anderen Millionen von Corruptions=
geldern trägt, würde sich in Washington als ein gefährlicher
Geselle erweisen, es sei denn, die Politiker würden bis da=
hin auffallend tugendsam, und daß es in Zukunft weniger
offene Hände für große Trinkgelder gibt.

Diejenigen, welche den Mormonismus am besten kennen,
scheinen die drohenden Gefahren desselben am meisten zu
scheuen. Die Prediger der Gemeinden und Aufseher von
Schulen in Salt Lake City sagen in einer Adresse an die
amerikanischen Bürger:†) „Wir erkennen die Thatsache,
daß die sog. Mormonenkirche in ihrer Verwendung politi=
scher Macht den amerikanischen Institutionen feindlich ge=
genübersteht und zwischen dem Mormonismus in Utah und
amerikanischem Republikanismus ein unaufhaltsamer Con=
flict im Gange ist, und beide niemals friedlich nebeneinan=
der wohnen können. Wir glauben auch, daß die Zunahme
dieser anti=republikanischen Macht derart ist, daß, wenn
dieselbe nicht bald gezügelt wird, sie in der nächsten Zukunft
ernste Unruhen bringt. Wir befürchten, daß die Natur und

Classe so sicher an, wie ein Magnet das Eisen. Sie warten nur da=
rauf, um etwas Neues zu hören und zu glauben, sie werden von je=
dem Wind der Lehre umgetrieben; vielleicht waren sie bereits Glieder
mehrerer religiöser Gemeinden; sie sind leichtgläubig und abergläu=
bisch und leicht in der Richtung ihrer Neigungen zu leiten. Sie dis=
putiren gern, hassen aber gesunde Gründe, sind blindlings ergeben
und zum Fanatismus geneigt — in einem Wort, sie sind "cranky."
In einer Kirche solcher Leute ist natürlich der Abfall groß. Die
Mormonenkirche ist eine Maschine, welche Zündstoffe für anarchisti=
sches Feuer fabricirt.

†) Hand-book of Mormonism, S. 94.

Ausdehnung dieser Gefahr von der Nation im Allgemeinen zu wenig anerkannt wird."

Wenn der Mormonismus seinen Sitz in einem fertigen Staatswesen, wie z. E. in Ohio hätte, wäre solche unwissende und fanatische Bevölkerung, welche schnell wächst und der absoluten Leitung gewissenloser Führer, die ihrer Feindschaft gegen den Staat öffentlich Ausdruck geben und die Gesetze verächtlich übertreten, anheimgegeben ist, ein störendes Element, welches ohne Zweifel den Frieden der Gesellschaft erschüttern würde. In der That konnten sich ja die Mormonen, als sie noch viel schwächer waren als jetzt, in Missouri oder Illinois nicht halten. Und der Mormonismus ist zehnmal gefährlicher in dem neuen Westen, wo seine Macht größer ist, weil die „Heiden" nicht so zahlreich sind; weil es ihm an Raum zur Ausdehnung nicht fehlt; wo, in einer neuen, unorganisirten Gesellschaft, seine geschlossene Organisation um so leichter die Situation beherrscht, und wo die noch nicht formirten Constitutionen und Gesetze der Staaten, die noch plastischen Einrichtungen der Gesellschaft seinem gestaltenden Einfluß überlassen sind.

Und was wollen wir mit Rücksicht darauf thun? Es kann etwas durch die Gesetzgebung geschehen, doch hat sich das weniger erfolgreich erwiesen, als man erwartete. Von der ersten Passirung der Anti=Polygamie=Gesetze in 1862 bis zum 1. September 1889 sind die Uebertreter nur in 24 Fällen ihres Vergehens überführt worden,[*]) während man weiß, daß in dem einzigen Jahre vor Juni 1887 67 Männer Polygamisten wurden. Unter dem Edmunds=Gesetz wurden jedoch von 1882–1889 909 Personen des ungesetzlichen Zusammenwohnens überführt. Diese Zahl begreift aber nur fünf Procent derjenigen ein, von denen man weiß, daß sie schuldig sind.[†]) Der Gouverneur des Territoriums, der Achtb. A. L. Thomas, welcher die Verhältnisse gründlich kennt, sagt:[‡]) „Die Regierung ist seit Jahren durch

---

[*]) Montgomery's Mormon Delusion, S. 292.
[†]) Montgomery's Mormon Delusion, S. 293.
[‡]) Report of the Governor of Utah, 1889.

gute und thatkräftige Beamten gut vertreten gewesen, und das Resultat war wichtig, aber nicht entscheidend. Diese Verfahrungsweise (eifrige Verfolgung) hat die Ansichten nicht geändert, sondern nur größere Vorsicht hervorgerufen, um die Uebertretungen zu verbergen."

Wilford Woodruff, der Präsident der Mormonenkirche, erließ unlängst eine Proclamation, in welcher er sagt: „In= dem durch den Congreß Gesetze erlassen worden sind, welche die Vielweiberei verbieten, welche Gesetze dann auch von den Gerichten in letzter Instanz als constitutionell bezeichnet wurden, so erkläre ich hiermit meine Absicht, diesen Gesetzen mich zu fügen und allen meinen Einfluß bei den Gliedern der Kirche, deren Präsident ich bin, zu gebrauchen, damit sie ein Gleiches thun."

Wenn diese Erklärung in gutem Glauben gemacht wurde, so bedeutet sie wenigstens für eine Zeit lang die Aufhebung der Vielweiberei. Es ist jedoch die fast einstimmige Ansicht aller „Heiden" in Salt Lake City, daß dieselbe gewisser Zwecke wegen gegeben wurde, um das Publikum hinters Licht zu führen. Wir haben gesehen, daß die Polygamie zerstört werden könnte, ohne den Mormonismus erheblich zu schwächen; ja, ihre Aufhebung, wodurch Verdacht besei= tigt und der Eindruck gemacht wird, die Mormonenfrage sei gelöst, und das Hinderniß aus dem Wege geräumt würde, Utah in den Staatenbund aufzunehmen, möchte zur wesent= lichen Stärkung des Mormonismus dienen. Irgend ein Schlag, welcher Erfolg haben soll, muß den Priesterdespo= tismus selbst treffen.

Die politische Macht der Hierarchie ist in gewissem Maße durch zwei Urtheile der Supreme Court, welche am 3. Fe= bruar 1890 abgegeben wurden, erschüttert worden. Die eine Entscheidung bezeichnet das Gesetz von Idaho, welches Allen, die „Glieder irgend eines Vereins, einer Organisa= tion oder Gesellschaft sind, welche ihren Gliedern lehrt, em= pfiehlt, räth oder dieselben ermuthigt, das Verbrechen der Bigamie oder Polygamie zu begehen," das Bürgerrecht ent= zieht, als constitutionell. Ein ähnliches Gesetz in Utah

9

würde ohne Zweifel auch von der Supreme Court beſtätigt
werden; aber ein ſolches Geſetz kann allerdings, ſo lange
die Mormonen die Legislatur beherrſchen, dort nie paſſirt
werden.

Die andere Entſcheidung beſtätigt die Conſtitutionalität
eines in 1887 vom Congreß erlaſſenen Geſetzes, welches den
Territorial=Charter der Mormonenkirche widerruft, die
Corporation auflöſt und ihr Vermögen, ſoweit es $50,=
000 überſchreitet, zur Unterſtützung der öffentlichen Schulen
in Utah beſtimmt. Unter dieſem Geſetz übernahm ein an=
geſtellter Vertrauensmann beinahe $1,000,000 werth Ver=
mögen. Die Macht der Prieſterherrſchaft iſt durch das ge=
waltige Vermögen unterſtützt worden. Die Uebernahme
jener Summe ſeitens der Regierung muß daher die Hierar=
chie in gewiſſem Maße ſchwächen. Aber die Macht der
Prieſterherrſchaft exiſtirte, ehe dieſes Vermögen geſammelt
wurde. Es war ihre Macht, welche die Anhäufung deſſel=
ben ermöglichte. Daher geht dieſer Schlag dem Uebel nicht
an die Wurzel. Im Gegentheil mag es den Mormonis=
mus auf der einen Seite ſo viel ſtärken, als es denſelben
auf der anderen Seite ſchwächt, denn die öffentlichen Schu=
len werden faſt ausſchließlich von Mormonen gehalten, und
ſomit wird dieſe große Summe Geldes verwendet, um die
Lehren des Mormonismus der Jugend einzuprägen, es ſei
denn, der Congreß ſtellte die öffentlichen Schulen des Ter=
ritoriums unter die Controle der Ver. Staaten. Wenn
das geſchähe, und allen Mormonen (ausgenommen aller=
dings die loyalen Joſephiten) würde, wie es ſein ſollte, das
Bürgerrecht entzogen, ſo bliebe immer noch viel Arbeit zu
thun übrig. „Wer da glaubt, die Mormonenfrage ſei nahe
gelöſt, der täuſcht ſich. Selbſt wenn der Congreß und die
Gerichte ihr Beſtes gethan haben, ſo erfordert es noch ein
halbes Jahrhundert die ernſte Arbeit von Predigern und
Lehrern mit dem Evangelium in der Hand, um die Wur=
zeln des Uebels auszurotten. Das Publikum hat den Um=
fang dieſes Uebels noch nicht begriffen. Die gegenwärtigen
Geſetze und chriſtlichen Mächte in Utah haben eine Aufgabe
vor ſich, ähnlich derjenigen einer Geſellſchaft von Bergleu=

ten, welche es unternehmen wollten, die Wahsatch=Bergkette mit Haue und Spaten abzugraben."*)

Die geheime Macht des Systems ist der Glaube des Volkes an die göttliche Inspiration und somit an die Un= fehlbarkeit der Priesterschaft. Dies ist die wirkliche Pan= dorabüchse, aus welcher alle möglichen Verblendungen und Excesse entspringen können. Heber C. Kimball, einer der früheren Apostel, sagte:

„Das Wort unseres Führers und Propheten ist diesem Volke Gottes Wort. Wir können Gott nicht sehen. Wir können nicht mit Ihm reden. Aber Er hat uns einen Mann gegeben, zu dem wir sprechen und dadurch seinen Willen er= fahren können, als ob Gott selbst bei uns wäre." Beson= dere „Offenbarungen" an das Haupt der Kirche, selbst wenn sie der Schrift oder dem Mormonenbuche direct widerspre= chen, sind unbedingt bindend. In dem letzteren steht z. E. :†) „Weßhalb ich, der Herr, dein Gott, nicht leiden wer= de, daß dieses Volk thue, wie das vor Alters; daher, meine Brüder, höret mich, und merket auf das Wort des Herrn. Denn es soll kein Mann unter euch mehr als ein Weib ha= ben, und Kebsweiber soll er keins haben." Und doch reichte eine besondere „Offenbarung" hin, die Vielweiberei einzu= führen. Der Despotismus der Mormonen hat also seine Wurzel im Aberglauben des Volkes, und diesen kann der Congreß nicht wegbeschließen. Das Volk muß vermittelst christlichen Unterrichts und der Predigt des Evangeliums veredelt und erleuchtet werden. Diese Arbeit wird von den verschiedenen christlichen Benennungen erfolgreich ausgeführt. Und von solchen Mitteln müssen wir h a u p t s ä c h l i c h den Fall der Macht des Mormonismus erwarten.

---

*) Montgomery's Mormon Delusion, S. 349.
†) Book of Jacob, Cap. 11, 6.

Ausgaben für berauſchende Getränke in den Vereinigten
Staaten in 1889:

$1,000,000,000.

Das kleine Viereck uuten ſtellt die Summe dar, welche
in 1890 von den evangeliſchen Kirchen zur Unterſtützung
der in= und ausländiſchen Miſſion beigetragen wurde:
$10,695,259.

Capitel VIII.

Gefahren. — Unmäßigkeit.

Einen ſolchen großen Gegenſtand hier zu berühren und
nur zu berühren, iſt ſchwierig. Laßt uns in der Kürze nur
zwei Punkte davon betrachten: Die Gefahr der Unmäßig=
keit, wie ſie durch den Fortſchritt der Civiliſation wächſt, und
die Macht des Handels mit berauſchendem Getränk.

I. Der Fortſchritt der Civiliſation bringt die Menſchen in
nähere Berührung. Die drei großen civiliſirenden Werk=
zeuge unſeres Zeitalters in ſittlicher, geiſtiger und materieller
Hinſicht ſind das Chriſtenthum, die Preſſe und der Dampf,
welche in ihrer Art die Herzen, Gemüther und Körper der
Menſchen in nähere und vielfachere Beziehung bringen.
Das Chriſtenthum verbindet nach und nach die Menſchheit
in eine Brüderſchaft. Die Preſſe verwandelt die Erde in
eine Leſehalle, während die Dampfmaſchine, ſoweit es den

Handel anbetrifft, sage neun Zehntel des Raumes beseitigt
hat.

Beobachtet, wie diese gegenseitige Annäherung der Men=
schen die Aufregung des Lebens vermehrt und die Lebens=
weise beschleunigt. Die christliche Religion regt auf. Im
Verhältniß, wie sie den Menschen ihre Verantwortlichkeit
gegen ihre Mitmenschen zeigt, regt sie dieselben unter dem
Drucke der triftigsten Beweggründe auch zur Thätigkeit für
sie auf. Die Presse und der Telegraph haben dadurch, daß
sie viele Geister in gegenseitige Berührung bringen, merk=
würdig zur Bethätigung des Volksgeistes beigetragen. Ab=
sonderung führt zur Versumpfung. Gesellschaftlicher Um=
gang weckt die Gedanken, das Gefühl, die That. Der
Dampf hat die menschliche Thätigkeit fast bis zur Wuth er=
regt. Durch ungeheure Ausdehnung des Hebels menschli=
cher Kraft, durch Annäherung des Landes an die Stadt, der
Binnenstädte ans Meeresufer, der Seehäfen gegenseitig, ist
die menschliche Berührung vervielfältigt worden. Durch die
Errichtung großer Fabriken sind die Geschäfte bedeutend
complicirter, während scharfe und steigende Concurrenz ge=
nauere Berechnung, größere Anwendung von Energie und
eine größere Verwendung geistiger Kraft erfordert.

So erscheint es klar, daß diese drei Mächte der Civilisa=
tion parallel in gleicher Linie laufen und sich gegenseitig
unterstützen, um zu größerer, aufregenderer Thätigkeit an=
zuspornen, so daß der Fortschritt der Civilisation vergrö=
ßerte Ansprüche an unser Nervensystem macht. Betrachtet
das Leben in Athen, Jerusalem und Babylon, als dieselben
noch Mittelpunkte der Civilisation waren, und vergleicht sie
mit Paris, London und New York. Die hervorragendsten
Männer der orientalischen Stadt kann man unterm Thor
sitzend treffen, wo sie mit einander plaudern oder philosophi=
ren. Die Abendländer in der Metropole dagegen sind in
Gedanken versunken über Handels=, Fabrik=, politische oder
philantrophische Unternehmungen und schmieden Pläne,
welche über das ganze Land, ja wohl bis an die Enden der
Erde reichen. Der östliche Kaufmann sitzt in seinem Bazar,
wie seine Vorfahren vor zwei= oder dreitausend Jahren, und

schachert Stunden lang mit seinen Kunden um eine Kleinig=
keit. Der westliche oder moderne Geschäftsmann ist auf
den Füßen. Diese beiden Stellungen sind bezeichnend.
Die alte Civilisation war sitzend und beschaulich; die unse=
rige ist praktisch und thätig. "Multum in parvo" ist die
Maxime. Wenn ungeheure Resultate in einigen Tagen
herbeigeführt werden, so jagt dies die Gedanken durch weite
Strecken der Erfahrung und drängt Jahre in Stunden zu=
sammen. Ich wollte durchaus nicht in Abrede stellen, daß
Abraham Lincoln nicht länger gelebt hätte, als Methusalah.
Mit Rücksicht auf Erfahrung, Erfolge, Erwerb, Sorgen und
Freude — in Allem, was das Leben ausmacht, die Zeit=
dauer an sich ausgenommen — möchte ich fast sagen, daß
die vorsündfluthlichen Alten nur Kinder waren, und die
Männer unseres Zeitalters die Patriarchen sind. Und das
Leben ist voller und inniger, die Thätigkeit eifriger, rastlo=
ser hier in den Ver. Staaten, als irgend sonstwo in der
Welt. Wir arbeiten mehr Tage im Jahr, mehr Stunden
im Tage und thun mehr Arbeit in einem Tage, als die thä=
tigsten Leute in Europa.*)

Wenn wir mit den Resultaten dieser fieberhaften Thätig=
keit unserer modernen, besonders amerikanischen Civilisation
unbekannt wären, würde uns schon die Vernunft lehren,
solches zu erwarten. Diese Aufregung, dieses ruhelose
Treiben, solcher unablässige Druck auf die Nerven ändern
ohne Zweifel in einem Zeitraum von einigen Generationen
die nervöse Organisation der Menschen. Wir wissen, daß
der Fortschritt der Civilisation Temperamente veredelt und
die Leute gefühlvoller und empfindlicher gemacht hat. Eine
Tragödie, welche uns neun Tage lang in Schrecken hält,
wäre im alten Rom kaum beachtet worden, wo die zarten
Matronen ihre Feiertage damit verbrachten, den Spielen
der Gladiatoren beizuwohnen, und sahen, wie sich Männer
zur Belustigung der Zuschauer gegenseitig tödteten — oft

---

*) Diese Darstellung könnte ich hinreichend beweisen, doch sie wird
wohl nicht bezweifelt. Der Gegenstand wird in einem späteren Capitel wieder berührt.

10,000 während einer einzigen Regierung. Und wenn sich Brüder in der Arena trafen und zögerten, sich gegenseitig niederzuschlagen, so wurden sie mit glühenden Eisen vorangetrieben, und selbst jene Mütter schrieen: „Getödtet!" Wir beklagen es oft, daß das moderne Leben zu viel in Gefühl besteht. Es ist wahr, Viele führen ein Leben nach ihren Gefühlen anstatt nach Grundsätzen; aber es ist gleichfalls wahr, daß die Saiten des menschlichen Mitgefühls niemals leichter erregt wurden, als jetzt. Solche große Unterschiede in den menschlichen Empfindungen zeugen nicht nur von einer verschiedenen Erziehung, sondern auch davon, daß die Welt jetzt andere Nerven hat.*)

Die Aerzte sagen uns, daß, wenn man vom Aequator nördlich und von den Eisregionen südlich geht, nervöse Erregungen bis zu einem Höhepunkt zunehmen, bis sie in der gemäßigten Zone wieder zur Ordnung kommen. Ein berühmter New Yorker Arzt, Dr. Geo. M. Beard, welcher die Nervenkrankheiten zu seinem speciellen Fachstudium gemacht, sagt, daß dieselben in Spanien, Italien und den nördlichen Theilen von Europa, sowie in Canada und den Golfstaaten selten seien, dagegen in unseren nördlichen Staaten und Central-Europa sehr häufig auftreten. Und diese Linie, wie man sich leicht überzeugen kann, trifft gerade mit der aufgeregtesten Thätigkeit der Menschheit zusammen; und wo diese Thätigkeit am größten ist, wie in den Ver. Staaten, da zeigen sich diese Nervenleiden am häufigsten. Dr. Beard fängt ein sehr interessantes Buch†) über nervöse Erschlaffung mit folgendem Satze an: „Es gibt eine große Familie von functionellen nervösen Störungen, welche sich zunehmend häufig unter denjenigen Classen zeigt, welche sich in den Häusern der civilisirten Länder aufhalten, und die besonders in den nördlichen und öst-

---

*) Nachdem das Obige geschrieben war, finde ich den folgenden Satz in Dr. Geo. M. Beard's American Nervousness, S. 118: „Eine feine Organisation, welche zur Entwickelung der Civilisation unserer modernen Zeit erforderlich ist, ist stets von intensiver geistiger Empfindsamkeit begleitet."

†) Betitelt: Neurasthenia.

lichen Theilen der Ver. Staaten oft vorkommen. Die an diesen Störungen Leidenden können in unserem Lande nach Tausenden und Hunderttausenden gezählt werden; in den nördlichen und östlichen Staaten findet man sie fast in jedem Hause, wo geistige Beschäftigung getrieben wird." Nachdem er von gewissen zahlreichen und weitverbreiteten nervösen Leiden unter uns gehandelt hat, fährt er fort: „In Europa sind diese Anfälle nur wenig bekannt." Es sind dies lauter Leiden der Civilisation und zwar der modernen Civilisation, und besonders des 19. Jahrhunderts und der Ver. Staaten. "Neurasthenia," welchen Namen der Autor nervöser Erschlaffung beilegt, „ist," sagt er, „eine verhältnißmäßig neue Krankheit, ihre Symptome sind auffallend häufiger jetzt, als im vorigen Jahrhundert, und es ist eine amerikanische Krankheit dadurch, daß sie hier viel häufiger auftritt, als in irgend einem anderen Theile der civilisirten Welt."

Wenn wir bedenken, daß die vermehrte Thätigkeit der modernen Civilisation mit neuen und vermehrten nervösen Störungen verbunden ist, daß die Linie ihres zahlreichen Auftretens genau mit der aufgeregtesten Thätigkeit zusammentrifft, und daß ferner innerhalb dieser Linie, wo die Thätigkeit bei Weitem am intensivsten ist, nervöse Zufälle bedeutend häufiger sind, so ist es klar, daß die Intensivität des modernen Lebens bereits eine bedeutende Umwandlung in der nervösen Organisation der Menschen hervorgerufen hat und stets fortfährt, so zu thun. Das amerikanische Volk ist im Begriffe, das nervöseste und am edelsten organisirte Volk zu werden, wenn es dies nicht bereits schon ist. Und die Ursachen, welche diese Folgen hervorgerufen haben — Klima u. s. w. — werden auch in Zukunft darauf hin wirken.

Nun bedenke man, daß nervöse Leute doppelt der Gefahr ausgesetzt sind, in Unmäßigkeit zu verfallen. Zum Ersten werden sie mehr als Andere ein Verlangen nach Stimulantien hegen. Dr. Beard sagt: „Wenn das Nervensystem auf irgend eine Weise viel von seiner nervösen Kraft verliert, so daß es nicht leicht und bequem aufrecht zu stehen vermag, so lehnt es sich an die nächste und bequemste künst-

liche Stütze an, welche das erschütterte Gebäude momentan
zu stützen vermag. Irgend Etwas, das Ruhe, Abspannung,
Vergessenheit bringt, wie Chloroform, Opium oder Alco=
hol, mag zuerst als augenblickliche Abhülfe dienen, bis es
bald zur Gewohnheit wird. Das ist die Philosophie der
Opium= und Alcoholsklaverei. Nicht nur um den Schmerz
zu stillen, sondern auch um die Erschlaffung, welche tiefer
und empfindlicher ist, als der Schmerz, zu heben, gehen
Männer und Frauen in die Apotheken. Ich betrachte dies
als eine der Hauptursachen der Zunahme von Opium=*)
und Alcohol=Genuß unter den Frauen."

Wie eine Nation nervöser wird, so nimmt der Verbrauch
berauschender Getränke zu. In Großbritannien, Belgien,
Holland, Deutschland, welche die in der „nervösen Linie"
liegenden Länder Europas sind, hat sich während des ver=
flossenen halben Jahrhunderts eine merkliche Zunahme im
Verbrauch des Alcohols gezeigt. Seit 1840 hat der Ver=
brauch in Belgien um 238 Procent zugenommen. In 1869
gab's in Preußen 120,000 Saloons, in 1880 schon 165,=
000. Von 1821–1872, während die Bevölkerung (neulich)
annexirte Staaten nicht einbegriffen) um 53 Procent zunahm,
wuchs die Zahl der Branntweinbuden um 91 Procent. Für
ganz Deutschland war der Verbrauch geistiger Getränke von
1872–1875 per Kopf 23.5 Procent. Es scheint jedoch, daß
in 1887 eine Abnahme per Kopf von 1.27 Gallonen in
1872 auf 1.09 Gallonen in 1887 stattfand. Aber während
dieser Zeit wuchs der Bierverbrauch von 21.50 Gallonen
auf 24.99 Gallonen per Kopf.†) In Großbritannien
trank im Jahre 1800 eine Bevölkerung von nahe 15,000,000
etwas weniger als 12,000,000 Gallonen geistiger Getränke;
50 Jahre später eine Bevölkerung von 27,000,000 schon
28,000,000 Gallonen. In 1874 verbrauchte eine Bevöl=

---

*) In 1869 wurden 90,997 Pfund Opium in den Ver. Staaten
importirt, in 1874 170,706, in 1877 230,102 Pfund; während des
in 1880 endenden Fiscaljahres 1880 553,451 Pfund — eine mehr als
sechsfache Zunahme in elf Jahren.

†) Statistisches Jahrbuch fürs deutsche Reich. S. The Cyclopae-
dia of Temperance and Prohibition. Funk & Wagnalls.

kerung von 32,000,000 bereits 41,000,000 Gallonen. Während also die Bevölkerung um 113 Procent wuchs, wuchs der Verbrauch berauschender Getränke um 241 Procent. Von 1868–1877, während die Bevölkerung um weniger als zehn Procent zunahm, nahm der Verbrauch berauschender Getränke um 37 Procent zu. Während der folgenden zehn Jahre nahm der Verbrauch von Branntwein 2c. um ein Geringes per Kopf ab, aber der Finanzminister sagt in seiner Darstellung der englischen Finanzen im April 1890, daß die Einkommensteuerberichte über berauschende Getränke zeigten, daß der allgemeine Drang nach dem Bierfaß, der Schnappsflasche und dem Weinglase ginge. „In 1888 erreichte die Zahl der genossenen 'drams' 245,000,000, in 1889 275,000,000" — eine Zunahme von zwölf Procent.

Die folgende Tabelle*) zeigt die Zahl der Gallonen geistiger Getränke, welche in den Ver. Staaten in 1840, 1860 und 1888 für alle Zwecke verbraucht wurden:

	Spirituosen.	Wein.	Malzgetränke.
1840	43,060,884	4,873,096	23,310,843
1860	89,968,651	11,059,141	101,346,669
1888	75,845,352	36,335,068	767,587,056

Verbrauch von Gallonen per Kopf für alle Zwecke:

	Spirituosen.	Wein.	Malzgetränke.	Alles.
1840	2.52	.29	1.36	4.17
1860	2.86	.35	3.22	6.40
1888	1.25	.60	12.68	14.53

Dieser beständige Wachsthum der Zunahme von Wein und Bier per Kopf seit 1840 ist bedeutungsvoll, und die Abnahme im Verbrauch von Branntwein seit 1860 ebenfalls. Es ist von den Brauern und Anderen behauptet worden, Bier und Wein hätten sich durch theilweise Vertreibung des Branntweins als ein Segen erwiesen, und daß gegenwärtig weniger Alcohol per Kopf verbraucht werde, als vor einem

---

*) Vom Quarterly Report des Chief of the U. S. Bureau of Statistics für die drei mit 31. März 1889 endenden Monate.

halben Jahrhundert. Laßt uns sehen, ob diese Behauptung der Untersuchung gegründet ist.

Wenn wir diese verschiedenen Getränke zu Alcohol redu= ciren, so finden wir, daß die Leute in den Ver. Staaten im Jahre 1840 per Kopf 1.51 Gallone, in 1860 1.79 Gallone und in 1888 1.27 Gallone verbrauchten. Zur genauen Würdigung dieser Zahlen darf man nicht vergessen, daß früher ein großer Theil des fabricirten Branntweins in Fa= briken verbraucht wurde. Nach der schweren Inlandsteuer= taxe jedoch stieg der Preis des Branntweins innerhalb drei Jahren um das 17fache, welches denselben zum größten Theil aus den Fabriken vertrieb. David A. Wells, Vor= sitzer der Commission, welcher die Revidirung des ganzen Inlandsteuersystems aufgetragen war, berichtete in 1866: „In manchen Fällen sind durch das Steigen der Alcohol= preise ganze Geschäftszweige zerstört worden." In anderen Fällen wurden Substitute für Alcohol gefunden. Mr. Wells berechnet, daß in 1860 25,000,000 Gallonen von "proof spirits" zur Herstellung von Lampenfluid verbraucht wurden. „Seit 1862," fügt er bei, „hat die Herstellung von Lampenfluid fast ganz aufgehört." Die Commission sagt: „Wir sind geneigt, die Abschätzung des Gebrauchs von 1½ Gallone (Spirituosen als Getränk) als etwas übertrieben zu betrachten." Wir finden, daß in 1840 .93 einer Gallone Alcohol per Kopf als Getränk berechnet wurde und in 1860 1.01 Gallone. Die meisten gegenwär= tig in den Ver. Staaten fabricirten Spirituosen werden als Getränk verbraucht; aber angenommen, es werden 10 Pro= cent bei der Herstellung von Kunstwerken verwendet, so ver= brauchten wir in 1868 in unserem Getränk 1.2 Gallone Al= cohol per Kopf. Somit wäre also der vermehrte Genuß von Bier und Wein dennoch von wachsendem Alcoholgenuß begleitet gewesen.

Daher scheint es, daß während des verflossenen halben Jahrhunderts oder mehr der Gebrauch von berauschendem Getränk in denjenigen Ländern, welche innerhalb der „ner= vösen Linien" liegen, per Kopf zugenommen hat. Die volle Bedeutung dieser Thatsache erscheint erst, wenn wir beden=

ten, daß sich im Anfang dieses Jahrhunderts berauschende Getränke auf jedem Tische fanden, und Gewissensscrupel wegen mäßigen Genusses derselben waren fast etwas Unerhörtes; während sich heute beides in diesem Lande und England Millionen Enthaltsamkeitsleute befinden. Besonders hat die Mäßigkeitssache während der letzten 25 Jahre wunderbare Fortschritte gemacht, und die Zahl der Enthaltsamkeitsfreunde ist heute größer, als je zuvor. Und dennoch wird heute mehr Liquör verbraucht per Kopf, als zuvor, welches deutlich zeigt, daß heute viel mehr unmäßig getrunken wird, als damals, und beweist auch, daß in einer Nation, wie dieselbe nervöser wird, diejenigen, welche überhaupt trinken, in größerer Gefahr sind, der Unmäßigkeit zu verfallen.

Wieder sind nervös angelegte Leute nicht nur mehr geneigt, als andere, Alcohol zu gebrauchen, sondern dessen Wirkungen werden bei ihnen auch schneller und stärker empfunden. Der große Unterschied zwischen einem nervösen und phlegmatischen Temperament erklärt die Ursache, daß sich der eine Mann durch den Alcoholgenuß in 4—5 Jahren zu Tode trinkt, während es ein anderer 40—50 Jahre aushalten kann. Der Phlegmatiker ist nur wenig empfindsam für Stimulantien, und wenn ihre Wirkung vorüber ist, dann ist nur wenig Reaction bei ihm vorhanden. Er gibt sich somit dem Genuß langsam hin, der Appetit nimmt langsam zu, und der Zerstörungsprozeß ist ebenfalls langsam. Ein anderer Mann, von erregbarem Temperament, trinkt ein Glas, und jeder Nerv im ganzen Körper zittert und springt. Die Rückwirkung ist stark, und die Nerven schreien nach mehr. Der schnell formirte Geschmack wird unbezwinglich, und das jammervolle Ende läßt nicht lange auf sich warten. Die höhere Entwickelung des Nervensystems, welche mit dem Fortschritt der Civilisation zunimmt, macht die Leute empfindsamer für Schmerz und empfindlicher für die bösen Folgen irgend einer Uebertreibung. Wilde Menschen mögen, fast mit Genuß, irgend eine Gesundheitsregel übertreten, welches bei civilisirten Leuten fast lebensgefährliche Folgen haben würde. Es ist fast, als ob's Gott so bestimmt hätte, daß, wenn die Leute gegen klareres Licht, welches uns ja mit der Civilisation überbracht wird, sündigen, sie dafür auch schwerere Strafen tragen müßten.

Es ist gezeigt worden, daß der Genuß berauschender Getränke für diese Generation gefährlicher ist, als es für irgend eine frühere war; daß derselbe gefährlicher ist für die Bewohner der „nervösen Linie," als den übrigen Theil der Menschheit; daß er gefährlicher ist für die Bewohner der Ver. Staaten, als für irgend andere Leute dieser Linie. Es bleibt noch übrig, zu beweisen, daß er für die Bewohner des Westens gefährlicher ist, als für diejenigen im Osten.

Unter den Hauptursachen, welche das typisch-amerikanische Temperament nervöser machen, als dasjenige des Europäers, ist die größere Trockenheit unseres Klimas. Dr. Max v. Pettenkofer kommt durch Untersuchungen, welche er hinsichtlich des verhältnißmäßigen Wärmeverlustes bei Personen, welche trockene und feuchte Luft athmen, zu dem Schluß, daß bei der trockenen Luft mehr Wärme verloren geht und producirt wird, und in Folge dessen die Circulation schneller und intensiver, das Leben energischer und keine Gelegenheit für übermäßige Anhäufung von Fett oder Fleisch oder für die Entwickelung eines phlegmatisch nervösen Temperaments vorhanden ist.*) Die Bergluft des Westens ist bei Weitem am trockensten in unserem ganzen Lande. Der Autor hat oft Long Peak beim Mondlicht in einer Entfernung von 80 Meilen sehen können. Die wunderbare Durchsichtigkeit dieser Bergluft ist eine Folge des Mangels an Feuchtigkeit. Solches Klima ist an sich selbst schon Wein und das Leben in demselben bedeutend intensiver und von verhältnißmäßigen Folgen auf das Nervensystem begleitet. Wir sollten deßhalb erwarten, hier eine auffallende Zunahme der Unmäßigkeit zu finden. Und dies ist auch der Fall. Im Mississippithale, wo die Atmosphäre feucht ist, ist viel weniger Trunkenheit zu finden, wie dies aus einem Vergleich der Volksstimmen im Verhältniß zu den Saloons hervorgeht. Man nehme die Reihe der

---

*) E. E. Young, Popular Science Monthly, Sept. 1880.

Staaten und Territorien direct östlich vom Felsengebirge. In 1880 hatte Dakota 95 Stimmgeber auf jeden Saloon,*) Nebraska 133, Kansas 224, Texas 136. Aber man beachte den auffallenden Wechsel, sobald wir die Bergeshöhen erreichen. Montana hat 28 Stimmgeber auf jeden Saloon, Colorado 37, New Mexiko 26, Arizona 25, Utah 84, Idaho 35, Washington 68, Oregon 58, Californien 37, Nevada 32. Die Durchschnittszahl der Saloons in den Staaten zwischen dem Mississippi und dem Felsengebirge war je einer auf 112.5 Stimmgeber. In den 11 Gebirgsstaaten und =Territorien war der Durchschnitt 43 Stimmgeber auf einen Saloon. Oestlich vom Mississippi kommt ein Saloon auf 107.7 Stimmgeber. Wenn unsere Annahme des Verhältnisses der Saloons zu den Stimmgebern die Unmäßigkeit richtig berechnet hat, so sind die Leute im westlichen Drittel der Ver. Staaten 2½mal so unmäßig, als diejenigen in den östlichen zwei Dritteln. Es gibt hierfür verschiedene Ursachen; einige derselben sind mehr oder weniger vorübergehend; aber eine Hauptursache ist der Einfluß des Klimas, welcher bleibt.

Wir haben gesehen, daß der Fortschritt der Civilisation die Leute in ein innigeres Verhältniß bringt und nähere Verbindung die Thätigkeit hebt; vermehrte Thätigkeit hebt aber das Nervensystem, und daß erhöhte Nervenorganisation die Unmäßigkeit nicht nur begünstigt, sondern deren verheerende Folgen zugleich schneller und schlimmer zeigt. Somit liefert selbst der Fortschritt der Civilisation die Menschen der Unmäßigkeit in die Arme. Wir haben ebenfalls gesehen, daß der Handel mit berauschendem Getränk im Verhältniß schneller wächst, als die Bevölkerung. Daher scheint die Alternative ganz einfach, klar und bestimmt, daß die

---

*) Statistiken vom Census in 1880 und Internal Revenue desselben Jahres. Der Vergleich mit den Statistiken von 1880 ist daher denjenigen von 1890 vorzuziehen, denn während der letzteren sind in einigen Staaten Prohibitionsgesetze aufgekommen. Die Zahl der Saloons war ohne Zweifel viel höher, als der Census angab; aber zum Vergleich zwischen dem Osten und Westen, der Stadt und dem Lande, entsprechen die Censusstatistiken schon ihrem Zwecke.

Civilisation den Getränkehandel zerstören muß oder von demselben zerstört werden wird. Selbst hier im Osten ist dieser Todeskampf schrecklich, und Niemand erwartet einen leichten Sieg über den Drachen. Was gibt's aber dann aus dem fernen Westen, wo die Macht des Saloons 2½mal größer ist, als im Osten?

II. Die Liquör=Macht.

Der Handel mit berauschendem Getränk begreift allerdings zwei Parteien ein, den Käufer und Verkäufer. Die voranstehende Besprechung bezieht sich auf den Ersteren. Hier nur Einiges über den Letzteren. Nach dem Bericht des Commissionärs über Inlandsteuern befanden sich in 1889 184,889 Liquörhändler in den Ver. Staaten. Ihre Saloons, wenn man auf jeden 22 Fuß Front berechnet, würden in ununterbrochener Linie von Chicago nach New York reichen. Ein ungeheures Capital ist in diesem Handel angelegt. Die genaue Summe desselben läßt sich nicht bestimmen, aber sie beläuft sich auf Hunderte von Millionen Dollars. In einer Anrede im Repräsentantenhause zu Gunsten der Bonded Whiskey Bill, sagte der Achtb. P. B. Deuster von Wisconsin, Mitglied des Congresses und specieller Anwalt der Liquörhändler, daß der sämmtliche Marktwerth der Spirituosen, Malzgetränke und Weine sich auf $490,961,588 belaufe. Es wird jetzt angenommen, daß sich die jährliche Rechnung der Nation für geistige Getränke auf $1,000,000,000 beläuft. Solcher Reichthum in den Händen einer Classe, welche die gleichen Interessen und Zwecke verfolgt, ist eine gewaltige Macht.

Und es fehlt dieser Macht nicht an Organisation. Ihr Erfolg in Washington vor einigen Jahren, wodurch die Branntweinmacher besondere gesetzliche Begünstigungen erhielten, deren sich andere Steuerzahler nicht erfreuen, liefert den klarsten Beweis von ihrem Einfluß. In 1862 wurde die Ver. Staaten Brauer=Gesellschaft gegründet. Der Zweck dieser Vereinigung geht aus der Einleitung zu ihrer Constitution hervor, wo es heißt: „Daß die Eigenthümer von Brauereien im Einzelnen nicht im Stande sind, den ge-

wünfchten Einfluß des Gefchäfts auf die Legislatur und öf=
fentliche Verwaltung auszuüben." Wie diefer „gewünfchte
Einfluß" auf Legislaturen zur Anwendung kommt, wird fich
fpäter zeigen. Daß derfelbe aber ftark ift, unterliegt keinem
Zweifel. Bei dem Brauer=Congreß in Buffalo am 8. Juli
1868 fagte Präfident Claufen bezüglich der Handlung des
New Yorker Zweiges der Gefellfchaft in Hinficht des
Steuergefetzes: „Weder Geld noch Mittel wurden während
der verfloffenen zwölf Monate gefpart, um die Widerrufung
diefes gemeinen Gefetzes zu bewirken. Die ganze deutfche
Bevölkerung wurde zur Hülfe gerufen." „Leitartikel, wel=
che den Widerruf des Gefetzes begünftigten, wurden in 60
verfchiedenen deutfchen und englifchen Zeitungen publicirt.
Gerade vor der Wahl wurden 30,000 Campagne=Circulare
unter den Deutfchen der verfchiedenen Counties verbreitet.
Eine Staatsconvention der Brauer, Hopfen= und Malz=
händler, Hopfenzüchter 2c. war zahlreich befucht, und Be=
fchlüffe wurden angenommen, in welchen wir uns verbind=
lich machten, für die Widerrufung des Accifegefetzes zu wir=
ken und dadurch die Anftrengungen der Temperenzpartei zu
bekämpfen. Diefe Befchlüffe wurden, hauptfächlich in eng=
lifchen Zeitungen, in allen Counties des Staates veröffent=
licht. Durch diefe Anftrengungen wurde die frühere Min=
derheit in der Affembly in eine Mehrheit von zwanzig
Stimmen zu unferen Gunften umgewandelt." Der Zweck
diefer Gefellfchaft ift kein gefchäftlicher, fondern ausgefpro=
chenermaßen politifcher Art. Der Präfident fagte bei dem
Chicagoer Congreß in 1867: „Nur durch Vereinigung in
brüderlicher Liebe wird es möglich fein, folche Refultate zu
erzielen, gegen drückende Gefetze zu wachen, uns als eine
große, ausgedehnte politifche Macht zu erheben und mit
Sicherheit den gänzlichen Erfolg aller unferer Unterneh=
mungen zu erwarten." Und wieder in Davenport fagte
Präfident Claufen in 1870: „Vereinigung ift nothwendig,
und wir müffen eine Organifation formiren, die nicht nur
über ein Capital von 200 Millionen Dollars verfügt, fon=
dern auch in politifcher Hinficht Taufende von Stimmen
controlirt, woran unfere Gefetzgeber unfere Macht wahr=

nehmen." Bei dem Congreß in Chicago beschlossen die Brauer: „Daß wir es als durchaus nothwendig betrachten, daß unsere Organisation in jedem Staate und County vertreten sei." Der folgende Beschluß wurde von der "Liquor Dealers and Manufacturers Association" von Illinois in 1881 angenommen: „Beschlossen, daß die Erhaltung und Vervollständigung unserer gegenwärtigen Staats-Gesellschaft unumgänglich nöthig ist, um unsere Geschäftsinteressen gehörig zu schützen; daß die neue Trusteebehörde weder Mühe noch Kosten sparen soll, um jeden Senatorial-District des Staates gehörig zu organisiren, so daß zur Zeit der nächsten Wahl der Glieder der General-Assembly die im Liquörhandel begriffenen Geschäftsleute gehörig organisirt und disciplinirt sein mögen." Der Liquörhandel rühmt sich, allein in der Stadt New York über 40,000 Stimmen zu verfügen. Daß die Saloons der große Mittelpunkt politischer Thätigkeit sind, geht aus der Thatsache hervor, daß von 1002 Primär- und anderen politischen Versammlungen in New York während des den Novemberwahlen im Jahre 1884 vorangehenden Jahres 633 in Saloons und 86 im nächsten Lokal zu Saloons abgehalten wurden, während nur 283 sonstwo stattfanden.*) Diese Saloons und ihre „Halter" werden durch einige starke Männer beherrscht. In 1888 waren 4710 der Saloons in New York mit Hypotheken im Belaufe von $4,959,578 belegt. Bei Weitem der größte Theil dieser Hypotheken befand sich in den Händen der Brauer, eine einzige Firma derselben hielt über 200 und eine andere 600, welches in anderen Worten heißt, daß zwei Firmen über 800 Mittelpunkte des politischen Einflusses in der Stadt New York verfügten.†)

Laßt uns nun einige der Methoden der Liquörhändler betrachten. Die Brauer befürworten "boycotting." Der folgende Beschluß wurde auf ihrem siebenten Congreß passirt: „Beschlossen, daß wir es vom geschäftlichen Standpunkte aus nothwendig finden, nur solche Geschäftsleute zu

---

*) R. Graham, Secretär der Church and Temperance Society.
†) Chattel Mortgages on Saloon Fixtures by Rob. Graham.

10

patronisiren, welche Hand in Hand mit uns wirken." Sie lassen es an Geld nicht fehlen, um ihre Zwecke am Stimmkasten zu erreichen. „Durch directes Zeugniß von den Liquör-Campagne-Führern wurde in Erfahrung gebracht, daß bei den Wahlen in Rhode Island in 1889 $31,000 bezahlt wurden, nur um die Zeitungen zu beherrschen." „Es ist bekannt, daß in dem Amendement-Wahlkampfe in Pennsylvanien in 1889 allein in der Stadt Philadelphia $200,000 von den Händlern beigesteuert wurden, dem dann diejenigen in New York noch $100,000 beifügten.*) Die Liquör-Leute bekannten in Albany, N. Y., während der Sitzung der Legislatur in 1878–79 vor einer Committee, daß sie etwa $100,000 ausgegeben hatten, um die Gesetzgebung zu beeinflussen. Aus den Bekenntnissen eines alten Spirituosen-Händlers†) in Albany erfahren wir, wie die Gesetzgebung dortselbst vor einem Vierteljahrhundert beeinflußt wurde. Nach der Wahl und ehe die Legislatur zusammentrat, „gaben uns unsere Correspondenten durch den ganzen Staat specielle und wahrheitsgetreue Beschreibungen von jedem der Oppositionsglieder, deren Lebensweise, Gewohnheiten, Eccentricitäten, religiösen Ansichten, ob dieselben zugänglich seien, mit einer gründlichen Schilderung ihres Charakters in jeder Beziehung, so daß wir unsere Sache zum Voraus wußten." Wenn der hartnäckige Gesetzgeber nicht bewogen werden konnte, direct gegen die Temperenzmaßregeln zu stimmen oder sich zu drücken, so mußte man ihn überzeugen, daß er krank sei, daß ihm die Diphtheritis drohe, und er sein Zimmer nicht verlassen dürfe. Ein beschworenes ärztliches Zeugniß zu diesem Zwecke kostete „von $25–$100, im Verhältniß zur Größe der Lüge, welche beschworen wurde." Diese Krankheiten erwiesen sich niemals als tödtlich, und die Genesung trat bald ein. „Ich erinnere mich wohl an einen Senator, welcher in großer Verlegenheit war wegen einer Hypothek im

---

*) Die Cyclopedia of Intemperance and Prohibition. S. 382. Funk & Wagnalls.

†) C. B. Cotten, in The Voice für 5. Febr. 1885.

Betrage von $1500, welche auf seinem Eigenthum lastete und eingeklagt werden sollte. Dieses Mannes Noth erfuhren die Spürnasen. Plötzlich wurde einer derselben vermißt, und einige Tage später wurde dem Senator seine bezahlte Hypothek per Post zugesandt. Er hat die Gefälligkeit nie vergessen, und seine Stimme hat uns später nie geschadet." Manchmal fand einer der Senatoren einen feinen neuen Anzug neben seinem Bette hängen, und bisweilen wurde einem Gliede der Familie ein nettes Haus geschenkt. Eine andere beliebte Bestechungsweise war, daß einer oder der andere der Gesetzgeber ein Expreßpacket von Troy oder einem anderen benachbarten Orte bekam. „Dieses Packet enthielt immer eine nette Summe Geldes, und es traf sich stets, daß zur Zeit der Ankunft desselben einer der Händler bei dem Senator stand. Nie wurde vom Absender eine Quittung in seinem rechten Namen gegeben, aber der Empfänger gab der Expreß-Compagnie eine solche in seinem Namen. So hatten wir alles nöthige Zeugniß, und der Empfänger durfte von dem einmal betretenen Wege nicht mehr abgehen. Von diesem Augenblicke an befand er sich in den Händen der ‚Lobby.'" „Wenn unsere Tactik in der Legislatur fehlschlug und Temperenzgesetze passirt wurden, gingen wir heim, um deren Ausführung zu bekämpfen. Die Beamten, welche die Gesetze ausführen sollten, wurden gewöhnlich erwählt. Wenn durch uns, so war ja Alles recht. Wenn von unseren Gegnern, so mußten wir sie aufkaufen, und es waren nur wenige zu finden, die sich nicht bestechen ließen." „Obschon die Liquörleute während der letzten 40 Jahre Millionen in Bestechung und Corruption verausgabt und niemals ein Geheimniß daraus gemacht haben, so ist doch nie einer auf frischer That ergriffen worden, und es ist wohl anzunehmen, daß dieses auch nie geschehen wird. Es ist kein Pfad so dunkel, bei welchem sie keinen Ausweg finden können." Auf diese Weise corrumpirt die Liquörgewalt die öffentliche Sittlichkeit und hintertreibt den Volkswillen.

Und diese Macht, welche nicht zögert, Stimmen zu kaufen und Stimmgeber einzuschüchtern, dem Gesetz zu trotzen

und dessen Beamte zu bestechen, kommt auf ihren Thron
durch politisches Parteigetriebe, welche sie in Stand setzt,
eine der großen Parteien zu ihrem Sclaven und die andere
zu ihrem Minister zu machen. Selbst in den Städten sind
die Bürger, welche eine gute Regierung wünschen, in der
Mehrheit; aber anstatt sich zu vereinigen, um gute Gesetze
zu machen und durchzuführen, gestatten sie der Politik, sich
in den Wahlen breit zu machen, wodurch einer bösen Majorität die Macht in die Hände gespielt wird. „Es gibt
zwei Dinge," sagte D'Alembert, „welche die Spitze der Pyramide erreichen können, der Adler und die Schlange."
Unter der Rumregierung in unseren Städten klettert die
Schlange empor. Von den 24 Aldermännern der Stadt
New York in 1883 waren 10 Spirituosenhändler, und zwei
andere, worunter der Präsident, waren Ex-Schnappsver-
käufer. Bedeutende Aemter der Stadtregierung, welche
einen Gehalt von $12,000–$15,000 abwerfen, waren während der letzten Jahre in Händen von Männern, welche
"bucket shops" und Lasterhöhlen hielten; manche waren
Klopffechter und andere wegen Mordes angeklagt. „Ist es
zu verwundern, daß das Gesetz in den Händen solcher Leute
ein todter Buchstabe ist?" sagt Henry Comstock. „Ich be-
zweifle nicht, daß manche unserer Stadtpolitiker ein regelmäßiges Einkommen in der Form von Hehlgeldern aus
Spielhöllen, Kneipen und Bordellen beziehen, und so wird
der ganzen Linie entlang die Anweisung gegeben, sie in
Ruhe zu lassen. Der sel. Howard Crosby sagte: „Von
einem der Polizeicapitäne wird gesagt, daß er $70,000 in
einem Jahre eingenommen habe für seine Vorsicht, die Uebertreter laufen zu lassen. Irgend Jemand mit einem halben Auge kann sehen, daß die Bevorzugung der Uebertreter
aus der Saloongesellschaft ein System und kein Zufall ist."
„Vom Polizei-Hauptquartier," fährt er fort, „geht die
Order aus, daß die Polizei das Accisengesetz nicht ausführen solle. Ich habe meinen Mann dabei gehabt und weiß,
wovon ich rede. Wenn Jemand arretirt wird, weil er das
Accisengesetz übertreten hat, wird derjenige, welcher ihn arretirte, am folgenden Morgen aufgerufen, ihm ein Verweis

gegeben, und der Gefangene wird freigelassen, während der Polizist in einen entfernten District der 24. Ward z. E. — dem Botany Bai der Polizisten — versetzt wird, es sei denn, er wird von den vier Männern, welche wir Commissioners nennen, sofort heimgeschickt." Die New York Times sagt: „Das große, dem Ganzen zu Grunde liegende Uebel, welches jeden Versuch, gute Gesetze zu bekommen und auszuführen, lahm legt, ist das System der Lokalpolitik, welches dem Saloonhalter mehr Gewalt über die Stadtregierung gibt, als alle religiöse und Erziehungs-Institutionen zusammen haben."

Unsere Städte wachsen viel schneller, als die ganze Bevölkerung, und dasselbe ist der Fall mit der Macht des Getränkehandels. Wenn diese Macht fortfährt, die Städte unter ihrem Fuß zu halten, was wird dann aus der Nation werden, wenn die Stadt das Land beherrscht? Solche gewaltige Organisation, welche zu dergleichen gewissenlosen Methoden im Interesse eines ordentlichen Geschäftsbetriebs greift — z. E. Eisenbahnen, Bergbau ꝛc. — wäre für eine Republik äußerst gefährlich; und das ganze Gefolge jenes Handels, geschoben von solchem Reichthum, solcher organisirten Energie und solchen Mitteln, bedeutet die Corruption der Bürger und die Verthierung des Menschen.

Und wenn die Liquörgewalt dem Osten Gefahr droht, wie steht es dann mit der Gegend der Felsengebirge und jenseit derselben, wo der Mammonismus mehr regiert, wo es noch mehr an christlichen Grundsätzen fehlt, den Bestechungsversuchen zu widerstehen, und wo die verhältnißmäßige Macht des Handels mit berauschenden Getränken $2\frac{1}{2}$mal größer ist, als im Osten?

Vergleichstafel.

Durchschnittliche Unterhaltungskosten von Arbeiterfamilien in Mass.
in 1883, $754.42.

Durchschnittlicher Verdienst der Arbeiter, $558.68.

Capitel IX.

Gefahren. — Socialismus.

Der Socialismus sucht die Frage menschlicher Leiden zu
lösen, ohne die Macht der Sünde zu verbannen. Er sagt:
„Von Jedem nach seiner Leistungsfähigkeit, für Jeden nach
seinen Bedürfnissen." Aber diese Bestimmung von Louis
Blanc könnte nur in einer vollkommenen Gesellschaft ver-
wirklicht werden. Vergessend, wie Herbert Spencer bemerkt, „daß es keine politische Alchemie gibt, vermöge deren
man goldenes Verhalten aus einem bleiernen Instinkt hervorbringen kann," versucht der Socialismus die Gesellschaft
zu erneuern, ohne die Erneuerung der Person; oder vielleicht genauer, er sucht durch Veränderung der Gesellschaft

das Individuum zu erneuern und erwartet diese sociale
Wiedergeburt durch co=operative, anstatt durch concurrirende
Organisation der Gesellschaft herbeizuführen. Er redet
viel von Brüderschaft, vergißt aber, was Maurice schon
sagt, „daß es ohne einen gemeinschaftlichen Vater keine
Brüderschaft gibt." Es gibt jedoch eine wachsende Zahl
von Menschen, welche ernstlich an Gott als den Vater und
an die menschliche Brüderschaft glauben — christliche Leute,
die es sich gefallen lassen, vom Publikum Socialisten gehei=
ßen zu werden, wenn ihnen das Publikum die Erklärung
des Wortes erlaubt. Der Umfang socialistischer Färbung
in der neueren Literatur zeigt, welchen großen Einfluß der
Socialismus auf die Volksmeinung ausübt. Es ist augen=
scheinlich, daß die Zahl derjenigen, welche mit den Leiden
der Armen tiefes Mitgefühl haben und den Socialismus
als Abhülfe derselben begrüßen, in den letzten Jahren be=
deutend gewachsen ist. Viele dieser Classe stehen mit keiner
Organisation in Verbindung und können daher nicht ge=
zählt werden.

Der Socialismus zieht sehr verschiedene Menschenclassen
an: Manche, christliche Philanthropen, weitherzig und auf=
opfernd; Andere, die mit ihrem Stande unzufrieden sind
und nicht sehen, wie sie sich bei dem gegenwärtigen Stand
der Dinge verbessern können; Andere, die entmuthigt sind
und unter dem Drucke von Täuschungen leiden; und wieder
Andere, welche neidisch, selbstsüchtig, lasterhaft und gesetzlos
sind. Die Socialisten der letzten Classe sind meistens Ein=
wanderer.

Der Despotismus der Wenigen und das Elend der
Massen haben den europäischen Socialismus erzeugt. Man
hat gemeint, seine Ansichten könnten in diesem Lande der
Freiheit und des Ueberflusses keine Stätte finden; aber es
gibt auch einen Despotismus, welcher nicht politischer Natur
ist, und eine Unzufriedenheit, welche nicht dem Mangel ent=
springt. Man hat gefunden, daß der deutsche Socialismus,
welcher vielfach importirt ist, Wurzel faßt und üppig wächst.
Laßt uns denselben betrachten, wie er sich in diesem Lande
ausnimmt.

Die ſocialiſtiſche Arbeiterpartei und die Internationali=
ſten ſind ſehr verſchieden und ſtehen ſich feindlich gegenüber.
Die eine iſt das dünne, die anderen ſind das dicke Ende des
ſocialiſtiſchen Keils.   Beide ſuchen die beſtehenden ſocialen
und öconomiſchen Verhältniſſe zu ſtürzen; beide ſchlagen
eine co=operative Form von Production und Handel als
Subſtitut des gegenwärtigen capitaliſtiſchen und concurri=
renden Syſtems vor; beide ſehen einer großen und blutigen
Revolution entgegen; aber mit Bezug auf Maßregeln und
extreme Anſichten unterſcheiden ſie ſich.   Die Platform*)
der ſocialiſtiſchen Arbeiterpartei enthält viel mehr Vernünf=
tiges und hat die Abſicht, den amerikaniſchen Arbeiter anzu=
werben.   Als Partei greift ſie weder die Familie noch die
Religion an und opponirt dem Anarchismus.

Die Internationaliſten ſind in zwei Lager getheilt: Die
Geſellſchaft der Internationalen Arbeitsleute und die Ge=
ſellſchaft der Internationalen Arbeitsmänner.   Die Letzte=
ren, als die „Rothen“ bekannt, ſind nicht ganz ſo bitter, als
erſtere, die „Schwarzen.“   Die „ſchwarzen“ Internationa=
liſten ſind Anarchiſten, während manche der „Rothen“
Staat=Socialiſten ſind.   „Die Geſellſchaft der Internatio=
nalen Arbeitsmänner beſteht meiſtens aus engliſch reden=
den Arbeitern und iſt meiſtens weſtlich vom Miſſiſſippi ver
treten.“†)

Die Ideale der Geſellſchaft der Internationalen Arbeits=
leute ſind „Gütergemeinſchaft, ſocialiſtiſche Production und
Vertheilung, grober Materialismus, freie Liebe, völliger
Individualismus in allen ſocialen Einrichtungen oder, in
anderen Worten, Anarchie.   Im negativen Sinne ausge=
drückt: Fort mit allem Eigenthum!   Fort mit aller Auto=
rität!   Fort mit dem Staate!   Fort mit der Familie!
Fort mit der Religion!“‡)   In dem in Pittsburg von den

---

*) S. das Document in Joſeph Cook’s Socialismus, S. 20–22,
ſowie Prof. Ely’s Labor Movement in America, S. 366–370.

†) The Labor Movement in America, von Prof. R. T. Ely, S.
253. dem ich ebenfalls manche Auszüge aus der ſocialiſtiſchen Preſſe
verdanke.

‡) Ebendaſelbſt S. 244.

Internationalisten einstimmig angenommenen Manifesto
kommt Folgendes vor: „Die Kirche sucht schließlich völlige
Idioten aus den Massen zu machen und sie für das fehlende
Paradies auf Erden mit einem eingebildeten Himmel zu
entschädigen." Die in San Francisco erscheinende **Truth**
sagt: „Wenn der Arbeiter erfährt, daß der versprochene
Himmel nur eine Sinnestäuschung ist, wird er an der Thür
des reichen Räubers mit einer Muskete in der Hand an-
klopfen und sein Theil der Güter jetzt beanspruchen." Joh.
Most's gotteslästerliches Blatt „Freiheit" schließt einen Artikel über „Früchte des Glaubens an Gott" wie folgt: „Religion, Autorität und Staat sind alle aus einem Holz ge-
schnitzt — zum Teufel mit allen!" Dasselbe Blatt verlangt
„einen neuen Stammbaum, nach der Abstammung von den
Müttern, deren Namen statt der Namen der Väter gegeben
werden sollen, denn es ist niemals gewiß, wer der Vater ist."
„Oeffentliche und gemeinsame Erziehung der Kinder," sagt
Prof. Ely, „wird ebenfalls in der „Freiheit" befürwortet,
damit die alte Familie von der freien Liebe ganz verdrängt
werden mag."

Indem sie allen Glauben an den Stimmkasten verloren
haben, beabsichtigen die Internationalen, ihre „Reformen"
mit Gewalt auszuführen. Das Folgende ist aus dem
Pittsburger Manifesto: „Agitation behufs Organisation;
Organisation behufs Rebellion. In diesen paar Worten
ist der Weg bezeichnet, welchen die Arbeiter einschlagen
müssen, wenn sie von ihren Ketten befreit werden wollen.
* * * Wir könnten durch Dutzende von Illustrationen
zeigen, daß alle Versuche, dieses monströse System durch
friedliche Mittel zu reformiren, in der Vergangenheit fehl-
schlugen, und daß es mit allen ähnlichen Bemühungen in
Zukunft ebenso sein wird. * * * Nur ein Weg bleibt
übrig — Gewalt."

Der in Chicago erscheinende „Vorbote" verherrlicht das
Dynamit als „die Macht in unseren Händen, welche der
Tyrannei ein Ende machen wird. Die **Truth** sagt: „Krieg
dem Palast, Frieden der Hütte, Tod allem vornehmen Müßiggang. Wir haben keinen Augenblick zu verlieren. Be-

waffnet euch bis an die Zähne, denn die Revolution ist vor
der Thür." Ein Artikel in der „Freiheit" über „Revolu=
tionäre Principien" enthält Folgendes: „Er (der Revolu=
tionist) ist ein unversöhnlicher Feind dieser Welt, und wenn
er fortfährt, in derselben zu leben, ist es nur darum, daß er
sie desto gewisser zerstören kann. Er kennt nur eine Wis=
senschaft — nemlich Zerstörung. Zu diesem Zwecke studirt
er Tag und Nacht. Ihm ist Alles sittlich, das den Triumph
der Revolution begünstigt; Alles unsittlich und verbreche=
risch, das sie hindert. Tag und Nacht hegt er nur einen
Gedanken, nur eine Absicht — nemlich unbedingte Zerstö=
rung. Während er diesen Zweck unablässig und mit kühlem
Blute verfolgt, muß er zu sterben und ebenso Jeden mit
seiner eigenen Hand zu tödten bereit sein, der ihm bei Er=
reichung dieses Zweckes hinderlich in den Weg tritt." Es
ist in den Ver. Staaten ein Verein gegründet worden, wel=
cher sich „die schwarze Hand" nennt, der in seiner Procla=
mation die „Propaganda der That in jeder Form" empfiehlt
und ausruft: „Krieg bis zum Messer!" Die Explosionen
im britischen Parlamentsgebäude und im Tower of London
riefen in einer socialistischen Versammlung in Chicago die
folgenden Erklärungen hervor: „Diese Explosion hat ge=
zeigt, daß Socialisten mit Sicherheit am hellen Tage in
große Versammlungen gehen und ihre Bomben explodiren
können.

„Ein wenig Schweinefett und ein wenig nitric acid ver=
anlaßt eine entsetzliche Explosion. Mit zehn Cents werth
desselben kann man ein Gebäude in Atome zersprengen.

„Dynamit kann aus dem todten Körper von Capitalisten
sowohl als aus Schweinen hergestellt werden.

„Ganz Chicago kann durch Electricität in einem Augen=
blick in Flammen gesetzt werden.

„Privateigenthum muß abgeschafft werden, und wenn wir
dazu alles Dynamit verwenden und 99/100 der Menschen
vom Angesicht der Erde wegfegen müssen."

Diese Lehren trugen ihre Früchte in dem Chicagoer Heu=
markt=Gemetzel am 4. Mai, 1886.

Zur Zeit des Eisenbahnaufruhrs in 1877, welcher viele

Menschenleben kostete und nicht weniger als $100,000,000 werth Eigenthum zerstörte, und zu dessen Unterdrückung zehn Staaten vom Atlantischen bis zum Stillen Ocean den Präsidenten der Ver. Staaten um Truppen ersuchten, waren nur wenige Socialisten unter uns, und es scheint, sie waren überrascht von dem Aufruhr, aber im Wiederholungsfalle werden sie das Meiste daraus zu machen wissen. Die folgenden sind Grundphrasen, welche in allen ihren Schriften gefunden werden· „Macht euch bereit für ein anderes 1877!" „Kauft ein Gewehr für eine Wiederholung von 1877!" „Kauft Dynamit für ein zweites 1877!" „Organisirt Compagnieen und exercirt sie ein auf eine Wiederkehr des Aufruhrs von 1877!"

Die Zahl der Socialisten in den Ver. Staaten können wir nicht genau bestimmen. Ihre Schriften sind zahlreich und am Zunehmen. Sie haben gegenwärtig 19 Zeitungen, welche in etwa 80,000 Exemplaren verbreitet werden. Dieselben sind ausschließlich der Ausbreitung des Socialismus gewidmet, und viele andere sind socialistisch gefärbt. Vor etwa sechs Jahren sagte Präs. Seelye vom Amherst College: „Es gibt etwa 100,000 Männer in den Ver. Staaten, deren Feindschaft gegen alle bestehenden socialen Institutionen geradezu grenzenlos ist." Und Prof. Ely sagt: „Wenn ich einen Ueberschlag machen sollte, so würde ich sagen, daß es etwa eine halbe Million von gemäßigten und friedlichen Socialisten in den Ver. Staaten gibt." Seit diese Ansicht vor etwa fünf Jahren ausgesprochen wurde, hat sich diese Classe ohne Zweifel stark vermehrt.

Es gibt viele Arbeitergenossenschaften, welche in ihren Sympathien und Ideen mehr oder weniger socialistisch, aber mit keiner der socialistischen Parteien verbunden sind. Der „Vorbote" von Chicago sagt· „Ihr möchtet ebensowohl annehmen, die militärischen Organisationen Europas wären zum Spiel und zur Parade da, als daß die Arbeiterorganisationen zur Sicherheit und zu friedlicher Unterstützung dienen. Sie existiren zur Bewachung von Interessen, für welche sie, wenn die Zeit kommt, zu kämpfen bereit sind." Aber die gegenwärtige Zahl der Socialisten

in den Ver. Staaten beschäftigt uns weniger, als deren
Wachsthum in Zukunft. Laßt uns die diesem Wachsthum
günstigen Bedingungen ins Auge fassen.

1. Die meisten der Internationalisten, die anarchistischen
Socialisten und ein größerer Theil der socialistischen Ar-
beiterparteien in diesem Lande sind Deutsche, deren Zahl
durch die Einwanderung beständig wächst. Der schnelle
Wachsthum des Socialismus in Deutschland wird daher
dessen hiesige Zunahme beeinflussen. Die folgende Statistik der Abstimmung für die Glieder des Reichstags zeigt
seinen Wachsthum während der letzten 20 Jahre:

In 1871	124,655	In 1884	549,990
" 1874	351,952	" 1887	763,128
" 1877	493,288	" 1890	1,341,587
" 1881	311,961		

Bei der letzten Wahl (1890) gaben die Socialisten in
Berlin 126,522 Stimmen ab, eine um mehr als 20,000
höhere Zahl, als alle anderen Parteien. „Prof. Fawcett
sagte bei Eröffnung seiner Vorlesungen in Oxford (1880),
daß wenn die Zunahme der socialistischen Stimmen in
Deutschland und den Ver. Staaten während der kommenden 50 Jahre so fortwachse, wie es während der verflossenen
50 Jahre der Fall war, könne das Capital nichts Erfolg-
reiches gegen den Socialismus ausrichten."*)

2. Es gibt andere Einflüsse, die, obwohl im Geheimen,
nicht weniger wirksam sind, den Socialismus in Amerika zu
fördern, als die Einwanderung. Unter den tiefen Strömungen des Jahrhunderts, welche sich durch die verflossenen
achtzehnhundert Jahre hindurch zogen und in der großen
deutschen Reformation im 16. Jahrhundert an die Oberfläche traten, finden wir einen unwiderstehlichen Drang nach
Individualismus. Guizot sagt, daß das „Hauptelement
der modernen europäischen Civilisation der Drang nach in-
dividuellem Handeln, die Macht der persönlichen Existenz"
sei. Die Massen existirten einst für den Staat, die Person

---

*) Joseph Cook's "Socialism," S. 17, 1880.

galt nichts. Als Jesus sagte: „Was hülfe es dem Menschen, so er die ganze Welt gewönne und nähme doch Schaden an seiner Seele?" und lehrte damit den unvergleichlichen Werth des Einzelnen, da zeigte Er der Welt eine neue
Idee, welche die Gesellschaft durchdringt. Sie hat den
Sclaven befreit, die Stellung der Frau gehoben, Despotismus und geschriebene Constitutionen gestürzt, Vorrechte beseitigt und das Kastenwesen verbannt. Sie drängt Europa
der Volksregierung entgegen. Es ist auffallend, daß der
befreite Perpentikel über den Standpunkt des langsamen
Gleichgewichts hinausschlagen sollte. Schon finden wir
Zeichen eines übertriebenen Individualismus auch unter
uns; eine gewisse Selbsterhebung, Verachtung der Autorität macht sich breit, welche vergißt, daß mit den Rechten auch
Pflichten verbunden sind. Anarchismus ist nur „wahnsin-
nig gewordener Individualismus." Dieses gewaltige
Streben nach Individualismus, und besonders das wahr-
nehmbare Verirren in Extreme ist daher der Verbreitung
des Socialismus, wie er von den Internationalisten befürwortet wird, günstig.

3. Das Ueberhandnehmen des Skepticismus deutet ebenfalls in diese Richtung. Ein weit verbreiteter Unglaube
ging der französischen Revolution voraus und half ihr den
Weg bereiten. Ein Verbrecher in einem Gefängniß am
Rhein hinterließ vor einigen Jahren seinen Nachfolgern folgende Nachricht in seiner Zelle: „Ich will dir ein Wort sagen. Es gibt weder Himmel noch Hölle. Wenn du einmal
todt bist, ist Alles am Ende. Daher, ihr Spitzbuben, greift,
was ihr nur könnt; nur laßt euch nicht greifen. Amen."
Nicht nur veranlaßt der Unglaube den Menschen, alle Furcht
vor zukünftiger Strafe abzuschütteln und sich der Grausam-
keit und Bosheit zu übergeben, sondern wenn ein Mensch
einmal seinen Antheil an einem künftigen Leben aufgegeben
hat, so ist er desto entschlossener, seinen Antheil an dem gegenwärtigen zu haben. Es gibt christliche Socialisten;
aber die Internationalisten sind grobe Materialisten. Der
Socialist Boruttau sagt: „Niemand verdient den Namen
Socialist, als der, welcher als Atheist alle Anstrengungen

macht, den Atheismus zu verbreiten." Der Wachsthum des Skepticismus in unserem Zeitalter und besonders der Zweifel mit Bezug auf die Heiligkeit des göttlichen Gesetzes hat dem Socialismus schnell einen fruchtbaren Boden von dieser heftigen und gottlosen Art bereitet.

4. Gleichheit ist einer der Träume des Socialismus. Er protestirt gegen alle Classenunterschiede. Die Entwickelung von Classen oder die Trennung derselben ist daher in einer Republik geeignet, Agitation und Wachsthum des Socialis= mus zu fördern. Unter den weitreichenden Einflüssen me= chanischer Erfindungen ist eine bis jetzt ungezügelte Tendenz, Unterschiede der Stellung, die Bildung socialer Classen herbeizuführen und eine Kluft zwischen denselben zu errich= ten. In einem Sinne werden und müssen Classen existi= ren, wo Aehnlichkeiten und Unterschiede bestehen; aber so lange die einzelnen Glieder socialer Classen in Folge ihrer eigenen Handlungen leicht von der einen zur anderen steigen oder fallen, sind diese Classen weder unrepublikanisch noch gefährlich. Aber wenn dieselben praktisch erblich werden, so werden die Unterschiede erblich übertragen und erweitert, Antipathien bestärkt, die Kluft erweitert, und die Classen verhärten sich in Kasten, welche beides unrepublikanisch und gefährlich sind. Die Tendenz der mechanischen Erfindun= gen geht unter unserem bestehenden Geschäftssystem aber dahin, die Classen mehr zu trennen und sie erblich zu ma= chen.

Vor dem Zeitalter der Maschine arbeiteten Meister, Ge= selle und Lehrjunge gemüthlich beisammen. Der Lehrjunge schaute der Zeit entgegen, daß er zum Gesellen avanciren werde, und der Geselle hoffte, einmal Meister zu werden. Da war wenig Gelegenheit für Classenunterschiede und Ei= fersucht.

Das Handwerkszeug war nicht so kostspielig, als daß es der Handwerker nicht hätte anschaffen können. Gefiel ihm sein Meister nicht, so konnte er weiter gehen und die Mit= tel, sich seinen Unterhalt zu verdienen, mitnehmen. Fand sich nicht so leicht ein Meister wieder, so konnte er ja irgend= wo für sich selbst anfangen. Die einfache Thatsache, daß

er sein eigenes Handwerkszeug besaß, machte ihn unabhän=
gig. Aber die Einführung der Maschine hat das alles ver=
ändert. Sie konnte nicht von Ort zu Ort mitgenommen
werden, wie die Kiste mit Handwerkszeug. Sie war zu
kostspielig für den Handwerker, um sie zu kaufen. Ohne
die Maschine, welche Eigenthum des Arbeitsgebers war,
war er hülflos. War er ohne Arbeit, so konnte er nicht
für sich selbst anfangen. Er hat seine Unabhängigkeit ein=
gebüßt. Somit hat die Maschine eine abhängige Classe
geschaffen.

Zudem ist es durch Einführung der Maschine viel schwie=
riger geworden, sich aus der Stellung eines Arbeiters zum
Arbeitgeber emporzuschwingen, wodurch die Classen mehr
getrennt werden. Früher standen dieselben nur einen
Schritt von einander. Dieser Schritt konnte dadurch ge=
than werden, daß ein Arbeiter den anderen beschäftigte.
Sie arbeiteten neben einander, bis das Geschäft einen wei=
teren Mann erforderte, und noch einen zweiten, bis die
kleine Werkstatt vergrößert werden mußte. Auf diese Weise
erwarb sich der Arbeiter nach und nach Capital — wozu je=
dem Mechaniker der Weg offen stand. Aber seit Einfüh=
rung der Maschine erfordert es ein bedeutendes Capital zum
Anfang. Es ist bewiesen, daß eine kleine Fabrik, wenn die
übrigen Verhältnisse gleich sind, nicht mit einer großen con=
curriren kann; weßhalb die Fabriken ungeheure Dimensio=
nen annehmen, und dadurch große Reichthümer angehäuft
werden. Ein Mechaniker mag in Folge einer glücklichen
Erfindung oder besonderer Fähigkeiten immer noch ein Ca=
pitalist und Arbeitgeber werden; aber die Stellung des
Fabrikbesitzers und des Arbeiters ist heutzutage im Allge=
meinen fast durch eine unübersteigliche Kluft getrennt.

Die ungeheure Production, welche dem Fortschritt im
Maschinenwesen folgte, hat die Ansprüche ans Leben in
allen Classen der Gesellschaft bedeutend erhöht. Die Löhne,
ob sie wohl höher stehen, als vor 50 Jahren, sind dagegen
nicht im Verhältniß gestiegen. Dieser Unterschied zwischen
Bedürfniß und Einkommen ist dazu angethan, erbliche Clas=
sen zwischen Producenten zu bilden. In Massachusetts,

wo die Arbeiterstatistiken am ausführlichsten veröffentlicht werden, ist der Arbeiter nicht im Stande, durchschnittlich die Familie eines Arbeiters zu unterstützen. In 1883 waren dort die durchschnittlichen Ausgaben einer Arbeiterfamilie $754.42, während sich der durchschnittliche Lohn eines Arbeiters nur auf $558.68*) belief. Dies bedeutet, daß der Arbeiter im Allgemeinen seine Frau und Kinder anstellen mußte, um ihm zu helfen, den Lebensunterhalt zu erwerben. Daher finden wir, daß in den Fabriken und Werkstätten des Staates in 1883 28,714 Kinder unter sechzehn Jahren beschäftigt waren. Von der Unterstützung der Arbeiterfamilie fielen somit 32.44 Procent auf die Mutter und Kinder. Ich finde durchaus nicht, daß der Zustand der Arbeiter in Massachusetts eine Ausnahme bildet. In ihrem letzten Bericht theilen die Commissäre über Arbeiter-Statistiken in Illinois mit, daß ihre Tabellen der Löhne und Unterhaltungskosten der Familien sich nur auf die intelligenteren Arbeiter beziehen, die ihre Vortheile zu benützen verstehen, und diejenigen, welche in der Welt hülfloser Unwissenheit und des Mangels, wie sie in großen Städten schaarenweise hausen, und deren Statistik sich nur in den Tabellen über Epidemien, Armuth und Verbrechen finden, nicht decken. „Nichtsdestoweniger," heißt es weiter, „wird eine Untersuchung dieser Tabellen nachweisen, daß die eine Hälfte dieser intelligenten Arbeiter von Illinois selbst nicht im Stande ist, ihr täglich Brod zu verdienen, und es daher den Frauen und Kindern zufällt, diesen Mangel zu ersetzen."†) In 1868 arbeiteten in allerlei Geschäften des Landes 1,118,356 Kinder im Alter von 15 oder weniger Jahren.‡) Innerhalb zehn Jahren vermehrte sich deren Zahl um 21 Procent schneller, als die Gesammtbevölkerung. Diese Kinder sollten aber in der Schule, anstatt in der Mühle oder Mine sein. Wie lange noch werden sich die Handwerker der Ver. Staaten ihrer besseren Ausbildung

---

*) 15. Jahresbericht des Bureau of Statistics, S. 464.
†) Henry George's Social Problems, S. 100.
‡) Compendium of the 10th Census, Part II., S. 1358.

rühmen können, wenn unsere Kinder unter 16 Jahren in die Fabrik gesteckt werden? Kinderarbeit, welche, wie Prof. Ely sagt,*) „in schreckenerregender Weise" zunimmt, ist geeignet, Körper und Geist zu verkrüppeln. In der Mühle und Fabrik werden die Kinder dazu angestellt, die Maschinen zu füttern, und die engen Schranken solcher Beschäftigung hindern sowohl Geist als Körper in der naturgemäßen Entwickelung. Mädchen, welche in der Fabrik groß werden, oder deren Mütter daselbst beschäftigt sind, werden schlechte Haushälterinnen und lernen wenig von der Sparsamkeit, die bei geringem Einkommen das Oel im Kruge und Mehl im Cad nicht mangeln läßt. Sie werden arme Frauen und halten ihre Männer arm. So werden die Kinder der kommenden Generation wieder in die Fabrik geschoben. Daher die Tendenz, eine erbliche Handwerkerclasse zu etabliren, die in Europa bereits besteht und auch hier mit der Zeit bestehen wird.

Auf der anderen Seite ist die Maschine geeignet, eine Classe von Capitalisten und Monopolisten zu erzeugen.†) Vor dem Zeitalter der Maschine geschah der Betrieb durch die Menschenhand. Diese Kraft gehörte dem Arbeiter und konnte ohne seine Zustimmung nicht monopolisirt und centralisirt werden. Jedermann hatte die Gelegenheit, mit seinem Kameraden zu concurriren; Keiner besaß unerreichbare Vortheile vor dem Anderen; aber die Maschine setzt einen einzigen Mann in Stand, die Kraft von tausend oder zehntausend Personen zu besitzen. Die moderne Wissenschaft und Erfindung, welche mächtige Naturkräfte in den Dienst der Menschen stellt, haben unsere Enakim zu Sclaven gemacht. Hier ist eine Armee von Riesen, welche nie-

---

*) Political Economy, S 259.

†) Nach Besprechung dieser Tendenz des modernen Fabrikwesens räth De Toqueville den Freunden der Demokratie, ihr Auge in dieser Richtung vorsichtig offen zu halten, und fügt hinzu: „Denn wenn je eine bleibende Ungleichheit der Verhältnisse und Aristokratie wieder die Welt durchdringt, so kann man zum Voraus sagen, daß dies der Canal ist, wodurch dieselbe einzieht. **Democracy in America. Book Second, Chap. 20.**

mals hungert, nie ermüdet, nie leidet und niemals klagt;
wenn ihnen die Arbeit eingestellt wird, hat man keinen
Brodaufruhr zu befürchten. Sie anerkennen stets ihren
Herrn und gehorchen ohne Fragen und ohne Gewissen.
Die Zugänglichkeit und der Umfang dieser Kräfte machen
die Concentration der Macht beides sicher und gefährlich.
Die Herren dieser Kräfte sind die Cäsaren und Napoleons
der modernen Gesellschaft. Innerhalb gewisser Grenzen,
wenn andere Bedingungen gleich sind, sind die Producte
billiger und ist der Profit größer, je größer die Fabrik ist.
Dieses Gesetz hat die Anhäufung von Capital zur Folge.
Diese großen Etablissements erfordern fähige Männer, um
sie zu organisiren und zu betreiben. Der Eigenthümer ist
nicht länger ein Arbeiter mit seinen Arbeitern; seine Arbeit
ist geistig, nicht körperlich; sie erfordert und stärkt diese
Kräfte, während diejenigen des Arbeiters beschränkt werden.
Er hat wenig persönliche Bekanntschaft mit seinen Arbeitern
und, mit schönen Ausnahmen, hat wenig Interesse für die=
selben. So erweitert sich die Kluft zwischen den Classen.
Mr. Becky sagt: „Jeder Wechsel der Verhältnisse, der zwi=
schen Reichen und Armen die Kluft erweitert und die Sym=
pathien schwächt, wie vortheilhaft auch seine Folgen sein
mögen, kann nicht verfehlen, dem Staate bedenkliche Folgen
zu bringen. Es ist nicht zu bestreiten, daß der große
Wachsthum der Fabrikbevölkerung diese Tendenz gehabt
hat."[*] Und nicht nur werden diese Classen gegenseitig
entfernt, sondern organisiren sich auch eine gegen die an=
dere. Das Capital sammelt sich in gewaltigen Corpora=
tionen und „Trusts," und die Arbeiter sammeln sich in star=
ken Arbeitervereinen. Und diese sich gegenüberstehenden
Corporationen versuchen ihre Kräfte und machen Bedin=
gungen der Uebergabe, wie zwei feindliche Armeen.

5. Der Socialismus nährt sich vom Unfrieden. Eine
Socialistenzeitung sagt: „Beschwört Unzufriedenheit mit
und Rebellion gegen die bestehenden Verhältnisse herauf,
denn der Erfolg liegt in der allgemeinen Unzufriedenheit."

***

[*] England in the 18th Century. Vol. II., S. 693.

Es ist gegenwärtig leichter, den Arbeiter zur Unzufrieden= heit aufzustacheln, als früher; zum Theil daher, weil die Einführung der Maschine und die Theilung der Arbeit einen großen Theil derselben sehr eintönig und ohne Interesse für den Arbeiter gemacht haben. Früher war bei jedem Hand= werk eine große Mannigfaltigkeit der Arbeit. Ein Schmied z. E. hatte sein Handwerk nicht gelernt, bis er tausend Dinge, vom Hufnagel bis zum eisernen Zaun, machen konnte. Da war keine Rede von Einförmigkeit, und Ge= legenheit genug, Kunst und Geschmack zu entwickeln. Aber mit der Maschine sind große Wechsel gekommen. Man hat gefunden, daß die Theilung der Arbeit dieselbe besser und billiger macht. Und dieser doppelte Vortheil treibt die Tendenz in dieser Richtung, daß ein Artikel, der früher von einem Arbeiter verfertigt wurde, gegenwärtig durch 20–30 Hände geht, wovon jede einen gewissen Theil an dem einen Stücke besorgt. Arbeiter in Manchester, welche über die Eintönigkeit ihrer Beschäftigung klagten, sagten zu Mr. Cook: „Es ist dasselbe Ding Tag für Tag, Herr; es ist dasselbe kleine Ding, ein kleines Ding wieder, und wieder und wieder." Man denke doch, zehn Stunden lang des Tages nach einander Stecknadelnköpfe machen — jeden Tag der Woche das ganze Jahr lang — 20–40–50 Jahre. In einer Nagelmühle, in einem Lärm, welcher jeden Gedanken niederdrückt, stehen die Arbeiter den ganzen Tag und stecken eine kleine Eisenstange in den nimmersatten Rachen der Maschine. Nun bedenke man, diese selbe Bewegung wäh= rend einer Lebenszeit zu machen. Solche Eintönigkeit ist ermüdender, als irgend eine andere Arbeit. Es erregt wenig Interesse und noch weniger Enthusiasmus bei der Arbeit, und das Schlimmste von Allem, es beschränkt den Verstand und erniedrigt den Mann. Früher konnte der Mann, welcher einen Nagel machte, auch einen eisernen Zaun machen; heute kann er nicht einmal den Nagel ma= chen, sondern nur die Maschine füttern, welche denselben macht. Politische Oeconomisten sagen uns, daß die ge= naue Theilung der Arbeit den Arbeiter herabdrückt. Diese Tendenz mag allerdings durch andere hebende Einflüsse,

als Unterricht, die Presse und das Stimmrecht, überwogen werden. Diese Einflüsse haben die Intelligenz des Hand=
werkers von heute allerdings über diejenige vor 75 oder
100 Jahren bedeutend gehoben, trotz der niedrigen Tendenz
der Arbeittheilung. Aber in Folge dieser vermehrten Er=
kenntniß sieht derselbe die herabdrückenden Einflüsse in sei=
nem Geschäft um so deutlicher, er fühlt dieselben mehr, und
er wird unzufriedener mit dem System, unter welchem er
arbeitet.

Zudem wird durch ein Gefühl der Unsicherheit die Unzu=
friedenheit der Arbeiter geschürt. Neue Erfindungen mögen
zu irgend einer Zeit dieses oder jenes Handwerksgeschirr
überflüssig oder diese oder jene Geschicklichkeit im Geschäft
nutzlos machen. Jede große Arbeit ersparende Erfindung
— ob sie schon schließlich die Arbeit vermehrt, die Civilisa=
tion fördert und der menschlichen Bequemlichkeit nützt —
wirft zeitweilig eine große Anzahl Arbeiter aus ihrer Be=
schäftigung. Der Handwerker, der sich für Jahre einer Be=
schäftigung widmete, kann sich daher dem Gang der Dinge
nicht so recht anpassen. Er kann sich nicht so schnell in die=
ser oder jener Arbeit zurechtfinden; er ist vielleicht zu alt,
um ein neues Geschäft zu lernen, oder sich die Gewandtheit
in einem anderen anzueignen; er hat keine Alternative;
und wenn ihn nicht eine Familie fesselt, so wird er ein
"tramp."

Die Concurrenz hat Ueberproduction zur Folge, wodurch
Mühlen und Fabriken auf lange Zeit geschlossen und Leute
von Ort zu Ort getrieben werden. Eine der auffallenden
Eigenthümlichkeiten ist, daß die ärmere Einwohnerschaft von
großen Städten so unbeständig von Stadt zu Stadt zieht
und oft nur ein Jahr, oft sogar nur drei Monate an einem
Orte bleibt. Es wird uns gesagt, daß sich der Zustand der
Arbeiter während der letzten 50 Jahre überall bedeutend
verbessert habe; dieses ist vielleicht der Fall, aber dies hat
den schnellen Wachsthum des Socialismus in Europa nicht
verhindert, und die Thatsache, daß die amerikanischen Ar=
beiter in besseren Verhältnissen leben, als die europäischen,
wird die Zunahme hier nicht verhindern. De Tocqueville

sagt mit Verwunderung, daß die Massen ihren Zustand un=
erträglicher finden, je mehr derselbe verbessert wird. Die
Ursache davon ist, daß der Mann sich schneller entwickelt, als
die Verhältnisse; seine Bedürfnisse wachsen schneller, als
seine Einnahmen. Ein Wilder, der nichts hat, ist so lange,
als er nichts braucht, damit vollständig zufrieden. Sein
erster Schritt zur Civilisation ist, Bedürfnisse zu schaffen.
Die Menschen steigen in der Wage der Civilisation mit ih=
ren Bedürfnissen; und wo sich Jemand auf dieser Wage
befindet und Bedürfnisse in ihm geweckt werden, deren Be=
friedigung ihm versagt ist, da erweckt dies so gewiß Unzu=
friedenheit, als der Verlust von genossenen Vorrechten.
Macauly behauptet, daß das 19. Jahrhundert eher als das
17. das goldene Jahrhundert genannt werden könnte, weil
damals „die Edelleute Vorrechte entbehrten, deren Verlust
heute einem Diener unerträglich wäre, und Bauern und
Krämer sich mit Speise nährten, deren bloßer Anblick heute
einen Aufruhr in einem modernen Arbeitshause zur Folge
haben würde," und besonders weil wenige Ritter „eine Bi=
bliothek hatten, wie man sie heute bei den Bedienten oder
im Hinterzimmer eines Gemüsehändlers beständig findet.*)
Der Beweis liegt nicht sowohl in der Thatsache, daß der
Diener eine Bibliothek hat, sondern daß er eine solche h a =
b e n w i l l. Unter den gewöhnlichen Leuten hat eine
merkwürdige „Ausgleichung" stattgefunden, und ihre Be=
dürfnisse sind verhältnißmäßig gewachsen. Es ist wahr, daß
sich während eines Jahrhunderts die Bequemlichkeiten für
die Massen vielfach vermehrt haben; aber die Frage ist, ob
diese Vermehrung mit dem Wachsthum der Bedürfnisse
Schritt gehalten hat. Der Handwerker von heute, welcher
viel hat, mag ärmer sein, als sein Großvater, welcher wenig
hatte. Ein Reicher mag arm und ein Armer mag reich sein.
Armuth ist bisweilen ein relativer und kein absoluter Be=
griff. Ich meine nicht nur, daß ein reicher Mann neben
einem noch reicheren arm sein kann, sondern derjenige ist
arm, welcher nicht im Stande ist, dasjenige zu befriedigen,

---

*) Geschichte von England, Cap. III.

was ihm vernünftige Bedürfnisse zu sein scheinen. Der Horizont des Arbeiters ist in diesem Jahrhundert merkwürdig ausgedehnt worden; eine auffallende Vermehrung seiner Bedürfnisse hat stattgefunden. Der Bauer aus früheren Jahren wußte wenig von irgend einem Zustand, als seinem eigenen. Er sah wohl die Aristokratie über sich, die sich gewisser Vorrechte erfreute, aber dieselben schienen ihm in Folge der höheren Bildung und Stellung gerechtfertigt. Das Leben der Reichen und Großen war ihm ferne und daher unbekannt. Er war nicht unzufrieden wegen Mangels an Luxus, wovon er nichts wußte. Aber die moderne Fabrikation, der Handel und die Schaufenster haben den Luxus vor Aller Augen ausgebreitet. Der Arbeiter in den Ver. Staaten von heute hat vielleicht einen Elementar-Unterricht genossen, er ist etwas gereist, hat Ausstellungen, Kunstgallerien, Bibliotheken und Museen besucht; durch das Lesen von Büchern ist er mehr oder weniger mit Ländern und Völkern bekannt geworden; er liest die Zeitungen, er ist viel besser unterrichtet, wie sein Großvater war, er lebt in einer größeren Welt und hat viel mehr Bedürfnisse. Ja, seine Bedürfnisse sind so ausgedehnt, wie seine Börse eingeschränkt ist. Bildung vermehrt den Genuß der Erholung; und dieses Verlangen nach Genuß wächst bei Vielen bedeutend schneller, als die Mittel, denselben befriedigen zu können. Daher die Zunahme der allgemeinen Unzufriedenheit.

Es herrscht viel Unzufriedenheit unter den Massen in Europa. Dieselbe würde aber bei höherer Volksbildung noch größer sein. Versetze den Amerikaner in die Verhältnisse, unter welchen der Bauer in Continental-Europa lebt, und er würde schon 24 Stunden später eine Revolution anfangen. Die hoffnungslose Armuth wird daher in den Ver. Staaten, wo größere Volksbildung herrscht, unruhiger und schneller zu desperaten Handlungen verleitet, als in Europa. Viele unserer Arbeiter aber fühlen, daß sie unter dem gegenwärtigen Geschäftssystem zu hoffnungsloser Armuth verurtheilt sind. Wir haben schon gesehen, daß die Arbeiter in Massachusetts und Illinois durchschnittlich nicht

im Stande sind, ihre Familien zu ernähren. Wie lange
muß es unter solchen Umständen dauern, bis er im Stande
ist, sich eine eigene Heimath anzuschaffen? Von den Män=
nern in Massachusetts, welche in 1875 in verschiedenen In=
dustrien beschäftigt waren, war nur einer aus hundert
Hauseigenthümer. Wenn ein Arbeiter nicht im Stande ist,
sich eine Heimath anzuschaffen oder für seine alten Tage,
Zeiten von Krankheit oder einige Wochen, während die
Fabrik stille steht, Etwas beizulegen, so muß er Schulden
machen, und ist es dann zu verwundern, wenn er unzufrie=
den wird?

Und welchen Eindruck müssen Mittheilungen, wie die
folgenden, welche im Januar 1880 in den Zeitungen er=
schienen, auf den unzufriedenen Arbeiter machen? „Die
Profite der Wallstraßen=Könige waren während des ver=
flossenen Jahres ungeheuer. Es wird berechnet, daß Van=
derbilt $30,000,000, Jay Gould $15,000,000, Russell
Sage $10,000,000, Sidney Dillon $10,000,000, James
R. Keene $8,000,000 und mehrere Andere von ein bis
zwei Millionen erbeutet haben, welches für zehn oder zwölf
Besitzer $80,000,000 macht." Ist es angesichts dieser
Zahlen auffallend, wenn der Arbeiter denkt, daß er seinen
gehörigen Antheil an dem merkwürdigen Zuwachs des na=
tionalen Reichthums nicht bekomme?

Viele Tagelöhner sind von dem Gefühl beseelt, daß der
Capitalist ihr natürlicher Feind und stets bereit sei, wenn
sich die Gelegenheit bietet, ihn und seine Familie seinen
selbstsüchtigen Zwecken zu opfern. Damit wird manchen
Arbeitgebern freilich das größte Unrecht gethan, welche in
drückenden Zeiten ihre Fabriken lieber Monate lang mit
Verlust betreiben, als ihre Leute außer Arbeit kommen zu
sehen. Aber solche Arbeitgeber sind ebenso rar, wie sie edel
sind. Viele zaudern nicht, Verbindlichkeiten behufs Mono=
polisirung des Handels einzugehen und dann Wochen und
Monate lang ihre Geschäfte stille liegen zu lassen, um bereits
gute Preise in die Höhe zu treiben. Im November 1883
ordnete die Gesellschaft der Nagelmacher eine Unterbrechung
des Betriebs behufs Preiserhöhung an, und während fünf

Wochen standen 8000 Arbeiter außer Beschäftigung, gerade als der Winter vor der Thür war. Jede Mühle im Westen war in „Pool"; daher konnten die bedrückten Arbeiter nirgends Verdienst finden. Sie hatten nur das eine Geschäft gelernt und konnten sonst nichts anfangen. Somit konnten sie nur ihre Unzufriedenheit nähren. Jene November- und Decembertage waren ein guter Lenz, um socialistischen Samen zu säen. Die Liverpool Cotton Exchange stellte durch Manipulation der Preise in 1882 15,000,000 Spindeln stille und nahm damit Tausenden von Männern, Frauen und Kindern das Brod aus dem Munde. Das Obige illustrirt die starke Tendenz nach Combination und Monopolisirung, welches eine der dunkelsten Wolken an unserem industriellen und socialen Himmel ist. Manche Geschäfte vereinigen sich, um die Production herabzudrücken, was zur Folge hat, daß Arbeiter aus ihrer Beschäftigung herausgeworfen werden · und Preise hinaufzutreiben beutet vermehrte Kosten zum Lebensunterhalt. Es gibt viele „Syndicate" oder „Trusts," welche alle im Interesse der Capitalisten formirt wurden. Die kleinen Händler müssen sich der Combination anschließen, oder sie werden erdrückt. Einmal eingetreten, müssen sie sich der Willkür des „großen Mannes" fügen. So wird den Händen gewissenloser Monopolisten immer mehr Gewalt überliefert.

Adam Smith war der Ansicht, daß Weizen weniger als ein anderer Handelsartikel in Gefahr stände, von Spekulanten monopolisirt zu werden, weil „dessen Eigenthümer niemals an einem Platze versammelt werden könnten." Diese angenommene Unmöglichkeit ist jedoch durch die Eisenbahnen und den Telegraphen praktisch aus dem Wege geräumt, und nun bestimmen Handelskammern die Preise der Lebensmittel nach Willkür, und Weizen ist sowohl in Gefahr, "cornered" zu werden, als irgend Etwas. Eine einzige Firma bekam in 1880 die Controle über den Schweinefleischmarkt und gewann in einem Zuge $7,000,-000. Der Einfluß, welchen diese Preiserhöhung hatte, machte sich in der ganzen Welt fühlbar. Die volle Bedeutung solches Handels wird nur erkannt, wenn man bedenkt,

wie Drs. Drysdale und Farr in England nachgewiesen ha=
ben, daß die Raten der Sterblichkeit mit den Nahrungsmit=
teln steigen und fallen. Wenn die Lebensbedürfnisse „zu
leicht" erlangt werden können, erklären die Combinationen
Krieg gegen Ueberfülle, die Production wird eingestellt,
und Zehntausenden wird es verboten, zu verdienen, wäh=
rend die Preise steigen. So können in diesem reichen Lande
einige Männer nach ihrer Willkür in Tausenden von Fami=
lien eine Hungersnoth anordnen.

Das ist moderner und republikanischer Feudalismus.
Diese amerikanischen Barone und Lords der Arbeit haben
vielleicht mehr Macht und weniger Verantwortlichkeit, als
die alten Feudalherren. Sie schließen die Fabrik oder die
Mine, und Tausende von Arbeitern werden gegen ihren
Willen zum Müßiggang gezwungen. Der Capitalist kann
nach Willkür die Preise der Lebensbedürfnisse erhöhen, kann
die Leute aus der Arbeit drängen, hat aber inzwischen keine
Verantwortlichkeit, wenn sie verhungern. Hier ist „Besteu=
erung ohne Repräsentation" mit einem bitteren Zusatz.
Wir haben einen größeren und drückenderen Despotismus
großgezogen, als der war, gegen welchen einst die dreizehn
Colonien rebellirten.

Die Arbeiter sind oft unvorsichtig. Es ist nicht selten
ihre Schuld, daß der unfreiwillige Müßiggang so bald zum
Mangel führt. Ob sie schon bisweilen genug vom Mangel
ausfinden, wissen sie doch, als eine Classe, wenig von
Selbstverleugnung. Gewöhnlich verzehren sie, was sie ver=
dienen. Wenn die Löhne gut sind, genießen sie das Beste,
was der Markt bietet; wenn Arbeit und Credit alle sind,
müssen sie hungern. Weder der Capitalist, noch der Arbei=
ter hat das Monopol der Fehler, welche zwischen beiden
existiren. Aber wir suchen nach den Thatsachen, nicht nach
den Fehlern; und die Thatsache, daß nicht alle Arbeiter so
vorsichtig sparen, wie sie sollten, macht ihre Unzufriedenheit
nur größer und sicherer.

Ein communistischer Führer, welcher Amerika vor 35
Jahren besuchte, wurde gefragt, was er vom Stande der
hiesigen arbeitenden Classen halte. „Derselbe ist sehr

ſchlimm,‘ ſagte er, „die Arbeiter ſind ſo entmuthigend gut
geſtellt.“   Aber der Wachsthum von Unzufriedenheit und
Socialismus unter unſeren Arbeitern während der letzten
Jahre iſt trotz guter Ernten und der Zunahme des Wohl=
ſtandes vor ſich gegangen.   Schlechte Ernten waren kräf=
tige Urſachen, Louis XVI. unter die Guillotine zu bringen
und die Schreckensherrſchaft herbeizuführen.   Wir müſſen
dieſelben freilich wie früher auch erwarten — vielleicht in
auf einander folgenden Jahren.   Die Stellung der Arbei=
ter mag dann ſchlimm genug ſein, um den peſſimiſtiſchſten
Agitator zufrieden zu ſtellen.   Jeder ſolcher „Winter der
Unzufriedenheit“ unter den Arbeitern iſt ein „herrlicher
Sommer“ zur Reife ſocialiſtiſcher Ideen.

Wir haben nun einen Blick auf die Urſachen geworfen,
welche den Socialismus unter uns nähren : eine weit ver=
breitete Unzufriedenheit unter der Arbeiterbevölkerung, die
Entwickelung von Claſſen und Claſſenhaß, der Volksun=
glaube, ein ſtarker Individualismus und die Einwanderung.
Wenn dieſe Bedingungen ſo fortbeſtehen, ſo wird der So=
cialismus fortwachſen; aber viele dieſer Urſachen werden
ſtärker.   Während der Lebenszeit Mancher, welche jetzt le=
ben, wird die Bevölkerung in den Ver. Staaten dreimal ſo
dicht ſein, als gegenwärtig.   Die Tagelöhner, welche jetzt
die Hälfte unſerer Arbeiter ausmachen, wachſen der Bevöl=
kerung voraus.   Nachdem unſer Ackerland Alles aufgenom=
men iſt, was in wenigen Jahren der Fall ſein wird, wird
unſere Landbevölkerung, welche bisher nur wenig ſocialiſtiſch
angehaucht war, wenig zunehmen, während zahlreiche Fa=
brik= und Minenſtädte gegründet und ſchnell wachſen wer=
den.   In der Entwickelung unſerer Fabrik=Induſtrie und
der Bergwerke haben wir bis jetzt kaum erſt einen Anfang
gemacht.   Wenn ſich dieſe Induſtriezweige verzehnfacht ha=
ben, werden ſich die jetzt damit verbundenen Uebel im Ver=
hältniß auch vermehrt haben, ſofern ſich die gegenwärtigen
Tendenzen ungehindert fortentwickeln.

Es darf nicht vergeſſen werden, daß ſich neben dieſer tie=
fen Unzufriedenheit über ungeſtillte Bedürfniſſe in der neu=
eren Zeit eine ſchreckliche Zerſtörungsmaſchinerie entwickelt

hat und sich Jedermann zur beliebigen Verwendung bietet.
Seit der französischen Revolution ist Nitro=Glycerin, Leucht=
gas, Petroleum, Dynamit, der Revolver und vielfache Ver=
besserungen der Schießwaffen erfunden worden.   Die Wis=
senschaft hat dem Menschen übermenschliche Kräfte zur Ver=
fügung gestellt.   Die Gesellschaft ist ebenfalls höher orga=
nisirt, mehr zusammengedrängt und daher viel empfindlicher
gegen Verletzung.   Es gab nie einen Augenblick in der
Geschichte der Welt, da ein Feind der Gesellschaft solches
Unheil hätte anrichten können, als jetzt.   Je höher die Ci=
vilisation entwickelt ist, desto empfindlicher wird dieselbe.
Dieses ist besonders der Fall bei der materiellen Civilisa=
tion.   Wissenschaft, Staatsklugheit, Charakter, Achtung
vor dem Gesetz können nicht mit Dynamit in die Luft ge=
blasen werden; Paläste, Fabriken, Eisenbahnen, Brooklyn=
Brücken, Hoosac=Tunnels und alle das lange Inventarium
unserer materiellen Wunder dagegen kann man durch ma=
terielle Mittel zerstören.   Die Explosion von ein wenig
Nitro=Glycerin unter einigen Hauptröhren der Wasserlei=
tung müßte eine große Stadt unbewohnbar machen; die
Zerstörung einiger Eisenbahnbrücken und Tunnels würde
schneller eine Hungersnoth herbeiführen, als die Mauer der
Belagerung, welche Titus um Jerusalem zog; das Pum=
pen von atmosphärischer Luft in die Gasröhren würde,
wenn mit einem entzündeten Streichhölzchen in Verbindung
gebracht, alle Straßen aufreißen und jedes Haus der Erde
gleich machen.*)   Wir bereiten Verhältnisse vor, welche eine
Schreckensherrschaft herbeizuführen vermögen, wogegen die
französische Revolution nur ein Kinderspiel war.   Ich be=
trachte solche Revolution nicht als wahrscheinlich; aber wir
haben hinlängliche Ursachen, zu glauben, daß solche Aus=
brüche wie in 1877 mit vermehrter Heftigkeit wiederkehren
und Menschenleben und Eigenthum zerstören werden.

Die Verhältnisse im Westen sind dem Wachsthum des
Socialismus besonders günstig.   Die verhältnißmäßig
größere Zahl der Ausländer daselbst und der starke Zug der

---

*) Moral Problem, S. 14.

Einwanderung dorthin hat großen Einfluß. Es ist eine stärkere Individualität im Westen. Die Leute sind weniger conservativ, und die Achtung gegen herrschende Regeln und Ansichten ist geringer. Die verhältnißmäßig größere Macht des Katholicismus daselbst ist bezeichnend; denn abgefallene Katholiken bilden den ergiebigsten Boden, in welchem der Socialismus wuchert. Der Mormonismus ebnet ebenfalls dem Socialismus den Weg. Derselbe sammelt große Massen urtheilsschwacher Menschen, welche sich eine Zeit lang von dem mormonischen Mummenschanz düpiren lassen; aber wenn sie denselben verachten lernen, verlassen Viele die Kirche und mit derselben allen Glauben an die Religion. Skeptisch, versauert, milzkrank, bieten sie echtes socialistisches Material. Die Religionslosigkeit ist größer im Westen, als im Osten; es gibt daselbst verhältnißmäßig viel weniger christliche Männer. „In diese westlichen Nach=barschaften leeren sich die Internationalen Gesellschaften und geheime Arbeiterligas und Jakobiner=Clubs und athei=stische, ungläubige, rationalistische Organisationen der alten Welt beständig aus. Sie sind die natürlichen Behälter von allen unruhigen, aufrührerischen, Gott und Menschen feindlichen Elementen jenseit des Oceans. Sie sind eben=falls die natürlichen Zufluchtsorte aller unzufriedenen Mis=anthropen, radikalen Reformer, Renegaten und moralischen Paras in unserem Lande. Dieselben sind somit, nach der Natur der Sache, ein natürliches Brutnest, wo pestilenzia=lische Irrthümer in jeder Form zu schneller Fruchtbarkeit gelangen. Man kann kaum eine Gruppe von Ranchleuten oder Bergwerkern von Colorado bis zum Pacific finden, welche die Arbeiterphrasen von Denis Kearney, die unglau=bigen Lästerungen Robert Ingersoll's oder die socialistischen Theorien von Karl Marx nicht auf den Lippen haben.

Vor diesem hat der Socialismus unter den Farmern wenig Proselyten gemacht. Weniger als die Hälfte alles Landes jenseit des Mississippi eignet sich zum Ackerbau. Daher wird das ackerbautreibende Element daselbst verhält=nißmäßig viel geringer sein, als im Osten. Die Industrien von einigen der Gebirgsstaaten werden sich fast ausschließlich

auf Minen= und Fabrikbetrieb beschränken, weßhalb beinahe
die ganze Bevölkerung aus Tagelöhnern bestehen wird —
derjenigen Classe, welche den socialistischen Agitatoren am
zugänglichsten ist. Der Capitalist spielt im Westen eine
große Rolle. Ihm gehören die Minen, große Strecken
Weidelandes und die großen Heerden.*) Zudem hat er
viele Tausende Acker von Farmländereien angekauft. Ei=
senbahnen von ungeheurer Länge sind durch bedeutende
Länderstrecken subsidirt worden, welche im Werthe beständig
steigen. Diese Corporationen versprechen viel reicher und
gewaltiger zu werden, als diejenigen im Osten. Die größ=
ten östlichen Bahnen würde man im Westen nur als mäßig
lange Seitengeleise ansehen, und eines Tages wird der
Reichthum und die Macht dieser westlichen Bahnen im Ver=
hältniß zu ihrer Länge stehen. Zwischen den Ansiedlern
im Osten war kein bedeutender Unterschied von Besitzthum.
Sie fingen ihren Wettlauf unter ziemlich gleichen Verhält=
nissen an, und es hat mehrere Generationen gedauert, bis
die gegenwärtigen socialen Extreme bestanden; aber diese
Verhältnisse bestehen bereits gleich anfangs im Westen.
Oestliches Capital hat sich in westliche Minen und Heerden
und „Bonanza"=Farmen ausgeleert. Die verhältnißmäßig
kleine Bevölkerung des Westens hat heute mehr Millionäre
und Tramps, als das ganze Land vor wenigen Jahren hatte.
Manche Vieh= und Eisenbahnkönige, manche Gold= und
Silberkönige regieren ihre Unterthanen daselbst. Und im
August 1884 nahmen 80 Tramps Besitz von Castleton,
Dakota, vertrieben viele Familien von ihren Heimathen
und trieben mancherlei Unfug. Die westliche Gesellschaft
organisirt sich gleich im Anfang nach Classenunterschieden,
welche dem Wachsthum des Socialismus so günstig sind.

---

*) Bei einer Versammlung der „Viehkönige" in St. Louis waren
manche Corporationen vertreten, welche 500,000 Stück Vieh und
mehr besitzen. Die Northern New Mexico Cattle Grower Association besitzt 800,000 nebst vielen Pferden, welche auf 15,000,000
Acker Landes weiden. Die Texas Life Stock Association hat
1,000,000 Stück Vieh, 1,000,000 Schafe und 350,000 Pferde. Eine
mäßige Bestimmung ihres Werthes würde sich auf $45,000,000 be=
laufen.

Die moderne Civilisation wird genöthigt sein, mit den von ihr selbst erzeugten Kräften um ihr Leben zu kämpfen. Präsident Seelye sagte vor einigen Jahren zu der graduirenden Classe in Amherst College: „Es ist eine Frage unserer Zeit, nach welcher alle anderen Fragen — betreffen sie die Natur, den Menschen oder Gott, sich neigen. Niemand wird wohl die Thatsache leugnen, daß die sociale Frage die Frage eurer Zeit ist und sein wird." Diese Frage muß in den Ver. Staaten beantwortet werden. Wir dürfen uns nicht der ruhigen Einbildung hingeben, daß eine Volksregierung unser Schutz gegen die Revolution sei. Die Ursache, daß der Conflikt zwischen dem Socialismus und der Gesellschaft unter ihrer gegenwärtigen Organisation wahrscheinlich in den Ver. Staaten vor sich gehen wird, sind unsere freien Institutionen. Es ist eine starke Neigung unter dem Volk, die meisten Unannehmlichkeiten ihrer Lage auf Rechnung einer schlechten Regierung zu schreiben und ein politisches Heilmittel für diese Uebel zu suchen. Somit meinen sie, in der Popularisation der Macht Hülfe zu finden. Eine constitutionelle Regierung, Preß- und Redefreiheit würde die Volks-Agitation in Rußland vielleicht für ein Menschenalter beruhigen. Wenn Deutschland in eine Republik umgewandelt würde, so möchte die Stimme des Socialismus für eine Zeit lang schweigen. Aber unsere Salbe dieser Art ist verbraucht; wir haben keine politischen Rechte mehr zu vergeben; das Volk ist im vollen Besitz derselben. Also hier, wo die volle Ausführung politischer Rechte besteht, werden die Leute am ersten ausfinden, daß das Stimmrecht keine Panacea gegen den Socialismus ist. Hier, wo, wie wir glauben, sich die schließliche Regierungsevolution vollzogen hat, werden unruhige Elemente zuerst den Versuch machen wollen, ohne Regierung zu leben.

Hinter dem Republikanismus steht nichts als der Anarchismus.

Capitel X.

Gefahren. — Reichthum.

Der Reichthum der Ver. Staaten ist phänomenal. Gegenwärtig (1890) wird derselbe auf $61,459,000,000 an-
geschlagen.*) In 1880 stand die Summe auf $43,642,-
000,000, mehr als hinreichend, um das russische und türki-
sche Kaiserreich, die Königreiche Schweden und Norwegen,
Dänemark und Italien, mit Australien, Südafrika und
ganz Südamerika — Land, Minen, Städte,. Paläste, Fabriken, Schiffe, Heerden, Juwelen, Geld, Thronen, Scepter, Diademe und den ganzen Besitz der 177,000,000 Einwohner zu kaufen. Und das Auffallendste in diesem Vergleich des Reichthums ist, daß es viele Jahrhunderte erforderte, die Schätze Europas zu sammeln, während mehr als
die Hälfte der unserigen innerhalb zwanzig Jahren erworben wurden.

Zwischen 1860 und 1870 wurden eine Million Producenten durch den Krieg zerstört, und nicht nur waren zwei
große Armeen der producirenden Beschäftigung entzogen,
sondern durch dieselben wurde auch entsetzlich viel Eigenthum zerstört. Aber trotz alledem wurde in jenen zehn
Jahren ein Reichthum erworben, welcher alle Kosten des
Krieges im Norden und Süden deckte und noch $116,000,-
000 übrig ließ.†)

Von 1870–1890 vermehrte sich unser Wohlstand um
$31,391,000,000, beinahe doppelt so viel, als der ganze
Besitz von Rußland (in 1880), der sich unter 82,000,000

---

*) The World Almanac, 1890. Diese Statistik wurde nach dem
Bericht der Finanzbeamten der verschiedenen Staaten und Territorien zusammengestellt und basiren auf den Werthschätzungen der As-
sessors.

†) Das heißt, wenn man die $1,250,000,000, welche die Emanci-
pation vom Guthaben der Nation wegnahm, nicht als Verlust berechnet, waren wir in 1870 um $116,000,000 reicher, als in 1860.

Vergleichstafel.

Reichthum der Ver. Staaten in 1890: $61,459,000,000.

Reichthum der Ver. Staaten in 1880: $43,642,000,000.

Reichthum des ruſſiſchen Kaiſerreichs, der Türkei, Schweden und
Norwegen, Dänemark, Italien, Auſtralien, Südafrika und des
ganzen Südamerika in 1880: $43,000,000,000.

Menschen vertheilt. Und es darf nicht vergessen werden,
daß diese Zunahme nur ein kleiner Theil des erworbenen
Reichthums war — der Ueberschuß von dem Unterhalt des
bestverpflegten Volkes der Welt. Zu dem Reichthum von
1870 fügten wir während der folgenden 20 Jahre durch=
schnittlich $200,000 per Stunde, Tag und Nacht, ausgenom=
men Sonntags, oder $5,000,000 während jedes Tages der
Woche. Seit 1880 hat sich unser Reichthum um $17,817,=
000,000 oder 40.8 Procent vermehrt, während die Bevöl=
kerung nur um 25 Procent zunahm. Großbritannien ist
bei Weitem die reichste Nation der alten Welt, und unser
Wohlstand übertraf den seinigen in 1880 um $276,000,=
000; und während der verflossenen zehn Jahre ist unser
Besitz viel schneller gestiegen, als der Englands. Der ma=
terielle Fortschritt der Ver. Staaten zwischen 1870–1890
ist durchaus ohne eine Parallele in der Weltgeschichte.

Es ist schwierig zu fassen, daß die jüngste Nation die
reichste ist, und daß die reichste aller Nationen noch kaum
angefangen hat, ihre Hülfsquellen zu benützen. Die Ernte
von 1888 wurde auf weniger als einem Sechstel unseres
ackerbaufähigen Landes gezogen, und viel von unserem
Ackerbau ist noch neu; ein viel größerer Procentsatz unserer
Mineralien schlummert noch unbenützt in der Erde, und die
einzige Grenze, die man unserer Fabrikation setzen kann, ist
das Bedürfniß der Welt. Unser inländischer Handel, der
sich bereits auf 18 Milliarden Dollars jährlich beläuft,
wird sich mit der Zunahme der Bevölkerung verdoppeln und
vervierfachen. Hierlandes gibt es sozusagen 44 Nationen,
und bald werden es ein halbes Hundert sein, welche voll=
ständige Freiheit im Verkehr genießen, mit nur einer
Sprache, einer Münze, mit gleichen Interessen und Institu=
tionen. In Europa muß der Handel durch viele Zollhäu=
ser, über manche Grenze und durch verschiedene Sprachen
wandern; während jene Nationen mit widersprechenden
Interessen und gegenseitigen Vorurtheilen und Abneigun=
gen viel von ihrer Kraft in ihrer Ueberwachung, Einschrän=
kung und gegenseitigem Hinderniß vergeuden. Europa gibt
jährlich für die Unterhaltung von Flotten und Armeen

12

900 Millionen Dollars aus. Und dieſes iſt wenig mehr
als die Hälfte der wirklichen Koſten, denn dieſe 3 Millionen
Männer werden in der Blüthe ihrer Jahre den Geſchäften
entzogen. Wenn nun die Zeit eines gemeinen Soldaten
täglich 75 Cents und die eines Offiziers zwei Dollars werth
iſt, ſo beläuft ſich der Betrag dieſes Arbeitsverluſtes der
ſtehenden Armeen auf \$758,978,000 im Jahr. In 1889
wurden für unſere Armee und Flotte 65 Millionen Dollars
ausgegeben; und wenn man hier die Zeit eines Soldaten
zu \$1.50 per Tag und die eines Offiziers zu \$4.00 berech=
net, ſo war der Betrag dieſes Zeitverluſtes in 1889 nur 16
Millionen Dollars. Somit böte uns, was die Concurrenz
in der Erwerbung von Reichthum mit Europa angeht, un=
ſere Stellung einen jährlichen Vortheil von 1576 Millionen
Dollars.*)

Der Editor des London Spectator ſagt : „Beobachter in
der alten Welt können nicht umhin, das Schatzamt der
Ver. Staaten zu bewundern oder zu beneiden, welches nicht
weiß, was es mit den Schätzen anfangen ſoll, und welches
erklärt, daß die Anſammlung des Geldes ſo ſtark iſt, daß es
alle Handelsintereſſen ſchädigt. Alle Achtung vor der ame=
rikaniſchen Conſtitution, ſelbſt darum, daß ſie die Leute nach
der Erfahrung eines Jahrhunderts verehren; aber dieſes
Gedeihen des Schatzamtes iſt nicht auf ihre Rechnung zu
ſchreiben, ſondern auf die Stellung, die auf dieſem Plane=
ten nicht ihres Gleichen hat, welche auf der einen Seite von
aller Gefahr befreit iſt und auf der anderen Seite ihre na=
türlichen Reichthümer einem thätigen Volke zur Verfügung
ſtellt.“ In 1880 machte unſer Beſitz 23.93 Procent aller
Schätze Europas aus, unſer Einkommen 28.01 Procent
von dem Europas und die Zunahme 49.28 Procent von
derjenigen Europas. Von 1870–1880 hatte Europa eine
Abnahme von 3 Procent per Kopf zu verzeichnen, während

---

*) Es wird geſagt, daß uns unſere Penſionen ſo viel koſten, als
eine große ſtehende Armee. Das iſt wahr, aber unſere Penſionsbe=
willigungen in 1890 (\$109,000,000), die größten, die je gemacht
wurden, waren nicht halb ſo groß, als ſie jährlich in Europa gemacht
werden.

wir uns einer Zunahme von 39 Procent erfreuten. Wenn
die Verhältnisse so fortbestehen, so wird ohne Zweifel die
Zeit kommen, daß die Leute der Ver. Staaten mehr Reich=
thum besitzen, als ganz Europa zusammen. Unsere Schätze
in Verbindung mit der Macht, den Problemen und Gefah=
ren, welche dieselben begleiten, werden sich vervielfachen.
Die Gesammtenergie oder Arbeitskraft einer Nation schließt
die Menschenkraft, Pferdekraft und Dampfkraft ein. (Die
Wasserkraft ist nicht mitgerechnet.) Mr Mullhall schätzt
diese Gesammtkraft in 1888 auf 90,000 Millionen „Fuß=
Tonnen täglich." Das meint, sie war im Stande, 90,000
Millionen Tonnen täglich zu heben. Demgemäß stellt Mr.
Mullhall unsere Arbeitskraft beinahe der von Großbritan=
nien und Deutschland gleich, welche eine Bevölkerung von
82 Millionen Seelen zählen. Er berechnet auch, daß sich
unsere Arbeitskraft in 1890 auf „nahe 100,000 Millionen
Fuß=Tonnen täglich" stellen würde. Dieses zu Menschen=
kraft reducirt, käme 333 Millionen Arbeitern gleich. Man
bedenke, eine solche täglich wachsende Kraft an der Arbeit,
um unsere Nation zu bereichern. Es ist die Verheißung
von unaussprechlichem Reichthum. Und solcher Reichthum
enthält mächtige Aussichten auf Gutes oder Böses. Laßt
uns, in dieser Verbindung, auf das Letztere blicken.

1. Wie die Civilisation sich hebt, erhält der Reichthum
mehr Bedeutung und Geld eine größere repräsentative
Macht. Die Civilisation vermehrt die Bedürfnisse, zu
deren Befriedigung Geld das Mittel bietet. Mit dem Fort=
schritt der Civilisation wird daher die Macht des Geldes sich
mehren und immer mehr der Gegenstand wachsender Be=
gierde werden. Damit wird die Gefahr des Mammonis=
mus immer größer und umfassender. Die Geldliebe ist die
Hauptsünde der Handelsleute und liegt den Angelsachsen im
Blute, welche die großen Erzeuger des Weltreichthums sind.
Unser Boden ist dem Wachsthum „der Wurzel alles Uebels"
besonders günstig, und zwar aus zwei Gründen: 1) Reich=
thum ist hier leichter zu erwerben, als sonstwo in der Welt,
wovon wir uns bereits hinlänglich überzeugt haben; und
2) Reichthum hat hier mehr Macht und mehr zu bedeuten,

als irgendwo sonst. Jede Nation hat ihre Aristokratie.
In anderen Ländern besteht eine geborene Aristokratie, hier
ist's eine Geldaristokratie. Es nützt uns dabei nichts, daß
wir auf unsere demokratischen Verhältnisse und den gleich-
mäßigen Charakter unserer Institutionen hinweisen. Es
herrscht unter uns eine Aristokratie von anerkannter Macht,
und das ist eine Geldaristokratie. Kein Wappen beleidigt
unsere republikanischen Vorurtheile. Unsere Wappen sind
Handelsmarken. Unsere Gesetze und Sitten erkennen keine
Edelmannstitel an; aber wenn Jemand die fetten Aehren
der Macht besitzt, kann er die Spreu leerer Titel leicht entbehren. In England herrscht ein gieriges Streben, in der
Stellung zu steigen; ein Streben, welches so selten befriedigt wird, als es gewöhnlich ist. Bei uns wird die Rang-
erhöhung von keiner eisernen Geburtsgrenze beschränkt. Es
braucht Jemand nur das Piedestal seiner Schätze höher zu
bauen. Er kann so hoch stehen, als er zu bauen vermag.
Wirkliche Achtung kann er sich mit seinen Schätzen allerdings
nicht erkaufen; aber dies kann die Geburt eigentlich auch
nicht. Sie sichert ihm nur schweigende Zurückhaltung. Er
mag sich politische Auszeichnung kaufen. Diese ist Macht.
In der alten Welt leben und sterben die Leute gewöhnlich
in der Stellung, in welcher sie geboren wurden. Der
Bauer mag unzufrieden sein und sich nach dem sehnen, was
jenseit der Erreichbarkeit für ihn liegt; aber sein Verlangen
wird durch die Erwartung nicht befriedigt. Früher konnte
sich in diesem Lande fast irgend ein Arbeiter durch Fleiß
und Sparsamkeit ein gutes Auskommen und mäßigen Wohlstand erwerben; und jetzt noch, obschon wir anfangen, uns
dem Verhältniß europäischer Arbeiter zu nähern, erwarten
junge Männer, wenn sie ein Geschäft anfangen, reich zu
werden, und weil sie nicht beabsichtigen, ihrem Gott umsonst
zu dienen, werden sie meistens treue Mammonsverehrer.
Weil daher die Aussichten auf Reichthum in den Ver. Staaten zugleich größer und leichter zu erreichen sind, und der
Weg dazu Jedem gleich offen steht, ist der Andrang allgemeiner und der Wettlauf begieriger, als sonstwo.

„Die da reich werden wollen, fallen in Versuchung und

Stricke und viele thörichte und schädliche Lüste, welche ver=
senken den Menschen in Verderben und Verdammniß" (1.
Tim. 6, 9). „Die da reich werden wollen," werden ver=
sucht, zu weniger mühevollen und weniger gewissenhaften
Maßregeln ihre Zuflucht zu nehmen. Heftige Concurrenz
verleitet zu häufiger Verfälschung und mancherlei Formen
von Bestechung. Sie verleitet rechtmäßige Geschäftszweige
zu ungerechten Methoden. Die Kaufleute setzen Preise aus,
um Kundschaft zu ziehen, und führen Lotterien ein, um sich
zu bereichern und das Publikum zu ruiniren. Der Geist
der Spekulation nimmt in schrecklichem Maße zu. Die Ge=
hälter der Clerks, das Geschäftscapital, die Bankdepositen
und Vertrauensgelder aller Art, welche an der Börse ab=
handen kommen, zeigen, wie weit die unheilige Gier nach
Reichthum geht. Und die Spekulationsmethoden sind so
gesunken, daß die Börse fast zu einer Spielhölle geworden
ist. Während ein Bushel Weizen aus je sieben in den Ver.
Staaten von der Productenbörse in New York empfangen
wird, kaufen und verkaufen die dortigen Händler zwei für
jeden Bushel, der aus dem Boden wächst. Als die Baum=
wollenfelder des Südens weniger als sechs Millionen Bal=
len ergaben, war die Baumwollenernte an der New Yorker
Baumwollenbörse mehr als 32 Millionen Ballen. Penn=
sylvanien thut sehr gut, wenn es jährlich 24 Millionen Faß
Oel pumpt; aber New York kann dasselbe in zwei Mona=
ten in zwei kleinen Zimmern thun, und die Petroleum=
Börse verkaufte im verflossenen Jahre 2000 Millionen
Barrel.*) Solche Thatsachen zeigen, wie wenig von den
Geschäften der Börse wirklich ehrlich gethan werden, und
wie viel davon einfach "gambling" ist. Der Mammonis=
mus zerstört die Sittlichkeit des Volkes auf mancherlei
Weise. Sonntagsvergnügungen allerlei Art — Pferde=
rennen, Ballspiele, Theater, Biergärten, Dampfboot= und
Eisenbahn=Excursionen — alle diese Dinge werden veran=
staltet, weil sie Geld einbringen. Unzüchtige Literatur
überfluthet das Land und vergiftet die Gemüther und das

---

*) Henry D. Lloyd, N. American Review, Aug. 1885, S. 118.

Leben der Jugend, weil es Geld bringt. Die Spielhöllen floriren troß des Gesetzes und unter dessen Lizenz, weil sie Geld bringen. Und jene schreckliche Schande der Verwüstung, der Triumph des Satans, diese mehr als zehn egyptische Plagen in einer — der Handel mit berauschendem Getränk — gedeiht und wächst auf Kosten des menschlichen Wohlergehens, weil er Geld bringt. Seit der Zeit, daß die Geldgier Christum verkaufte und um seine Kleider das Loos warf, hat sie beständig jede Tugend zwischen den Missethätern gekreuzigt. Und während der Mammonismus die Sittlichkeit zerstört, hindert er die Reformen. Diejenigen, welche um die Gunst des Publikums buhlen, beeilen sich nicht, ihrer Ueberzeugung in irgend eine mißliebige Reformbewegung zu folgen. Sie können nur der Gunst der Menschen dienen. Ihre Jüngerschaft muß nothwendigerweise im Geheimen bleiben, aus Furcht vor den Kunden, Clienten und Patienten. Es ist der Mammonismus, der die meisten Leute unverbesserlich macht. Als bedeutende Mormonengesetze vorgeschlagen waren, telegraphirten gewisse Geschäftsleute von New York an Congreßmitglieder in Washington: „New York verkaufte im verflossenen Jahre Waaren im Werthe von $13,000,000 nach Utah. Hands off!" Die Rotte Demetrius', des Goldschmieds von Ephesus, ist überall, und sie merken schnell, wenn das Handwerk, welches ihnen Gewinn bringt, in Gefahr kommt, zu fallen. „Nichts ist verführerischer, als eine Million Dollars — es sei denn zwei Millionen."

Der Mammonismus corrumpirt auch den Stimmkasten. Die letzten vier Präsidentenwahlen haben gezeigt, daß die beiden großen politischen Parteien sich ziemlich gleich gegenüber stehen. Die große Mehrheit der Stimmgeber auf beiden Seiten sind Parteimänner, welche Jahr um Jahr gleich stimmen. Das Resultat der Wahl wird von den unbeständigen Stimmen entschieden. Von diesen ist nur ein verhältnißmäßig kleiner Theil gründlich gebildet und gewissenhaft; die Uebrigen sind meistens ohne Ueberzeugung und durchweg käuflich; daher die große Versuchung der Beste-

chung, wovon beide Parteien Gebrauch machen *) Zudem
ist der Einfluß der großen Corporationen, welche nicht selten
die Gesetzgebungen controliren, Geldeinfluß.

2. Wiederum werden wir durch unseren außerordentli=
chen Wohlstand und dessen steten Wachsthum von einer
Sturmfluth des Materialismus bedroht. Die Bezeichnung,
welche der Engländer Matth. Arnold auf Chicago anwandte,
„sie hat ein zu viehisches Gedeihen," hat eine eigenthümliche
Bedeutung, welche der berühmte Besucher vielleicht nicht be=
absichtigte. Der materielle Wachsthum mag den sittlichen
und geistigen Wachsthum dermaßen überwuchern, daß der=
selbe einen verrohenden Einfluß ausübt. Das Leben wird
üppig; und das nur wird als wirklich betrachtet, was man
sehen und greifen, wägen und transportiren kann; und nur
das hat Werth, was nach Dollars berechnet wird. Reich=
thum hat den Zweck, das Leben zu unterstützen, zu heben;
wenn aber das Leben so herabsinkt, daß es nur noch das
Mittel ist, Reichthum zu erwerben, so zeigt dies einen Zu=
stand der Verwirrung und Erniedrigung. Wir können
dann wohl sagen, was Young vom Leben bemerkt: „Ein
höchst trauriger Zweck! Ein göttliches Mittel!" Mr.
Whipple†) sagt: „— es ist Gefahr, daß die Verehrung
derjenigen Arbeiten durch die Nation, welche nach Geld=
werth abgemessen werden, den erhabensten Unternehmungen
derselben einen gemeinen Charakter verleihen, von ihren
Beweggründen den Heroismus, sowie den Geschmack für

*) In der ersten (englischen) Auflage kam der folgende Satz vor:
„Und wenn die beiden Parteien bestimmte Stellung in öconomischen
Fragen nehmen, welches nicht unwahrscheinlich ist, wobei jede glaubt,
daß der Erfolg der anderen große financielle Gefahren herbeiführe,
so werden Corruptionsgelder immer mehr große politische Factoren."
Drei Jahre später nahmen die beiden Parteien, wie erwartet, Stellung
in öconomischen Fragen; und nie vorher wurde die Bestechung so
großartig, so systematisch und so frech betrieben. Die New York
Times vom 21. October 1889 sagt: „Das Verbrechen der Bestechung
und Corruption am Stimmkasten hat in den letzten Jahren zugenom=
men, bis es zu einem großartigen Uebel herangewachsen ist, welches
die Grundfesten unserer freien Institutionen bedroht."

†) Character and Characteristic Men, S. 142.

edleres Streben und die Begeisterung für ideale Schönheit
zerstören wird, und statt derselben die Person mit Habgier
erfüllt, welche das Herz des nationalen Lebens besudelt."
Wir haben ohne Zweifel eine größere Anzahl Männer producirt, von denen das Obige ein getreues Bild ist, als irgend
eine andere Nation; Männer, denen die Bemerkung von
Agassiz: „Es sind mir $500 per Abend angeboten worden,
um Vorlesungen zu halten; ich habe das Anerbieten jedoch
abgelehnt, weil ich keine Zeit habe, Schätze zu sammeln,"
durchaus unbegreiflich wäre; das Geld bezaubert sie.

Es muß in unserem Lande sowohl als in Europa ein
„Gleichgewicht der Macht" beibehalten werden. Unsere
Sicherheit erfordert die Erhaltung des Gleichgewichts zwischen unserer materiellen, sittlichen und geistigen Kraft Die
Mittel der Selbstgefälligkeit sollten die Macht der Selbstbeherrschung nicht überwuchern. Die Dampfkraft wäre
nutzlos, wenn wir nicht Eisen oder einen anderen wider-
standsfähigen Gegenstand hätten. Und wenn wir eine
hundertmal stärkere Kraft als die Dampfkraft erfänden, so
würde sich dieselbe uns nicht nur als nutzlos, sondern als ein
furchtbares Zerstörungsmittel erweisen, es sei denn, wir erfänden zugleich einen Gegenstand, welcher entsprechenden
Widerstand zu leisten im Stande wäre. Zunehmender
Wohlstand wird sich nur als Zerstörungsmittel erweisen, es
sei denn, derselbe ist von vermehrter Kraft der Selbstbeherrschung, von einem stärkeren Gerechtigkeitsgefühl und
einer klareren Auffassung seiner Verpflichtungen begleitet.

Es besteht ein gewisser Widerspruch zwischen dem Materiellen und Geistlichen. Die scharfe Auffassung des einen
verflüchtigt das andere. Ist der Sinnesgenuß stark aus-
geprägt, dann wird das geistliche Leben und die Wahrheit
verdunkelt; als Paulus aber entzückt wurde bis in den dritten Himmel, da waren die Sinne dermaßen abgestumpft,
daß er nicht wußte, „ob er im Leibe oder außer dem Leibe"
war. Eine Zeit der Geschäftsstockung erweist sich nicht selten als eine Zeit geistlicher Auflebung, während erfolgreiche
Geschäftsthätigkeit meistens von geistlicher Dürre begleitet
ist. Eine arme Nation ist viel empfänglicher für die Ein-

flüsse des Evangeliums, als eine reiche. So lehrte Jesus „Wie schwerlich werden die Reichen ins Reich Gottes kommen.“ „Es ist leichter, daß ein Kameel durch ein Nadelöhr gehe, denn daß ein Reicher ins Reich Gottes komme.“*) Diese Worte sind heute so wahr, als da sie gesprochen wurden, und finden im 19. Jahrhundert eine größere Anwendung, als zu jener Zeit.

3. Wieder setzt uns großer und zunehmender Wohlstand allen Gefahren des Luxus aus. Die Nationen sind in ihrem Entstehen arm; die Armuth fördert Ausdauer und Thatkraft; Thatkraft führt zu Fortschritt und Reichthum; Reichthum erzeugt Luxus, und Luxus erzeugt Schwächlichkeit, Corruption und Ruin. Das ist der geschichtliche Entwickelungsgang der Nationen. „Nationen sind abgestorben, aber niemals an Alterschwäche.“†) „Habsucht und Luxus sind der Untergang aller großen Völker.“‡) Ihre amerikanischen Besitzungen machten Spanien das reichste und mächtigste Land Europas; aber der Reichthum hatte Luxus und Müßiggang zur Folge, welche Armuth und Verkommenheit erzeugten. Rom war nie stärker in all seinen scheinbaren Kraftelementen, als zur Zeit seines Falles. Es war reich geworden, und der Reichthum hatte seine Sitten corrumpirt, hatte es schwach gemacht, und so fiel es den tapferen Barbaren des Nordens zum Opfer. Die äußere Herrlichkeit Israels erreichte ihren Höhepunkt während der Regierung Salomo's, als man das Silber in Jerusalem achtete wie Steine; hatte aber die schnelle Zerstückelung des Königreichs zur Folge. Unter all der Pracht, welche selbst die Monarchen des Orients in Erstaunen setzte, regte sich die Unzufriedenheit, welche baldigen Aufruhr herbeiführte. Sehr wahr und weislich sagt Bancroft: „Trennung wird im Schooße des Luxus erzeugt.“

Der Einfluß mechanischer Erfindungen nährt den Luxus. Edward Atkinson sagt uns, daß ein Weber im Süden mit seinem Handwebstuhle in zehn Stunden acht Yards Tuch webt, während er in den Fabriken New Englands in zehn

---

*) Mark. 10, 23. 25.   †) Chas. Sumner.   ‡) Livy.

Stunden 800 Yards fabricirt. In 1888 kam die Dampf=
kraft in den Ver. Staaten der Arbeitskraft von 161,333,=
000 Mann gleich;*) was so viel ist, als ob die Hälfte aller
Männer auf Erden in unseren Diensten gestanden hätte.
Wenn wir bedenken, daß diese Maschinerie eine gewaltige
Erzeugerin der Bedürfnisse, Bequemlichkeiten und des Luxus
ist, dieselben aber nicht verzehren hilft, dann wird es uns
klar, in welchem Maße sich die Erzeugnisse durchschnittlich
per Kopf vermehrt haben. Wie auf diese Weise die Luxus=
artikel wohlfeiler und in die sich stets mehrenden Kreise ge=
bracht werden, so vermehrt sich auch die Neigung zur Ge=
nußsucht. Herodot sagt: „Es ist ein Naturgesetz, daß
feigherzige Menschen das Erzeugniß genußsüchtiger Völker
sind, denn wir finden nie, daß derselbe Boden Delicatessen
und Helden hervorbringt." Ist nicht die Gefahr einer tro=
pischen Civilisation für uns vorhanden? Die gemäßigte
Zone hat die großen Nationen erzeugt, denn in derselben
sind die Lebensbedingungen hinreichend strenge, um Energie
und Kraft zu wecken. Wo die Leute von der Natur ver=
zärtelt werden, sinken sie auf einen niedrigen Standpunkt
herab; und wo die Civilisation verzärtelnd wirkt, ist die
Tendenz dieselbe. Vermittelst der Kohle, welche Mr.
Emerson ein „tragbares Klima" nennt, entwickeln wir, in
Verbindung mit zunehmendem Reichthum und Luxus, immer
mehr tropische Zustände hier im Norden.

Der Glanz unseres Reichthums wird ohne Zweifel die
Welt bezaubern; aber in den Ruinen von Babylon, The=
ben, Karthago und Rom, sagt uns die Geschichte, besitzt der
Reichthum keine erhaltende Kraft, sondern entnervt und
verdirbt die Völker. Unser merkwürdiger materieller Fort=
schritt, welcher andere Völker in Staunen setzt und der Ge=
genstand unseres Stolzes ist, mag den zerstörenden Wurm
unter der Oberfläche verdecken.

4. Eine andere Gefahr ist die auffallende und wachsende
Tendenz zur Anhäufung des Reichthums. Die ungeheure
Centralisation von Macht in den Händen eines Mannes ist

---

*) Mulhall's Growth of American Industries and Wealth, S. 70.

unrepublikanisch und den Volksinstitutionen gefährlich. Die Gründer unserer Regierung hatten die Vertheilung der Macht im Augenmerke. Sie waren vorsichtig, daß das executive, legislative und juristische Departement sich gegenseitig in Schach halten sollten. Eine durch das Volk gewählte und dem Volke verantwortliche Executive kann nur wenig Macht ausüben, und nach kurzer Zeit hat sie ihre Autorität dem Volke wieder auszuliefern. Ein Geldkönig dagegen kann seine Macht ungestört verdoppeln, vervierfachen oder verzehnfachen. Es steht ihm bedeutend mehr Macht zu Gebote, als dem Gouverneur seines Staates, und dabei ist er Niemand verantwortlich. Er ist kein constitutioneller Regent, sondern ein Czar. Er wird nicht mit Rücksicht auf seine Fähigkeiten zur Verwaltung einer so verantwortlichen Stellung vom Volke gewählt; es mögen ihm alle Qualificationen hierzu fehlen. Wir haben glücklicherweise manche reiche Männer, welche unserer Civilisation zur Ehre gereichen; aber die Macht der vielen Millionen findet meistens ihren Weg in starke und gewissenlose Hände. Auch braucht der Geldkönig nicht seine Macht nach einigen Jahren wieder abzugeben, sondern er hat einen lebenslänglichen Besitztitel auf dieselbe, vorausgesetzt, daß er stark genug ist, das goldene Scepter festzuhalten. Vor weniger als zehn Jahren schrieb Emerson zu unserem Erstaunen: „Manche englische Millionäre haben eine Million jährliches Einkommen und darüber." Wenigstens ein Amerikaner hat jetzt ein monatliches Einkommen von \$1,000,000, und andere folgen ihm darin auf den Fersen nach. Ein Correspondent im Forum*) gibt eine Liste von 70 Namen solcher Personen in den Ver. Staaten, welche ein Gesammtvermögen von 2700 Millionen Dollars oder durchschnittlich je \$37,500,000 besitzen. „Es wäre," sagt er, „einer besonders gut unterrichteten Person leicht, eine Liste von hundert Personen anzufertigen, deren jede ein Durchschnittsvermögen von 25 Millionen Dollars besitzt. In keinem anderen Lande der Erde könnte man ein solches Beispiel von angehäuften Reichthümern angeben."

*) Mr. Th. Shearman im Forum für November, 1889.

Ueberfluß auf der einen und jämmerliche Armuth auf der anderen Seite — der Millionär und der Tramp — sind einer das Complement des anderen. Die Classen, von denen uns die meiste Gefahr droht, sind die beiden Extreme der Gesellschaft — der gefährlich Reiche und der gefährlich Arme, und der Erstere ist viel mehr zu fürchten, als der Letztere. Dr. Howard Crosby sagte: „Die Gefahr, welche den Umsturz der Gesellschaft, die Aufhebung der bürgerlichen Institutionen, die Zerstörung der Freiheit und gänzliche Verwüstung droht, kommt von den reichen und mächtigen Classen des Staates."*) Die großen Besitzthümer Roms zur Zeit der Cäsaren und Frankreichs zur Zeit der Bourbonen wetteiferten mit denen in den Ver. Staaten von heute; aber beide Nationen waren auf ihrem Wege zum Wahnsinn der Revolution, nicht trotz ihres Reichthums, sondern in gewissem Sinne des Wortes wegen desselben."†) Im vorhergehenden Capitel haben wir gesehen, daß die Erfindungen auf dem Gebiete der Mechanik die Tendenz haben, unter Arbeitern und Handwerkern erbliche Classen zu bilden. Unsere Civilisation ist geeignet, den leichten Uebergang von Armuth zu Reichthum, wie es jetzt der Fall ist, zu zerstören und die Gesellschaft in zwei Classen zu theilen — die Reichen und die verhältnißmäßig Armen. In einer neuen Gegend kann fast irgend Jemand Geschäfte treiben, und die lockeren Zustände bewahren ihn vor den üblen Folgen gemachter Irrthümer, die sonstwo verhängnißvoll werden möchten. Aber mit dem Wachsthum der Bevölkerung und zunehmenden Verkehrsmitteln wird die Concurrenz scharf, und ein kleiner Vortheil kann den Unterschied zwischen Erfolg und einem Fehlschlag bewerkstelligen. Angehäuftes Capital ist aber kein kleiner, sondern ein gewaltiger Vortheil. „Wer da hat, dem wird gegeben." Die steigende Tendenz zur Ansammlung ungeheurer Capitalien in Corporationen wird daher den kleinen Fabrikanten und Händler nach und nach erdrücken. Wie die beiden Classen, Reiche und Arme, sich bestimmter unterscheiden, werden sie

---

*) North American Review. April 1883. S. 346.
†) Editoriell in der Christian Union, 16. Oct 1884.

sich gegenseitig mehr entfremden, und ob die Reichen dann, wie Sidney Smith, die Armuth „als Schande" betrachten — gewiß ist, daß viele Arme den Reichthum als Verbrechen betrachten werden.

Wir haben nun einige der naturgemäßen Tendenzen des zunehmenden Reichthums verfolgt. Dabei muß man be= achten, daß diese Tendenzen ebenfalls zunehmen, weil der Reichthum der Nation viel schneller wächst, als die Bevöl= terung. So erstaunlich der Wachsthum der letzteren auch ist, nemlich viermal so groß als das Zunahmeverhältniß in England oder Deutschland von 1870–1880, so ist doch der Wachsthum des Reichthums noch erstaunlicher. Während einer Generation, nemlich von 1850–1880, hat sich unser Besitz um mehr als das Sechsfache vermehrt und trotz der Bevölkerungszunahme sich per Kopf fast verdreifacht. Und es ist anzunehmen, daß dieses Verhältniß noch viele Jahre fortbestehen wird. Wenn so, dann droht uns vom Mam= monismus, Materialismus, Luxus und der Anhäufung von Reichthümern immer größere Gefahr.

Es bleibt noch zu beweisen übrig, daß die Gefahren des Reichthums im Westen größer sind, als im Osten. Es herrscht dort mehr Mammonismus. Mit wenig Ausnah= men siedelt sich der Westen mit einer a u s g e w ä h l t e n Gesellschaft an, und der Grundsatz dieser Auswahl ist das Verlangen, ihre irdischen Verhältnisse zu verbessern. Neun= zehn Männer aus zwanzig (und der zwanzigste ist entweder ein Krüppel oder Missionar) werden euch sagen, daß sie nach dem Westen zogen, einfach um „Geld zu machen." Wo das Land billig zu haben ist, und der Werth des liegenden Eigenthums schnell steigt, da machen die Leute alle mögli= chen Anstrengungen, für die Zukunft zu werben. Unter solchen Umständen wird der Wettkampf um den Besitz be= sonders heftig. Die Spielwuth, welche stets in den Mi= nenstaaten herrscht, dehnt sich selbst auf die Ackerbaustaaten aus. Manche Farmer miethen Land, legen all ihr Geld in einer großen Aussaat an und wagen somit Alles auf eine Ernte. Der plötzliche Gewinn, den oft eine Mine abwirft, nährt die Sucht, schnell reich zu werden. Und wo der

Reichthum faſt der einzige Gegenſtand des Strebens iſt, hat
derſelbe mehr Macht.   Im Felſengebirge mag ein Mann
heute ein Bummler oder Lumpenſammler ſein und zu keinem
anderen Beruf Geſchick haben; morgen wird er vielleicht
ohne ſeine Kunſt ein Millionär, und übermorgen, weil „der
Mammon ſeinen Weg findet, wo ein Seraph verzagen
möchte,“ iſt er bereits Vice=Gouverneur oder Ver. Staaten
Senator.   Die demoraliſirende Atmoſphäre des neuen We=
ſtens zeigt ſich darin, daß man überall Kirchenglieder findet,
welche ihre Religion ſcheinen zurückgelaſſen zu haben, als
ſie den Miſſouri überſchritten.   Viele Leute, welche im
Oſten ein tadelloſes Chriſtenleben führten, werden dort von
dem Golfſtrom der Verweltlichung dahingeriſſen.

Mit Rückſicht auf unſeren groben Materialismus in den
Ver. Staaten und beſonders im Weſten will ich Einiges
aus dem Notizbuche des großen Muſikers Gottſchalk an=
führen.   Während er in einer Stadt Nevadas drei Tage
lang krank und verlaſſen lag, gab er ſeinen Gefühlen in
folgender Weiſe Raum: „Ich fordere euch auf, mir in ganz
Europa einen Platz zu zeigen, wo ein berühmter Künſtler ſo
verlaſſen wäre, als ich es hier bin.   Wenn ich, ſtatt Clavier
zu ſpielen, ſtatt zwiſchen zwei= und dreihundert Stücke com=
ponirt, ſtatt ſieben= oder achttauſend Concerte und $150,=
000 an die Armen gegeben zu haben und zweimal geadelt
worden zu ſein, während zehn Jahren erfolgreich geſalzenes
Schweinefleiſch verkauft hätte, ſo wäre meine arme, verlaſ=
ſene Stube mit Bewunderern und Anbetern gefüllt gewe=
ſen.“

Die Gefahr des Luxus und der Verſchwendung iſt unter
den Leuten im Weſten größer, als im Oſten bei Leuten in
gleichem Wohlſtande.   Das Geld kommt ſchneller und geht
ſchneller.   Es fehlt die genaue Sparſamkeit, die im Oſten
vielfach geübt wird.   Ein weſtliches Städtchen von 10,000
Einwohnern wird ſich mit allem Modeaufwand einer öſtli=
chen Stadt von 50,000 Einwohnern brüſten.   Neue Dör=
fer haben mehr electriſches Licht und Telephons, als manche
große Städte in Europa.   Von den Millionären des We=
ſtens wurden wenige im Reichthum geboren.   Sie haben

ihre Schätze im Laufe weniger Jahre gesammelt; und sol=
che Männer lassen ihr Geld leicht fliegen. Diese werden
dann die socialen Gesetzgeber und helfen Gebräuche schaffen,
welche das Geld leicht verschlingen.

Die merkwürdige Anhäufung von Capitalien, welche im
Westen bereits stattgefunden, wurde schon im vorhergehen=
den Capitel erwähnt. Es ist genug gesagt worden, um zu
zeigen, daß der Westen den Gefahren, mit welchen der Reich=
thum unsere Nation bedroht, besonders ausgesetzt ist.

Vergleichstafel.

Städte.

Die übrige Bevölkerung der Ver. Staaten in 1800.

Städte von mehr als 8000
Einwohner.

Der übrige Theil der Bevölkerung in 1890.   Dieſes zeigt den verhältnißmäßigen Wachsthum der Städte und Bevölkerung.

Capitel XI.

Gefahren. — Die Stadt.

Die Stadt ist der Nervenmittelpunkt unserer Civilisation. Sie ist ebenfalls der Mittelpunkt der socialen Stürme. Die Thatsache somit, daß dieselbe viel schneller wächst, als die allgemeine Bevölkerung, ist bezeichnend. In 1790 wohnte ein Dreißigstel der Bevölkerung der Ver. Staaten in Städten von 8000 Einwohnern und darüber; in 1800 ein Fünfundzwanzigstel; in 1810 und 1820 ein Zwanzigstel; in 1830 ein Sechzehntel; in 1840 ein Zwölftel; in 1850 ein Achtel; in 1860 ein Sechstel; in 1870 etwas über ein Fünftel, und in 1880 schon 22.5 Procent oder nahe ein Viertel.*) Von 1790–1880 vermehrte sich die ganze Bevölkerung um das Zwölffache und diejenige der Städte um das 86fache. Von 1830–1880 vermehrte sich die Gesammt= bevölkerung um etwas weniger als das Vierfache, die Stadtbevölkerung dagegen um das Dreizehnfache. Wäh= rend der Jahre von 1870–1880 wuchs die Bevölkerung um 30 Procent und die der Städte um 40 Procent.†) Wäh= rend des halben Jahrhunderts vor 1880 wuchs die Bevöl= kerung der Städte mehr als viermal so schnell, als dieje= nige der Dörfer oder des platten Landes. In 1800 gab's iu den Ver. Staaten nur sechs Städte, welche 8000 oder mehr Einwohner zählten. In 1880 dagegen gab es deren 286 und in 1890 schon 437.‡)

---

*) Compendium des 10. Census, Part I, S. 30 u. 8. Der 11. Census hat über die Bevölkerung der Städte noch nicht berichtet.

†) W. S. Springer im Forum, Dec. 1890, schätzt nach halboffi= ciellen Berichten die Zunahme der Landbevölkerung von 1880–1890 auf nur 8 Procent, dagegen aber die Zunahme der Stadtbevölkerung auf mehr als 57 Procent.

‡) Das ist die erste officielle Zählung. Die schließliche Zählung wird darin wohl noch Veränderungen machen.

Die Stadt ist ein Gegenstand der Besorgniß für unsere
Civilisation geworden, weil durch dieselbe alle die hier be=
sprochenen Gefahren (den Mormonismus ausgenommen)
genährt werden. Sie hat eine besondere Anziehungskraft
für den Einwanderer. In 1880 enthielten unsere fünfzig
größten Städte 39.3 Procent unserer sämmtlichen deutschen
und 45.8 unserer irischen Bevölkerung. Die zehn größten
Städte enthielten zu jener Zeit nur neun Procent der ge=
sammten, aber 23 Procent der fremdgeborenen Bevölke=
rung. Während etwas weniger als ein Drittel der Bevöl=
kerung der Ver. Staaten vom Ausland oder von auslän=
dischen Eltern abstammen, waren 62 Procent der Einwoh=
ner von Cincinnati, 83 Procent von Cleveland, 63 Procent
von Boston*), 80 Procent vod New York und 91 Procent
von Chicago Ausländer.†) Ein in 1885 aufgenommener

---

*) Der Staat=Census von 1885 zeigte 67 Procent.

†) „Von ausländischen Eltern" schließt auch diejenigen ein, deren
Vater oder Mutter nur Ausländer sind. Deren Zahl ist verhältniß=
mäßig klein und selbst von weniger Bedeutung, als es scheint, denn
in den meisten Fällen hatte der eingeborene Theil fremdgeborene El=
tern.

Der 10. Census gibt die Zahl der Fremdgeborenen in jeder der 50
Hauptstädte an, aber nicht die Zahl der Eingeborenen, die im Aus=
land geborene Eltern haben. Wir haben jedoch ziemlich genaue Zif=
fern, um deren Zahl zu bestimmen. Die Eltern in der Bevölkerung
von 28 Staaten, 7 Territorien und dem District Columbia wurden
genau gezählt, um das gewünschte Ziel zu erreichen. Auf diese Basis
hin hat das Censusamt eine ausgedehnte Berechnung angestellt über
diejenigen, welche vom Auslande oder fremdgeborenen Eltern im gan=
zen Lande herstammen, und deren Zahl auf 14,955,943 festgesetzt.
Die ganze Zahl der im Auslande Geborenen stellte sich auf 6,679,943.
Die erstgenannte Zahl enthält die andere 2.238mal, d. h. wenn man
die im Auslande geborene Bevölkerung mit 2.238 multiplicirt, erhält
man die Anzahl der vom Auslande oder fremdgeborenen Eltern Her=
stammenden. Es muß jedoch bemerkt werden, daß dieses Verhältniß
nicht in allen Staaten zutrifft, welches wohl von der überwiegenden

Census von Massachusetts zeigt, daß in 65 Städten und Städtchen jenes Staates 65.1 Procent der Bevölkerung vom Auslande oder von ausländischen Eltern kamen.

Zahl der verschiedenen Racen in verschiedenen Theilen des Landes abhängt. In Massachusetts z. E. war die Zahl der von fremden Eltern Abstammenden in 1880 fast gerade doppelt so hoch, als die der Ausländer. Daher multipliciren wir die Zahl der Fremdgeborenen in irgend einer Stadt dieses Staates mit zwei, welches die Gesammtzahl der Fremdgeborenen und der von im Auslande geborenen Eltern Abstammenden ergibt, vorausgesetzt, daß das Verhältniß zwischen beiden dasselbe in den Städten wie im ganzen Staate ist, welches wir anzunehmen haben, so lange kein Beweis vom Gegentheil vorliegt. In Wisconsin zeigte der Census, daß die Zahl der von fremdgeborenen Eltern Abstammenden 2.34 der Zahl der Ausländer ausmachte, während sich das Verhältniß in Missouri auf 2.63 stellte.

Um daher die Zahl der vom Auslande und derjenigen von fremdgeborenen Eltern Abstammenden in einer Stadt der 35 Staaten und Territorien, in welchen die erwähnte Zählung gemacht wurde, festzustellen, multipliciren wir die Zahl der Fremdgeborenen in dieser Stadt mit der Zahl, welche der Census als Verhältniß zwischen den von ausländischen Eltern und denen im Auslande Geborenen in dem Staate, worin die betreffende Stadt liegt, angab. Ist die Stadt in einem Staate, in welchem die Zählung nicht stattfand, wie z. E. Pennsylvanien, Ohio oder Illinois, so müssen wir mit der Durchschnittszahl des Landes, welche 2.238 beträgt, mulipliciren.

Es wird der Einwand erhoben, daß man in unseren Städten nicht so viele Ausländer fände, wie die obigen Zahlen angeben. Es muß daher bedacht werden, daß von der von fremdgeborenen Eltern oder vom Auslande Stammenden fünf Neuntel in den Ver. Staaten geboren wurden; und wenigstens ein Viertel kamen in ihrer Kindheit in dieses Land, so daß zwei Drittel der Bevölkerung, obschon großentheils ausländisch in Ideen, in Sprache und Erscheinung gründlich amerikanisirt ist.

Wenn daher 21 Procent der Bevölkerung von Boston als Ausländer erscheinen, muß es uns nicht befremden, zu erfahren, daß 63 Procent vom Auslande oder fremdgeborenen Eltern herkommen.

Weil unsere Städte so viele Ausländer zählen, hat der
Romanismus seine Hauptstärke in denselben.

Aus derselben Ursache ist der Saloon und die Unmäßig=
keit, welche derselbe repräsentirt, so stark in der Stadt ver=
treten.   Oestlich vom Mississippi kam in 1880 ein Saloon
auf je 438 der Bevölkerung, in Boston einer auf je 329, in
Cleveland einer auf je 192, in Chicago einer auf je 179, in
New York einer auf je 171, in Cincinnati einer auf je 124.
Allerdings wächst die demoralisirende und Armuth erzeu=
gende Macht des Saloons und dessen verhängnißvoller
Einfluß auf die Politik mit der vermehrten Zahl derselben.

Es ist in der Stadt, wo die Reichthümer angehäuft wer=
den; hier finden sich die Beweise dafür in viele Stockwerke
hohen Haufen.   Hier ist die Herrschaft des Mammons am
größten und die Verehrung desselben am beständigsten und
innigsten.   Hier sammelt sich der Luxus; Alles, was das
Auge blendet oder den Appetit reizt; hier herrscht die größte
Verschwendung.   In der Stadt finden sich auch die Uebel
des Reichthums am meisten.   Der reiche Mann und Laza=
rus treffen hier zusammen.   In scharfem Contrast stehen
sich hier die Schwelgerei im Ueberflusse und die Verzweif=
lung der Armuth gegenüber.   Die Reichen sind reicher und
die Armen ärmer in der Stadt, als sonstwo; und je größer
die Stadt, desto größer ist in der Regel der Reichthum der
Reichen und die Armuth der Armen.   Nicht nur wächst die
Zahl der Armen mit dem Wachsthum der Stadt, sondern
deren Lage verschlimmert sich.   Die Armen in einer Stadt
von 8000 Einwohnern stehen sich gut im Verhältniß zu vie=
len derselben in New York; und in New York findet man
kaum solche herzbrechenden Tiefen menschlichen Elendes und
solchen Jammer der Armuth, als in London.   Man lese
"The Bitter Cry of Outcast London," eine Prophezeiung,
wie es eines Tages in den amerikanischen Städten aussehen
wird, wenn die Verhältnisse so fortbestehen.   „Wenige von
denen, welche diese Zeilen lesen, haben einen Begriff vom
Zustande dieser menschlichen Pestilenzhöhlen, wo Zehntau=
sende in einem Elende zusammengedrängt sind, welches uns
alle Schrecken eines Sklavenschiffes aus dem Mittelalter ins

Gedächtniß ruft. Um dieselben zu erreichen, muß man Gassen durchwandern, welche von giftigen Fiebergasen dampfen, die aus dem Auswurf und den Kloaken emporsteigen oder oft unter unseren Füßen fließen; Gassen, in deren manche nie ein Sonnenstrahl fällt, und die nie von einem frischen Lufthauch erreicht werden. Man muß halbverfaulte Treppen ersteigen und sich über schmutzige Gänge hintasten, welche von Ungeziefer wimmeln. Dann, wenn man nicht von dem unerträglichen Gestank zurückgetrieben wird, mag man endlich Zutritt zu den Löchern erhalten, worin die Tausende der Armen eingepfercht sind. Acht Fuß im Geviert! Das ist ungefähr die Durchschnittsgröße von vielen dieser Zimmer. Wände und Decke sind schwarz von Unflath, der sich seit langen Jahren der Vernachlässigung angesammelt hat. Derselbe dringt durch die Fugen zwischen den Brettern hervor — er findet sich überall. * * * In jedem Zimmer dieser verrotteten Miethskasernen haust eine Familie, oft genug zwei. In einem Keller, berichtet ein Sanitätsbeamter, waren Vater, Mutter, drei Kinder und vier Schweine beisammen. * * * Hier wohnen sieben Personen in einer Kellerküche, und ein kleines Kind liegt todt in demselben Zimmer. An einem anderen Orte ist eine arme Wittwe mit ihren drei Kindern und einem Kinde, welches vor dreizehn Tagen starb.*) Ihr Gatte, ein Kutscher, hatte kurz vorher Selbstmord begangen. * * * In einer anderen Höhle hausen neun Geschwister, im Alter von 29 Jahren und abwärts, beisammen. Dort ist eine Mutter, die früh am Abend ihre Kinder auf die Straße treibt, weil sie ihr Zimmer bis spät in die Nacht zu unzüchtigen Zwecken vermiethet, wo dann die armen Kleinen wieder zurückkriechen, wenn sie nicht sonstwo vorher ein elendes Unterkommen gefunden haben. Wo man Betten findet, bestehen dieselben einfach aus schmutzigen Lumpen, Hobelspänen oder Stroh; meistens aber verschlafen diese Jammergestalten ihr Elend auf den unfläthigen Dielen. * * * Man findet da Tag für Tag Leute, welche sterbend in ihrem

---

*) Die hier geschilderte Untersuchung wurde im Sommer angestellt.

erbärmlichen einzigen Raume liegen und allen Jammer des
Familienlebens durchmachen, Hunger und Kälte ertragen
und ohne einen Funken der Hoffnung, ohne einen Licht=
strahl des Trostes warten, bis Gott ihr starrendes Auge
durch den mitleidigen Schatten des Todes bedeckt."*) Der
Schreiber sagt: „So weit entfernt davon, unsere Schilde=
rungen zu übertreiben, um auf das Gefühl zu wirken, haben
wir uns genöthigt gefunden, zu verschweigen oder abzumil=
dern, was am lautesten gesagt werden sollte, weil wir die
Ohren unserer Leser nicht damit beleidigen dürfen. In der
That, es würde es kein ehrenhafter Verleger drucken, noch
eine sittliche Familie auch nur der mildesten Schilderung der
Schrecken und grauenhaften Unzucht, welche man dort bei
einem kurzen Besuche von Haus zu Haus findet, Einlaß ge=
statten." Solches sind die Zustände, unter welchen Zehn=
tausende in London leben. Wir geben diese Schilderung
darum so umständlich, weil London ein zukünftiges New
York, oder Brooklyn, oder Chicago ist. Sie gibt ein
schwaches Bild davon, was in einer großen Stadt neben
dem größten Reichthum bestehen mag. Ist es daher be=
fremdend, daß solche Zustände einen blinden und bitteren
Haß des Volkes unserem socialen System gegenüber er=
wecken?

Der Socialismus hat seinen Sitz in der Stadt, und das
Material zu seinem Wachsthum vermehrt sich mit dem
Wachsthum der Stadt. Hier wird das sociale Dynamit
angehäuft; hier sammeln sich Bummler, Spieler, Diebe,
Räuber, gesetzlose und desperate Menschen von jeder Sorte;
Menschen, welche bereit sind, unter irgend einem Vorwand
zum Zwecke der Zerstörung und Plünderung einen Aufruhr
heraufzubeschwören; hier sammeln sich Ausländer und
Handwerker, welche den socialistischen Argumenten beson=
ders zugänglich sind; hier sind Unglaube und Religionslo=
sigkeit zu Hause; hier ist die Ungleichheit am größten und
auffallendsten und der Contrast zwischen Ueberfluß und
Mangel am schärfsten; hier ist das Leiden am schmerzlich=

---

*) The Bitter Cry of Outcast London, S. 3, 4, 10.

ften. Wie die schrecklichste Gottlosigkeit nicht im Lande der Kannibalen, sondern in christlichen Ländern, wo das Licht der Wahrheit scheint und verworfen wird, zu finden ist, so herrscht auch das größte Elend nicht unter den Wilden, die nur wenige Bedürfnisse haben, sondern in großen Städten, wo Menschen angesichts des Luxus und der Fülle verhungern. Sobald einmal Jemand seine eigene Heimath hat, ist er schon der socialistischen Propaganda viel weniger zugänglich. Aber das liegende Eigenthum ist so theuer in den Städten, daß es für einen Tagelöhner fast unmöglich ist, Hauseigenthümer zu werden. In 1888 ließ der Gesundheitsrath der Stadt New York einen Census aufnehmen, welcher die Thatsache feststellte, daß sich damals 32,390 Miethskasernen in der Stadt*) befanden, in welchen 237,=972 Familien mit 1,093,701 Seelen wohnten. In 1890 zeigte eine Untersuchung, daß sich diese Tenementhäuser in zwei Jahren um 5000 vermehrt hatten. Wenn daher durchschnittlich 33.76 Personen auf jedes Haus kommen, wie in 1888, so war die Miethskasernen=Bevölkerung in 1890 nahezu 1,260,000. Das Gesetz in New York fordert, daß ein Geschworener Eigenthum im Werthe von $250 besitzen muß, und dadurch werden, wie der Commissionar berichtet, 70,000 der registrirten Stimmgeber der Pflicht überhoben, als Geschworene auf Juries dienen zu müssen. Laßt uns bedenken, daß diese 70,000 Stimmgeber eine Bevölkerungszahl von 280,000, oder 56,000 Familien repräsentiren, von denen nicht eine Eigenthum im Werthe von $250 besitzt. „Während der verflossenen drei Jahre baten 220,976 Personen um auswärtige Unterstützung in der einen oder anderen Form."†) Vor einigen Jahren sagte ein New Yorker Supreme=Richter: „Es gibt eine große Classe — ich hätte beinahe gesagt eine Mehrheit — unter der Bevöl=

---

*) In New York ist unter dem Gesetz von 1887 ein Tenement=Haus ein Haus, welches von drei oder mehr separat wohnenden Familien bewohnt wird. Der obige Census schloß die bessere Classe von „Apartment"=Häusern nicht ein.

†) Mrs. J. S. Lowell in The Christian Union, 26. März, 1885.

terung von New York und Brooklyn, welche kaum leben,
und bei denen zwei Kinder unvermeidlich die Bedeutung
haben, daß der Knabe in das Staatsgefängniß und das
Mädchen in die Lasterhöhle kommt."*) Wenn uns ein engli=
scher Richter sagt, wie z. E. Richter Wills neulich, daß es eine
bedeutende Anzahl Eltern gäbe, die ihre Kinder um einige
Pfund Versicherungsgelder umbringen würden, dann kön=
nen wir uns eine Vorstellung davon machen, in welches
schreckliche Elend manche Kinder in unserem gesegneten
Lande hineingeboren werden.†) Unter solchen Verhältnis=
sen glimmen die vulkanischen Feuer tiefer Unzufriedenheit.

Wir haben also gesehen, wie die gefährlichen Elemente
unserer Civilisation in den Städten angehäuft und concen=
trirt sind. Finden wir dem gegenüber den conservativen
Theil der Gesellschaft verhältnißmäßig zahlreich und stark?
Hier treffen wir die angefaulten Flecken der Politik. Wo
ist das Salz dagegen? In 1890 bestand in den Ver.
Staaten eine protestantische Gemeindeorganisation auf je
438 Personen. Einschließlich aller protestantischen Kirchen
und Missionen gab es in Boston eine Kirche auf je 1778,
und in St. Louis eine auf je 2662 Einwohner; ohne die
Missionen gab es in Cincinnati eine protestantische Kirche
auf 2195, in Buffalo eine auf 2650 und in Chicago eine
auf 3601 Einwohner. Durchschnittlich sind die Kirchen in
der Stadt größer, als diejenigen auf dem Lande; aber ge=
genüber dieser Thatsache mögen wir sagen, daß die Städte,
wo die Mächte des Lasters sich sammeln, und wo das Be=
dürfniß des christlichen Einflusses besonders groß ist, durch=
schnittlich nur zur Hälfte oder ein Viertel so gut mit Kirchen
versorgt sind, als die Landdistricte im Allgemeinen. Und
der Kirchenraum wird in den Städten von Jahr zu Jahr
verhältnißmäßig geringer. Mit Einschluß aller protestan=
tischen Kirchen hatte Chicago in 1836 eine Kirche auf je
1042 seiner Einwohner, in 1851 auf 1577, in 1860 auf
1820, in 1870 auf 2433, in 1880 auf 3062, und in 1890

---

*) Henry George's Social Problems, S. 98.
†) In Darkest England, S. 65.

eine auf je 3601 Einwohner. Brooklyn hatte in 1840 je
eine evangelische Kirche auf 1575 Einwohner, in 1850 je
eine auf 1760, in 1860 eine auf 2035, in 1870 eine auf
2085, in 1880 eine auf 2673, und in 1890 eine auf 2997
Einwohner. In New York gab es in 1840 eine evangeli=
sche Kirche auf 2071 Einwohner, in 1850 eine auf 2442, in
1860 eine auf 2777, in 1870 eine auf 2480, in 1880 eine
auf 3048, und in 1890, nach dem Bericht des Regierungs=
Census, eine auf 3544 und nach dem Polizei=Census eine
auf 4006. Nach diesen Angaben hatte also New York in
runder Zahl in 1840 auf 2000, in 1880 auf 3000 und in
1890 auf 4000 Einwohner je eine evangelische Kirche.
Diese drei Städte unterscheiden sich also nur nach Graden.
So weit meine Untersuchungen gehen, herrscht die Tendenz,
freilich mit Unterschied, daß die Stadtbevölkerung viel
schneller wächst, als die Vorkehrungen für kirchliche Versor=
gung derselben getroffen werden. Zwar sind die Kirchen
heute größer, als sie früher waren, doch bleibt es nach An=
erkennung dieser Thatsache wahr, daß die Räumlichkeiten in
den Kirchen den Bedürfnissen der wachsenden Bevölkerung
in den Städten immer weniger entsprechen.

In Chicago gibt es einen District, welchen man einer
vorsichtigen Untersuchung unterworfen hat, und in demsel=
ben befinden sich unter einer Bevölkerung von 50,000 See=
len 20,000 unter 20 Jahren; aber die Sonntagschulräum=
lichkeiten desselben bieten kaum Platz für 2000 Schüler, so=
mit werden 18,000 derselben vom Evangelium Christi gar
nicht erreicht, weil die Kirchen in tiefem Schlafe liegen. Mr.
Gates sagt: „Ist es da zu verwundern, daß die Polizei
voriges Jahr 7200 Knaben und Mädchen wegen kleiner
Verbrechen arretirte? Der Teufel bietet ihnen Unterhal=
tung. Es gibt dort 261 Saloons und Spelunken, drei
Theater und andere Plätze der Unzucht, aber die christliche
Kirche bietet nur 2000 von den Kindern Sitzplätze in Sonn=
tagschulen.“*) Schreiber dieses hat in den großen Städten
Ohios ähnliche Zustände gefunden. Und die oben ange=

---

*) Dr. H. A. Schauffler's Vortrag in Saratoga im Juni, 1884.

gebene Statistik zeigt, daß es im Allgemeinen in großen
Städten viele Plätze gibt, welche nahe oder ganz des Evan=
geliums entbehren. In der vierten und siebenten Ward
in New York wohnen 70,000 Menschen mit nur sieben pro=
testantischen Kirchen und Kapellen, oder eine Stätte des
Gottesdienstes auf je 10,000 Einwohner. In der zehnten
Ward sind 47,000 Menschen mit nur zwei Kirchen und Ka=
pellen.*) Südlich von der 14. Straße gab es in 1880
eine Bevölkerung von 541,726 und 109 protestantische Kir=
chen und Missionen, oder etwa eine auf je 5000 Personen.
In 1890 wohnten, nach dem polizeilichen Censusbericht,
596,878 Personen in demselben Quartier, also eine Zu=
nahme von 50,000 Einwohnern, wohingegen sich aber die
Kirchen nur um e i n e vermehrt hatten. Ja, der christliche
Einfluß ist heute nicht so stark daselbst, denn manche der
Kirchen sind verlegt und durch Missionen ersetzt worden.
Dr. Schauffler theilte in 1888 mit, daß während der vor=
hergehenden 20 Jahre etwa 200,000 Menschen unterhalb
der 14. Straße eingezogen seien, während aber die Zahl
der protestantischen Kirchen sich nur um 17 vermehrt habe.
Eine Synagoge und zwei katholische Kirchen waren eben=
falls gebaut worden. Wenn man nun alle Kirchen mit=
zählt, so waren derselben 14 weniger, als zwanzig Jahre
vorher, trotz der großen Bevölkerungszunahme.

Wenn der sittliche und religiöse Einfluß besonders da
schwach ist, wo sich der sociale Zündstoff ansammelt, wie
wird es dann um die Stadtregierungen aussehen? Ist ihre
Kraft und Reinheit so überwältigend, daß sie die gefahr=
drohenden Elemente erfolgreich im Zügel zu halten vermö=
gen? Im Lichte auffallender Thatsachen lautet diese Frage
wie ein Spott. Es wird fast allgemein zugegeben, daß die
Regierung der großen Städte in den Ver. Staaten ein
Fehlschlag ist. „In allen großen amerikanischen Städten
gibt es heute eine so bestimmte regierende Classe, als in den
höchst aristokratischen Ländern der Erde. Ihre Glieder tra=
gen ganze Wards in den Taschen, bereiten die Vorlagen

---

*) Dr. A. F. Schauffler bei der Chickering Hall Conferenz in 1888.

für nominirende Conventionen vor, vertheilen die Aemter in gegenseitigem Handel, und obschon sie weder säen noch ernten, tragen sie doch die besten Kleider und verschwenden Geld nach Herzenslust. Es sind Männer von Einfluß, deren Gunst die Aemterjäger sich sichern, und deren Rache sie auf jeden Fall meiden müssen. Wer sind diese Männer? Die Weisen, Guten und Gelehrten, — welche sich durch ein fleckenloses Leben, glänzende Talente, Treue in der Verwaltung von Vertrauensposten oder gründliches Studium der Regierungsprobleme das Vertrauen ihrer Mitmenschen erworben haben? Nein; es sind Spieler, Saloonhalter, Faustkämpfer oder noch Schlimmeres, die aus dem Handel mit Stimmen, Aemtern und officiellen Handlungen ein Geschäft treiben."*) Es ist so weit gekommen, daß die Verwaltung eines Municipalamtes in einer großen Stadt den Charakter eines Mannes verdächtigt. Anerkannte Treue und Fähigkeit machen es einem Candidaten unmöglich, ein Amt aus den Händen dieser Stadtrotte zu bekommen. In einer westlichen Stadt hielten sich die besten Bürger davon überzeugt, daß der Mayor die Spieler, Diebe und Saloonhalter und das Verbrecherelement beständig unterstützte. Er wurde für einen zweiten Termin nominirt. Der beste Theil der Bürgerschaft beider Parteien vereinigte sich mit der Presse und den Predigern aller Benennungen in einer Bürgerliga, um seine Wahl zu vereiteln; aber er wurde von „den losen Menschen der niederen Classe" siegreich wieder in sein Amt gewählt. Und trotz der verzweifelten Anstrengungen aller redlichen Bürger wurde er zum dritten Male auf den Mayorsstuhl gesetzt.

---

*) Progress and Poverty, S. 382. Die 28 Anführer von „Tammany," welche Organisation die Stadt New York regiert, werden von The Evening Post folgendermaßen classificirt: 28 Politiker, ein überführter Mörder, einer, der wegen Mordes processirt und freigesprochen wurde, einer, der wegen eines verbrecherischen Anfalles verklagt war, ein Anderer wegen Bestechung, vier Gewohnheitsspieler, fünf Spielhöllen= oder Spelunkenhalter, vier Whiskeyhändler, fünf frühere Whiskeyhändler, drei Söhne von Whiskeyhändlern, drei frühere Faustkämpfer, vier frühere "toughs," sechs Mitglieder der Tweedbande und 17 Aemterinhaber.

Die Volksregierung in den Städten sinkt zu einer Regierung durch einen „Boß" herab. Während seines Besuches in Amerika sagte Herbert Spencer: „Ihr haltet fest an der Form der Freiheit; soweit ich jedoch urtheilen kann, habt ihr vom Wesen derselben viel verloren. Es ist freilich wahr, daß diejenigen, welche euch regieren, dies nicht durch bewaffnete Mannschaft thun, sondern sie bewerkstelligen es durch Regimenter von Wahlpapieren, welche dem Commandowort so willig gehorchen, wie die Leibeigenen der alten Feudalherren, und daher ihre Führer in den Stand setzen, den Volkswillen zu untertreten und die Gemeinde ihren Vorschriften so gefügig zu machen, wie ihre Vorbilder aus der alten Zeit. Augenscheinlich hatten diejenigen, welche eure Constitution ausarbeiteten, keine Ahnung davon, daß 20,000 Bürger von einem ‚Boß' zum Stimmkasten geführt werden würden."

In der Regel werden unsere größten Städte am schlechtesten verwaltet. Es ist daher natürlich anzunehmen, daß in dem Maße, wie die Städte größer und gefährlicher werden, die Regierung sich verschlechtert und die Verwaltung mehr und mehr in die Hände derjenigen übergeht, welche selbst der Aufsicht am meisten bedürfen. Wenn wir die Bedeutung dieser Thatsachen und Tendenzen recht würdigen wollen, dürfen wir nicht vergessen, daß der unverhältnißmäßige Wachsthum der Städte ohne Zweifel fortbestehen und die Zahl der großen Städte bedeutend vermehrt werden wird. Der außerordentliche Wachsthum der Stadtbevölkerung während dieses Jahrhunderts ist durchaus nicht auf die Ver. Staaten beschränkt. Derselbe ist die Charakteristik der Civilisation unseres Jahrhunderts. Wir finden denselben nicht nur in England und Deutschland, sondern auch in Frankreich, wo die Bevölkerungszahl stille steht, und sogar in Irland, wo sie abnimmt. Dieser starke Andrang nach der Stadt ist hauptsächlich der Einführung der Ackerbaumaschinerie, der Fabrikation und Eisenbahnverbindung zuzuschreiben, deren Einfluß allerdings fortbestehen wird. War der Wachsthum der Städte in den Ver. Staaten während dieses Jahrhunderts so rasch, während viele Millionen

Acker Landes besiedelt wurden, was haben wir dann zu er=
warten, wenn das Land des Westens einmal völlig aufge=
nommen sein wird? Das Steigen der Preise des Landes,
wenn einmal alles Ackerland besetzt und die Bevölkerung
dichter wird, wird den Wachsthum der Städte noch begün=
stigen; denn ein Mann in geringen Vermögensverhältnis=
sen wird nicht im Stande sein, sich eine Farm anzuschaffen,
und er ist daher genöthigt, die Stadt aufzusuchen. Obschon
die Einwanderung durch den Ausverkauf der Regierungs=
ländereien eingeschränkt wird, wird sie trotzdem fortbestehen
und die Städte überfluthen. Dieses Land wird ohne
Zweifel eine Bevölkerung von mehreren Hundert Millionen
haben, einfach, weil es dieselben zu ernähren im Stande ist.
Und es hat den Anschein, als ob der größte Theil derselben
sich den Städten zuwenden werde. Unsere Landbevölkerung
kann nicht in dem Maße zunehmen; ihr Wachsthum ist
nothwendigerweise langsam und beschränkt, während die
Städte ihre Einwohnerschaft verdoppeln und verdreifachen
mögen. Selbst wenn die Zunahme unserer Bevölkerung
unerwarteter Weise gehemmt würde, so leben doch heute
Viele, welche 150,000,000 Einwohner in den Ver. Staa=
ten und mehr als ein Viertel davon in Städten von 8000
Einwohnern und aufwärts sehen werden. Und die Stadt
der Zukunft wird gedrängter, als diejenige von heute, denn
der Fahrstuhl (Elevator) macht es möglich, sozusagen eine
Stadt auf die andere zu bauen. So vereinigt und ver=
mehrt unsere Civilisation die Elemente der Anarchie und
Zerstörung. Vor fast 40 Jahren schrieb De Tocqueville:
„Ich blicke auf die Größe gewisser amerikanischer Städte,
und besonders auf die Natur ihrer Bevölkerung als eine
wahre Gefahr, welche die Sicherheit der demokratischen Re=
publik der neuen Welt bedroht." Diese Gefahr wird mit
jedem Jahre größer und kommt näher.

Und diese Gefahr, wie die anderen, welche wir besprochen,
droht besonders dem Westen. Die Zeit wird ohne Zweifel
kommen, wenn sich die meisten der großen Städte jenseit des
Mississippi befinden werden. Dieses geht schon aus der
endlichen größeren Bevölkerung des Westens hervor; aber

in Verbindung damit darf nicht vergeſſen werden, wie ſchon
geſagt, daß der Ackerbau in den Geſchäften im Weſten
v e r h ä l t n i ß m ä ß i g bedeutend geringer ſein wird, als
im Oſten, weil ein verhältnißmäßig geringerer Theil Landes
baufähig iſt. Die große Region der Felſengebirge wird
hauptſächlich von einer Bergbau und Fabrikweſen betrei=
benden Bevölkerung bewohnt ſein, und ſolche Bevölkerung
bewohnt die Städte.

1. In der Summirung der Reſultate der vorhergehenden
Beſprechung der Gefahren ſollte man im Sinne halten, daß
die Erhaltung republikaniſcher Inſtitutionen durchſchnittlich
mehr Bildung und Tugend unter einer großen Bevölkerung
beanſprucht, als unter einer geringen. Die Regierung von
5 Millionen Perſonen war eine einfache Sache im Verhält=
niß zu 50 Millionen; und die Regierung von 50 Millionen
iſt verhältnißmäßig wieder einfach im Vergleich zu 500
Millionen. Es gibt viele Leute, welche einem kleinen Ge=
ſchäft gut vorzuſtehen vermögen, während ſie durchaus nicht
im Stande ſind, ein großes zu verwalten. In letzterem ſind
vermehrte Verbindungen, welche gewahrt werden müſſen.
Ein Irrthum hat dann weiteren Einfluß. Er hat ſozuſa=
gen längere Hebelkraft. Daſſelbe gilt von den Regierungs=
geſchäften. Der Mann von gewöhnlichen Fähigkeiten mag
die Pflichten als Mayor in ſeinem kleinen Städtchen treff=
lich erfüllen; aber an der Spitze ſeines Staates oder der
Nation würde er jämmerlich Fiasko machen. Wenn das
Volk regieren ſoll, ſo muß deſſen Intelligenz im Verhältniß
zu der Zunahme der Bevölkerung und den Verwickelungen
der Regierung wachſen. Und höhere Sittlichkeit iſt ein noch
unbedingteres Erforderniß. Wie die Civiliſation voran=
ſchreitet, wie die Geſellſchaft complicirter wird, wie ſich Ar=
beit erſparende Maſchinen mehren und die Theilung der
Arbeit genauer wird, ſo wird der Einzelne mehr beſchränkt
und abhängig. Jeder Wilde beſitzt alle Erkenntniß ſeines
Stammes. Sobald er auf ſich ſelbſt angewieſen iſt, iſt er
ſich ſelbſt genügend. Ein civiliſirter Menſch in gleichen
Verhältniſſen würde zu Grunde gehen. Der Wilde iſt un=
abhängig. Sobald er civiliſirt wird, iſt er abhängig, und

je civilisirter, desto abhängiger. Und wie Menschen gegen=
seitig abhängiger werden, sollten sie sich unbedingter auf ein=
ander verlassen können. Complicirtere und vermehrte ge=
genseitige Verbindungen erfordern ein zarteres Gewissen
und stärkeres Gerechtigkeitsgefühl. Und irgend ein Fehler
im Charakter oder Verhalten ist unter solchen Bedingun=
gen weitreichender und in seinen Folgen verhängnißvoller.

Steht unser Fortschritt in Sittlichkeit und Intelligenz ir=
gendwie im Verhältniß zum Wachsthum unserer Bevölke=
rung? Der Grad der Unwissenheit unserer Nation ist nicht
verhandelt worden, weil derselbe keine der Gefahren bildet,
welche den Westen besonders bedrohen; aber irgend Je=
mand, der uns unser politisches Horoskop stellen wollte,
müßte derselben großen Einfluß mit den drohend herauf=
steigenden Sternen zugestehen. Jedoch die Gefahr, welche
aus der Zerrüttung der Sitten unseres Volkes hervorgeht,
ist viel größer. Die Republiken Griechenlands und Roms
und, wenn ich nicht irre, alle Republiken, welche je lebten
und starben, waren bei ihrem Ende intelligenter, als bei ih=
rem Anfang; aber die zunehmende Bildung konnte die ver=
wesende Sittlichkeit nicht ersetzen. Wie steht's denn um
unseren sittlichen Fortschritt? Sind die Sitten des Volkes
so fest, wie es vor zwanzig Jahren der Fall war? Es gibt
vielleicht kein besseres sittliches Thermometer, als die Sonn=
tagsheiligung; und Jedermann weiß, daß die Sabbath=
schändung während der vergangenen zwanzig Jahre sehr
zugenommen hat. Wir haben gesehen, daß wir gegenwär=
tig 29 Procent mehr alcoholische Getränke per Kopf ge=
brauchen, als vor zwanzig Jahren. Dr. S. W. Dike sagt:
„Es ist sicher, zu behaupten, daß sich die Ehescheidungen im
Verhältniß zu den Heirathen oder der Bevölkerung während
der verflossenen dreißig Jahre in den meisten der nördlichen
Staaten verdoppelt haben. Und die vorliegenden Ziffern
deuten eine vergrößerte Zunahme an." Und Präsident
Woolsey sagte in 1883, von den Ver. Staaten redend:
„Im Ganzen kann wenig, wenn überhaupt ein Zweifel
darüber herrschen, daß das Verhältniß der Ehescheidungen
zu den Heirathen irgend ein Land in der christlichen Welt

übersteigt." Während die Bevölkerung von 1870–1880
um 30 Procent zunahm, wuchs die Zahl der Verbrecher um
82.33 Procent.   Und es hat den Anschein, als ob die be=
stehenden Tendenzen in der Richtung der „Todtenlinie" des
Lasters zeigten.   Mit Ausnahme des Mormonismus neh=
men alle die besprochenen Gefahren schneller zu, als die Be=
völkerung.   Ist es da wahrscheinlich, daß die
Volkssitten sich unter deren wachsendem
Einfluß heben werden?

2. Die Fundamentalidee der Volksregierung ist die Ver=
theilung der Macht.   Es ist der Kampf der Freiheit seit
Jahren gewesen, dem Einzelnen oder den Wenigen die
Macht zu entreißen und sie in die Hände der Vielen nieder=
zulegen.   Wir haben aber in der voranstehenden Bespre=
chung gesehen, daß die Centralisirung der Macht zunimmt.
Der „Boß" schließt seinen Handel ab und verkauft seine
zehn= oder fünfzigtausend Stimmgeber, gleich so vielen
Stück Vieh.   Vereinigter Reichthum ist vereinigte Macht;
und der Capitalist und die Corporation finden viele Wege,
in welchen sie Stimmen zu controliren vermögen.   Die
Liquörmacht beherrscht Tausende von Stimmen in jeder be=
deutenderen Stadt.   Der Präsident der Mormonenkirche
gibt etwa 60,000 Stimmen ab.   Es wird gesagt, daß alle
Jesuiten unter dem Befehl eines Mannes in Washington
stehen.   Die Stimmen der Katholiken werden von ihren
Priestern so ziemlich vollständig beherrscht.   Dies bedeutet,
daß der Papst mehrere Hunderttausend Stimmen in den
Ver. Staaten dirigirt.   Ist etwas Unrepublikanisches in
diesem Allem?   Und wir müssen nicht vergessen, daß, wenn
die gegenwärtigen Strömungen fortbestehen, diese Ziffern
sich in Zukunft vervielfachen werden.   Das Schlimmste
aber ist nicht einmal, daß sich diese Macht in der Hand eines
Einzelnen befindet, welches an sich selbst gefährlich ist, son=
dern, daß dieselbe ohne die geringste Rücksicht auf die Poli=
tik oder Grundsätze der Regierung, einzig und allein im
Interesse einer Kirche, eines Geschäfts oder für rein persön=
liche Zwecke gebraucht wird.

Das Resultat einer Nationalabstimmung mag von einem

einzigen Staate abhängig sein; die Abstimmung dieses Staates mag durch eine einzige Stadt bestimmt werden; die Abstimmung dieser Stadt aber mag von einem „Boß,“ einer Corporation oder einem Capitalisten abhängig sein; oder die Wahl mag durch das Socialisten-, Alcohol-, römisch-katholische oder Einwanderungs-Votum entschieden und die Politik der Regierung dadurch umgeworfen werden.

Es macht wenig aus, mit welchem Namen wir denjenigen bezeichnen, der die vereinigte Macht ausübt — ob er König, Czar, Papst, Präsident, Capitalist oder „Boß“ heißt. Gerade insoweit dieselbe absolut und unverantwortlich ist, ist sie gefährlich.

3. Diese verschiedenen gefährlichen Elemente sind in auffallender Weise verbunden und geeignet, sich gegenseitig zu stärken. Es ist nicht nöthig, zu beweisen, daß nicht irgend e i n s derselben im Stande ist, unser nationales Leben zu zerstören, um zu zeigen, daß dasselbe gefährdet ist. Es mag Jemand an Wunden sterben, deren keine an sich tödtlich ist. Kein nüchterner Mensch kann den Thatsachen offen ins Auge schauen und bezweifeln, daß diese Gefahren z u s a m m e n eine Macht bilden, welche unsere freien Institutionen ernstlich bedroht, wenn die bezeichneten Strömungen fortbestehen; und dieses ist besonders der Fall mit Rücksicht auf die Thatsache, daß diese Gefahren besonders den Westen bedrohen, wo unsere Widerstandskraft am geringsten ist.

Diese gefährlichen Elemente bringen uns jetzt und in Zukunft unbeschreiblichen Schaden und Verlust in sittlicher, intellectueller, socialer und finanzieller Beziehung. Aber die größte Gefahr, welche gewiß kommt, und der viele jetzt Lebende begegnen müssen, es sei denn, Jemand verstände, derselben erfolgreichen Einhalt zu gebieten, wird dann erscheinen, wenn sich die erforderlichen Bedingungen erfüllt haben, und eine große industrielle oder andere Krisis sich erhebt, welche das zerstörende und conservative Element der Gesellschaft in einen offenen Kampf verwickelt. Wie die Civilisation voranschreitet, und die Gesellschaft sich entwickelt, werden die geschäftlichen Verhandlungen verwickelter und umfangreicher werden. In Folge dessen werden alle

14

Geschäftsverbindungen und der Betrieb empfindlicher. Ge=
schäftsschwierigkeiten, die sich in einem der commerziellen
Mittelpunkte zeigen mögen, werden sicherere und ausge=
dehntere Verheerungen anrichten. Unter solchen Verhält=
nissen werden industrielle Lähmungen von Zeit zu Zeit ein=
treten und in ihrer Wirkung und Allgemeinheit die früheren
übertreffen. Wenn solche geschäftliche Krisis dann Zehn=
tausende Fabriken geschlossen und Millionen Arbeiter aus
Arbeit gebracht hat, wenn die öffentlichen Ländereien, die
unter solchen Umständen bisher Linderung brachten, alle
fort sind; wenn sich unsere Stadtbevölkerung vervielfacht
hat, und unsere Cincinnatis zu Chicagos und unsere Chi=
cagos New Yorks und unsere New Yorks Londons gewor=
den sind; wenn die Antipathien der Classen tiefer gewur=
zelt, socialistische Organisationen in jeder Stadt bewaffnet
und gedrillt sind, und die unwissende und lasterhafte Macht
der dichtgedrängten Bevölkerung sich gegenseitig gefunden,
wenn die Corruption der Stadtregierungen sich verhältniß=
mäßig entwickelt hat, wenn Mißernten eintreten und riesen=
hafte "Corners" die Preise der Lebensmittel verdoppeln,
und Hunger in der Familie entsteht; wenn müßige Arbeiter
sich verdrießlich und desperat in den Saloons zusammen=
finden und den unbeschützten Reichthum in der Nähe schauen;
die schrecklichen Mächte der Chemie in erreichbarer Nähe —
dann, mit der Gelegenheit, den Mitteln,
den geeigneten Agenten, dem Motiv, der
Versuchung, zu zerstören, alles in schlimme Be=
rührung gebracht, dann ist der Augenblick der Prüfung
für unsere Institutionen gekommen, dann wird es sich zei=
gen, ob wir im Stande sind, uns selbst zu regieren.

Capitel XII.

Einfluß der früheren Ansiedler.

Als Oliver Wendell Holmes gefragt wurde, wann die Erziehung eines Kindes beginnen solle, antwortete er: „Hundert Jahre vor seiner Geburt." Aber nicht nur sollte die Erziehung dann beginnen, sondern sie beginnt dann; denn das Erbe, mit allem dasselbe nothwendigerweise Begleitenden, ist der große conservative Einfluß, welcher nationale Charaktereigenthümlichkeiten fortpflanzt und die Identität der Völker bewahrt. In Bezug auf Nationen wird das Ererbte, obschon es durch Bildung modificirt werden mag, doch größtentheils wieder die Bildung bestimmen. Was ist der Unterschied zwischen Nord- und Süd-Amerika? Es ist der Unterschied zwischen der angelsächsischen und spanischen Race. Was ist der Unterschied zwischen Massachusetts und Virginien? Es ist der Unterschied zwischen dem Pilger und dem Cavalier. Wie ungleich sind Boston, New York, Philadelphia, New Orleans, Montreal und Quebec! In religiöser, sittlicher, geistiger, socialer, commercieller Beziehung, in Unternehmungsgeist und Gesinnung unterscheiden sie sich heute meistens, wie sich ihre Gründer vor Generationen unterschieden haben. Es gilt von den Nationen wie von den Pflanzen, daß eine jegliche den Samen nach ihrer eigenen Art in sich trägt.

Gesellschaften und Staaten haben, wie Personen, ihre Kindheit, welche ihre Formirungs-Periode ausmacht. Es sind die ersten bleibenden Ansiedler, welche der Zukunft ihr persönliches und charakteristisches Gepräge aufdrücken. Gewaltige Einflüsse mögen in späteren Jahren große Modificationen herbeiführen; aber es ist der früheste Einfluß, der am weitesten reicht und im Allgemeinen am bestim-

mendſten wirkt. Es iſt leichter, zu formiren, als zu reformiren; leichter, das geſchmolzene Eiſen in Form zu bringen,
als den kalten Guß zu feilen.

Man beachte einige Illuſtrationen bezüglich der obigen
Wahrheit. In der Weſtern Reſerve ſind zwei neben einander liegende Townſhips, welche von zwei durchaus verſchiedenen Perſonen angeſiedelt wurden. Das ſüdliche derſelben wurde von einem weitſehenden und frommen Miſſionar
eingenommen. Er war der Anſicht, daß er durch die Einrichtung eines gut organiſirten, chriſtlich geleiteten Muſter-
Townſhips mit allen Vortheilen der New England Civiliſation mehr thun könne, als durch viele Jahre Miſſionsarbeit.
Die Anſiedler wurden vorſichtig ausgewählt. Keine als
Chriſtenbekenner ſollten Landeigenthümer werden. Sobald
einige Familien zur Stelle waren, wurde öffentlicher Got-
tesdienſt gehalten, und derſelbe iſt ſeitdem ohne Unterbrechung beſtändig fortgeſetzt worden. Unter dem Dache der
erſten Blockhütte wurde eine Gemeinde organiſirt. Inmitten des Townſhips, wo ſich vier Wege kreuzten, wurde die
Kirche errichtet, eine paſſende Einrichtung, daß der Mittelpunkt des Platzes durch den Dienſt Gottes im Leben dieſer
Colonie geweiht wurde. Bald folgte ein Schulhaus und
eine öffentliche Bibliothek. Und dort, inmitten des dichten
Urwaldes, nur acht Jahre nachdem der erſte weiße Anſiedler einzog, errichteten die Einwohner, in richtiger Würdigung höherer Schulbildung, eine Academie. Auch wurden
bereits in den erſten Jahren mehrere Wohlthätigkeitsanſtal-
ten gegründet, und hier wurde auch die erſte Taubſtummen-
anſtalt im Staate Ohio gebaut.

Das nördlichere Townſhip wurde zuerſt von einem Ungläubigen angeſiedelt, der dem Orte nicht nur ſeinen Namen, ſondern in einem großen Maße auch ſeinen Charakter
mitgetheilt hat. Er zog natürlicherweiſe Seinesgleichen
an. Es wird geſagt, daß er den Wunſch äußerte, daß niemals eine chriſtliche Kirche daſelbſt gegründet werden möge,
und obſchon dieſer Wunſch unerfüllt blieb, ſo trägt das
Townſhip doch bis heute einen religionsfeindlichen Character. Eins der beſten Collegien des Weſtens wurde in einer

Entfernung von nur fünf Meilen gegründet, doch habe ich nicht erfahren können, ob irgend Jemand aus dem erwähnten Township je dieselbe besucht hätte. Einige Einwohner*) derselben haben sich einem gelehrten Beruf gewidmet, aber es nie zu etwas Bedeutendem gebracht. Auf der anderen Seite ist das südlichere Township bekannt wegen des sittlichen und religiösen Characters seiner Bewohner, seines Reichthums,†) seiner Liberalität und wegen der außerordentlich großen Anzahl der jungen Leute, welche höhere Schulen besuchen. Es hat viele seiner Bürger in den Senat und die Legislatur gesandt und Prediger und Erzieher ausgebildet, von welchen mehrere einen nationalen Ruf erlangt haben. Aus diesem Städtchen mit nur einigen Hundert Einwohnern sind Professoren von Hochschulen für den Osten und Westen, Richter der Supreme Court und Glieder des Ver. Staaten Senats ausgegangen. Der allgemeine Character dieser beiden Townships wurde im Anfang dieses Jahrhunderts bestimmt. Ihre Gründer drückten denselben bleibend ihren Stempel auf.

Das Town Boscawen, N. H., wurde in 1734 von einer Colonie aus Massachusetts gegründet. Kaum hatten sich die ersten Einwohner niedergelassen, als sie sich auch nach einem Manne umsahen, der „gelehrt sei, das Evangelium zu predigen." Es waren gute Familien, und daher waren die Einflüsse der Entwickelung christliche. Wir finden heute, daß das Hochschulregister 130 Namen seiner Bürger enthält, von denen 2 Missionare, 6 Journalisten, 21 Rechtsgelehrte, 35 Aerzte und 42 Prediger geworden sind. Unter den berühmten Männern, welche aus dem Town hervorgingen, befinden sich Gen. John A. Dix und Wm. Pitt Fessenden.

Als Northampton, Mass., in 1654 gegründet wurde, war

---

*) Ich habe nur von sieben bestimmte Nachricht, obschon es wahrscheinlich mehr sein werden.

†) Obschon das nördliche Township den Vorzug besseren Bodens hat, so übersteigt doch der Werth des Eigenthums im südlichen denjenigen des nördlichen heute um 56 Procent. Die Gottseligkeit ist für dieses und das zukünftige Leben nütze.

es „weit draußen im Westen." Unter den frühesten Ansiedlern in der Wildniß, welche demselben seinen Charakter und
seine Geschichte gaben, waren die Allens, Bartletts, Bridg-
mans, Kings, Clapps, Dwights, Elliotts, Hawleys, Ly-
mans, Mathers, Parsons, Stoddards, Strongs, Tappans
und Wrights. Frühe wurde das Town berühmt wegen
seines christlichen Gepräges und seiner Bildungsanstalten.
Während 125 Jahre fand man die ganze Einwohnerschaft
desselben, mit Ausnahme der sehr Alten und sehr Jungen,
der Kranken und ihrer Wärter, an jedem Sonntage in der
Kirche. In 1735, während Jonathan Edwards daselbst
Prediger war, waren 600 aus einer Bevölkerung von 1100
Glieder der Kirche. Während sieben Generationen ist das
Gepräge, welches die ersten Ansiedler der Gegend gaben,
nicht verwischt worden. Ihr Einfluß auf die Nachkommen
und deren Einfluß auf den Staat und die Nation kann aus
der folgenden Darstellung einigermaßen ersehen werden:
Unter den Eingeborenen und Bürgern des Ortes befinden
sich ungefähr 354 Personen, die in einem Collegium ausgebildet wurden, nebst 56, die auf anderen Hochschulen gra-
duirten, 114 Prediger, 84 Predigerfrauen, 10 Missionare,
25 Richter, 102 Advokaten, 95 Aerzte, 101 Erzieher, einschließlich sieben Principale, dreißig Professoren, 24 Edito-
ren, sechs Geschichtsschreiber und 24 Autoren, darunter
George Bancroft, John Lothrop Motley, Prof. W. D.
Whitney und J. G. Holland; 38 Staatsbeamte, darunter
zwei Gouverneure, zwei Staatssecretäre, sieben Senatoren,
18 Repräsentanten, 21 Marine-Officiere, darunter zwei
Colonels und zwei Generäle, 28 Ver. Staaten Beamte,
mit einem Marineminister, zwei Gesandten, ein Ver. Staaten Schatzmeister, fünf Senatoren, acht Congreßmitglieder
und ein Präsident.

Wenn aus einer Gesellschaft keine guten Bürger und fähigen Männer hervorgehen, so wird die Geschichte der
Gründer in den meisten Fällen die Erklärung dazu geben,
denn der Einfluß der frühesten Ansiedler wirkt fort, bis die
Nachkommen durch ein anderes Geschlecht ersetzt werden. Es
ist wahr, daß die frühere Herrlichkeit von manchem New

England Orte gewichen ist, weil Leute, denen das Blut, die
Religion und die Civilisation der Pilgerväter fehlt, Besitz
davon genommen haben. Aber die Thatsache, daß New
England im Begriffe ist, einen ganz anderen Charakter an=
zunehmen, ist kein Beweis dafür, daß das Gepräge, welches
heute den neuen Ansiedlungen des Westens aufgedrückt
wird, nicht bleibend ist. Es ist kaum anzunehmen, daß das
auswärtige Element, welches gegenwärtig zu uns hereinflu=
thet, je durch ein anderes Geschlecht verdrängt wird. Im
Gegentheil wird dasselbe durch stets neuen Zuzug ersetzt
werden, bis die Bevölkerung derjenigen der alten Welt
gleich steht, und dann hört derselbe auf. Ohne allen Zwei=
fel ist der Charakter und daher das Schicksal des großen
Westens gegenwärtig im Begriffe, sich auf Jahrhunderte
hinaus zu bestimmen.

Was die schließliche Form dieser westlichen Welt sein
wird, können wir aus den Mächten schließen, welche dieselbe
zu bilden im Begriffe sind. Wie stehen dieselben im Ver=
gleich zu denjenigen, welche die Institutionen New Englands
bildeten? Die Pilgerväter kamen nicht nur als Flücht=
linge, sondern auch als Missionare in dieses Land. „Eine
große Hoffnung und inneren Eifer hatten dieselben, um ein
gutes Fundament zu legen (oder doch den Versuch zu ma=
chen), das Evangelium von Christo in diesem entfernten
Theile der Welt auszubreiten und zu fördern." Sie kamen
nicht um des Goldes, sondern um ihres Gewissens und um
ihrer Seele willen. Die ersten Ansiedler New Englands
waren hinreichend verwandt, um harmonisch und erfolgreich
zusammen zu wirken und die Religion, Bildung, Freiheit
und das Gesetz zu den vier Ecksteinen ihrer Civilisation zu
machen. New England Ideen haben die Form unserer
Nationalregierung und die Institutionen der mittleren
Staaten bestimmt, aber glaubt auch wohl Jemand, daß
dieselben in den großen Territorien des Westens heute den
Ausschlag geben? Ist keine Gefahr vorhanden, daß in den
Felsengebirgen und jenseit derselben eine ausländische und
materialistische Civilisation vorherrschen wird?

Die Bevölkerung der Frontiergegenden ist durchweg zer=

riſſen und ungleich. In einer etwa 7000 Einwohner zäh=
lenden Stadt in Montana ergab ein Religions=Cenſus ne=
ben den gewöhnlichen proteſtantiſchen Benennungen 3000
Katholiken, einige Glieder der griechiſch=katholiſchen Kirche,
drei Mohammedaner und 360 Buddhiſten. In einer ein=
zigen Gemeinde fanden ſich Vertreter von 15 Staaten der
Union vom Atlantiſchen bis zum Stillen Meere und von
den folgenden Nationalitäten: Deutſche, Franzoſen, Ita=
liener, Engländer, Schotten, Irländer, Walliſer, Norweger,
Schweden, Griechen und Ruſſen nebſt einem Eingeborenen
von Alaska. Der Weſten iſt von Theilen faſt aller Racen
angeſiedelt, welche jede religiöſe und irreligiöſe Färbung
repräſentiren — Leute, verſchieden in Herkommen, Spra=
che, Gebräuche, Gewohnheiten, Ideen und Charakter. Der
einzige Punkt, in welchem die Frontierbevölkerung überein=
ſtimmt, iſt der allgemeine und unveränderliche Zweck, reich
zu werden.

Wir haben ſchon geſehen, daß der Weſten in beſonderem
Sinne der Gefahr des Mammonismus, Materialismus, des
Luxus und der Centraliſation des Reichthums ausgeſetzt iſt;
daß die Verhältniſſe der Verbreitung des Socialismus
überaus günſtig ſind; daß die Macht des Saloons daſelbſt
zweiundeinhalbmal ſo ſtark iſt, als im Oſten; daß der
Mormonismus noch kräftig iſt; daß der Romanismus, im
Verhältniß zu der Bevölkerungszahl in den Territorien,
dreimal ſo groß iſt, als in den ganzen Ver. Staaten, und
daß ſich eine ungeheure Maſſe von Einwanderern im We=
ſten anſiedelt. Dieſe nachtheiligen Mächte, welche die feſt=
gegründeten Inſtitutionen des Oſtens kaum ertragen kön=
nen, beeinfluſſen in verdoppeltem Maße die neue, erſt in
ihrer Bildung begriffene Geſellſchaft des Weſtens. Es iſt,
als wenn man ein Kind den böſen Einflüſſen ausſetzt,
welchen ein ſtarker Mann kaum zu widerſtehen im Stande
iſt.

Wir haben (in Cap. IV.) geſehen, daß faſt alle die be=
ſprochenen Gefahren durch das Vorhandenſein der fremden
Bevölkerung meiſtens vermehrt werden. Es iſt daher von
der größten Bedeutung, daß dieſelbe einen ſo großen Theil

unter den Ansiedlern, welche die Zukunft der Staaten des Westens bestimmen werden, ausmacht. Die Ausländer oder Abkömmlinge derselben bildeten in 1880 38.2 Procent der Bevölkerung von Washington Territorium, 48.8 Procent in Montana, 50.5 Procent in Wyoming, 51.9 Procent in Utah, 53.2 Procent in Idaho, 55.2 Procent in Arizona, 66.5 Procent in Dakota, in Nebraska 43.5 Procent, in Californien 59.9 Procent, in Nevada 63.3 Procent und in Minnesota 71.6 Procent. Ausschließlich Alaskas, New Mexikos und des Indianer=Territoriums waren in 1880 etwa 53.3 Procent der Bevölkerung aller Territorien Abkömmlinge von Ausländern. Die Einwohnerschaft von New Mexiko besteht, obschon es meistens Eingeborene sind, wesentlich aus Ausländern, was Race, Sprache, Erziehung (oder eigentlich Mangel an Erziehung), religiöse Ideen, Gewohnheiten und Charakter angeht. Dieselbe ist viel schwieriger zu assimiliren, als irgend eine der europäischen Nationen. Dasselbe gilt von der Bevölkerung des Indianer=Territoriums. Wenn man dieselbe somit zu den Ausländern zählt, so besteht die fremde Bevölkerung in den Territorien zu 66 Procent aus Ausländern oder Abkömmlingen derselben; und diese Territorien enthalten fast 44 Procent alles Landes zwischen dem Mississippi und Alaska. Wenn wir Californien, Colorado, Minnesota, Nebraska, Nevada und Oregon dazu zählen, so begreifen dieselben mit den Territorien beinahe zwei Drittel des ganzen Westens ein, und 58.9 Procent seiner Einwohner sind Ausländer oder von solchen abstammend.

Wir haben betrachtet, wie gefährliche Einflüsse mit besonderer Macht den neuen Ansiedlungen des Westens drohen. Steht die neutralisirende und rettende Macht der christlichen Religion im Verhältniß zu denselben? Nach Dr. Dorchester umfaßte die Gliederzahl der evangelischen Kirchen in den Ver. Staaten in 1880 ein Fünftel der ganzen Bevölkerung; aber in Oregon war nur einer aus elf Glied einer evangelischen Gemeinde, in Dakota einer aus zwölf, in Washington einer aus sechzehn, in Californien und Colorado einer aus zwanzig, in Idaho einer aus dreiunddreißig,

in Montana einer aus sechsunddreißig, in Nevada einer aus
sechsundvierzig, in Wyoming einer aus einundachtzig, in
Utah einer aus 224, in New Mexiko einer aus 657 und in
Arizona einer aus 685.

Wenn, wie Milton sagt: „Die Kindheit zeigt den Mann,
wie der Morgen den Tag," wie wird das Mannesalter des
Westens werden, wenn die Kirchen des Ostens nicht unver=
züglich aufwachen und ihre gegenwärtigen Gelegenheiten
und Pflichten in dieser Richtung erkennen?

Es vollziehen sich sowohl im Osten wie im Süden bedeu=
tende Veränderungen; jedoch enthalten dieselben nicht die
fast unbegrenzte Bedeutung der Anfänge. Oestlich vom
Mississippi sind die Staats=Constitutionen und Gesetze längst
bestimmt; die Gesellschaft ist nicht mehr im Stande des
Werdens, sondern hat ihre festen Formen angenommen;
die Religion hat ihre anerkannten Institutionen, welche
längst fest gegründet sind. Viel Arbeit ist freilich sowohl
im Norden wie im Süden noch zu thun — eine Arbeit,
welche mit unserem nationalen Wohlergehen in enger Ver=
bindung steht; aber es ist der Westen und nicht der Norden
oder Süden, in dessen Hand der Schlüssel der Zukunft un=
serer Nation sich befindet. Der Mittelpunkt der Bevölke=
rung, der Fabrikation, des Wohlstandes und der politischen
Macht zieht nicht südlich, sondern westlich. Die südlichen
Staaten werden niemals eine Mehrheit unserer Bevölke=
rung haben; dem Westen dagegen steht dies in Aussicht.
Gegenwärtig sind die Constitutionen und Gesetze für manche
unserer westlichen Staaten noch nicht geschrieben.*) Diese
großen Territorien stecken sozusagen noch im „Knoten;" die
Gesellschaft ist noch eine Art Chaos; ihre religiösen, Erzie=
hungs= und politischen Institutionen sind erst im Werden
begriffen; aber ihr Charakter bildet sich schnell unter dem
Druck der gewaltigen Wucht des westlichen Lebensdranges.
„Nimm deine Gelegenheit wahr."

---

*) Seitdem dieser Satz vor fünf Jahren geschrieben wurde, haben
sechs der westlichen Territorien Constitutionen angenommen und sind
dem Staatenbund einverleibt worden.

Capitel XIII.

Die Aufnahme der öffentlichen Ländereien.

Thomas Carlyle sagte einmal zu einem Amerikaner: „Ihr möget euch mit eurer Demokratie oder einer anderen ‚kratie‘ oder irgend welchem politischen Kehricht brüsten; aber die Ursache, daß eure Arbeiter so unzufrieden sind, ist, daß ihr so viel Land für so wenige Leute habt.“ Carlyle war allerdings nicht der Mann, vorurtheilsfrei auf republikanische Verhältnisse zu blicken; aber darin, daß er der Thatsache große Bedeutung beilegte, daß unser Land bisher viel größer war, als unsere Bevölkerung, hatte er Recht. Der schnelle Wachsthum unseres Wohlstandes, unsere verhältnißmäßige Bewahrung vor den Folgen unwissenschaftlicher Gesetzgebung, unsere finanzielle Spannkraft, unsere hohen Löhne, der allgemeine Wohlstand und die Zufriedenheit der Einwohner sind fast ausschließlich der Fülle von billigen Ländereien zuzuschreiben. Sobald der Vorrath derselben aufgebraucht ist, treten wir in ein neues Stadium und nähern uns mehr den europäischen Lebensverhältnissen. Der Ernst dieses Wechsels wurde von Lord Macaulay deutlich vorausgesehen und in seinem bekannten Brief an Ehrw. H. S. Randall in 1857 ausgedrückt — ein Brief, von welchem Gen. Garfield sagte, daß er ihn aufgeschreckt habe, wie eine Alarmglocke bei der Nacht. „Euer Schicksal,“ sagt Macaulay, „glaube ich, ist bestimmt, obwohl es von einer physischen Ursache aufgehalten wird. So lange ihr einen unbegrenzten Vorrath fruchtbaren uneingenommenen Landes habt, wird eure Arbeiterbevölkerung viel ruhiger bleiben, als diejenige der alten Welt. * * * Aber die Zeit kommt, daß New England so dicht bewohnt ist, wie Altengland. Die Löhne werden ebenso niedrig und unbeständig sein, als bei uns. Ihr werdet eure Manchesters und Birminghams haben. Und in diesen Manchesters und Birminghams werden Hunderttausende von Handwerkern bisweilen arbeitslos ſein. Dann werden eure Inſtitutionen die Probe aushalten müſſen. * * * Durch ſolche Zeiten haben die Ver. Staaten im kommenden Jahrhundert zu paſſiren, wenn nicht ſchon im gegenwärtigen. Ich wün= ſche euch glückliche Durchhülfe! Aber meine Vernunft und meine Wünſche widerſprechen einander, und ich kann mich der ſchlimmſten Befürchtungen nicht erwehren."

Was iſt die Ausdehnung dieſer öffentlichen Ländereien, deren Aufnahme ſo viel zu bedeuten hat? Das öffentliche Gebiet jenſeit des Miſſiſſippi, ohne Alaska, wurde in 1880 auf 880,787,746 Acker geſchätzt.*) Dieſes ſchließt Eiſen= bahnländereien, welche auf 110,000,000 Acker, und Privat= Claims, welche auf 80,000,000 Acker geſchätzt werden, ein. Dazu kommen Militär= und Indianer=Reſervationen, etwa 157,356,952 Acker groß. Angenommen, alle Militär= und Indianer=Reſervationen gingen, mit Ausnahme von 57,= 000,000 Acker, an das öffentliche Gebiet über, ſo blieben in 1880 weſtlich vom Miſſiſſippi noch 633,787,746 Acker öf= fentlichen Landes, welches der Anſiedlung harrt, übrig. Dieſes ſcheint ein faſt unerſchöpflicher Vorrath zu ſein; aber wir dürfen die ungeheuren Anſprüche nicht überſehen. Die folgende Tabelle zeigt, wie viel Gouvernement=Land ſeit 1880 jährlich veräußert wurde:

	Acker.		Acker.
In 1881	10,893,390	In 1885	20,995,515
" 1882	14,309,166	" 1886	22,124,563
" 1883	19,430,032	" 1887	25,858,038
" 1884	27,531,170	" 1888	30,116,684

Hier iſt eine Geſammtzahl von 171,258,565 Acker wäh= rend acht Jahren, eine Million mehr, als der Staat Texas enthält, oder mehr als zweimal das Gebiet von Großbri= tannien und Irland, welches in 1889 ungefähr 462,529,= 181 Acker in den Händen der Regierung ließ. Wenn das ſeit 1880 beſtehende Verhältniß ſich nicht ändert, ſo wird aller Vorrath öffentlicher Ländereien weſtlich vom Miſſiſſippi

---

*) Spaulding über Public Lands, S. 6. 7.

innerhalb zwanzig Jahren dahin sein. Es darf nicht ver=
gessen werden, daß in diesen Zahlen die großen Gebirgs=
züge, sowie die dürren Ländereien mit eingeschlossen sind.
Nur ein verhältnißmäßig kleiner Theil desselben ist bau=
fähig. Somit wird das Farmland des Westens alle auf=
genommen sein, ehe dieses Jahrhundert zu Ende ist. Und
in persönlichem Besitz wird dasselbe mit der Zunahme der
Bevölkerung ohne Zweifel steigen. Senator Wade von
Ohio machte schon vor 25 Jahren im Senat die Aussage,
daß in 1900 jeder Acker guten Ackerbaulandes in der Union
wenigstens fünfzig Dollars werth sein werde. Dieses ist
freilich eine zu hohe Schätzung; aber es ist nichtsdestoweni=
ger gewiß, daß unser großes Gebiet bald den Unfrieden des
Volkes nicht mehr zu beschwören im Stande sein wird, denn
bald wird es dem Bereiche der Armen entrückt sein.

Aber die Ansiedlung der öffentlichen Ländereien hat eine
weitere und sogar tiefere Bedeutung. Wie wir im vorher=
gehenden Capitel gesehen haben, geben die ersten Ansiedler
einer Gegend und einer Gesellschaft ihr Gepräge auf Gene=
rationen und Jahrhunderte hinaus; und dieser bleibende
Stempel wird dem Westen während der kommenden 15–20
Jahre aufgedrückt werden. Allerdings wird das Land nicht
so schnell angebaut, wie es von der Regierung verkauft
wird. Viel von demselben ist in die Hände reicher Gesell=
schaften oder Capitalisten übergegangen und wird von ihnen
in Erwartung höherer Preise gehalten; aber dieses kann
die wirkliche Besetzung desselben doch nur für eine Zeit lang
aufhalten und ändert die Behauptung nicht, daß der große
Westen noch während dieser Generation angebaut werden
wird. Rob. Giffin, Präsident der Statistischen Gesellschaft
von London, spricht sich in einem Vortrage über "World
Crowding"*) in ähnlicher Weise aus, wie folgt: „Wie wir
auch die Sache ansehen mögen, so ist es gewiß, daß sich in
25 Jahren von jetzt und vielleicht noch früher die Begren=
zung des Raumes in den Ver. Staaten fühlbar machen
wird. Es harren dann keine große Strecken jungfräulichen

---

*) Topics of the Times, 1883, Bd. 1., Nr. 1, S 36.

Landes mehr auf den Anſiedler. Alle zugänglichen Lände=
reien werden mit Landleuten bevölkert ſein, wie es jetzt im
Oſten der Fall iſt." Angenommen, die ganze Strecke weſt=
lich vom Miſſiſſippi, mit Einſchluß der kahlen Berge und
Alkalinwüſten, würden in ſechs Meilen im Quadrat meſſende
Townſhips eingetheilt. Seit 1870–1880 vermehrte ſich
die Bevölkerung jenſeit des Miſſiſſippi um mehr als 61
Procent.*) Der Cenſus von 1890 weiſt in dieſer Region
eine Bevölkerung von 16,419,459 auf — ein Zuwachs von
45.8 Procent während zehn Jahre. Selbſt wenn dieſes
Zunahmeverhältniß während der kommenden zehn Jahre
auf 33 Procent herabſinken ſollte, welches nicht wahrſchein=
lich iſt, ſo zählte die Bevölkerung in 1900 beinahe 22,000,=
000 — hinreichend, um bei gleichmäßiger Vertheilung 384
Perſonen in jedem Townſhip jenſeit des großen Fluſſes an=
zuſiedeln. Die natürliche Vertheilung ſolcher Bevölkerungs=
zahl würde offenbar faſt alle bewohnbaren Ländereien ein=
nehmen. Man betrachte die Lage des noch unbewohnten
Landes. Es iſt keine große Inſel, wie Auſtralien, Tau=
ſende Meilen von der Quelle ſeiner Bevölkerung entfernt,
ſondern in der Nähe eines der größten Völker der Erde
und zwar nicht nach Norden oder Süden, ſondern im We=
ſten, welches von Wichtigkeit iſt, denn die Völkerzüge be=
wegen ſich ſtets in der Linie der Breitengrade. Zudem iſt
dieſes Territorium von trans=continentalen Eiſenbahnen
umſpannt. Alle Umſtände ſind ſeiner ſchnellen Beſitznahme
günſtig.

Deßgleichen müſſen wir die Ordnung der Anſiedlung be=
achten. In den Mittelſtaaten wurden zuerſt die Farmen
in Beſitz genommen, dann entſtand die Stadt, um die Be=
dürfniſſe zu befriedigen, und endlich kam die Eiſenbahn, um
ſie mit der übrigen Welt zu verbinden. Im Weſten dage=
gen iſt es gerade umgekehrt — erſt die Eiſenbahn, dann die
Stadt, dann die Farmen. Daher geht die Anſiedlung viel

---

*) Während derſelben Periode war der durchſchnittliche Wachsthum
der Bevölkerung in den Staaten der Union 29, in den Territorien 77
Procent. Idaho nahm um 117, Wyoming 127, Waſhington 213,
Arizona 318 und Dakota um 853 Procent zu.

rascher vor sich, und die Stadt gibt dem Lande, anstatt das
Land der Stadt ihr Gepräge. Es sind die Städte und
Städtchen, welche die Staatsconstitutionen, die Gesetze, die
öffentliche Meinung, die socialen Gebräuche und die sittli=
chen Verhältnisse des Westens feststellen werden. Der
Charakter des Westens wird daher schon eine Zeit lang vor
der Besitznahme des Landes wesentlich bestimmt sein.

In 1880 enthielten 53 Procent unserer öffentlichen Län=
dereien (ohne Alaska) nur sechs Procent unserer Bevölke=
rung; d. h. eine Hälfte unseres Landes war zum größten
Theil noch unbewohnt. Der Charakter dieser ungeheuren
Strecke, so groß als Großbritannien, Frankreich, Spanien,
Italien, Oestreich, Deutschland, Norwegen und Schweden,
sammt noch einem Dutzend der kleineren europäischen Staa=
ten, wird während der letzten zwanzig Jahre dieses Jahr=
hunderts bestimmt werden. Angenommen, das ganze west=
liche Europa wäre heute fast ganz unbewohnt, und die Pio=
niere würden an den Ufern der Themse und Seine ihre
Hütten aufschlagen und an der Tiber ihre Blockhäuser
bauen. Sie kommen aber nicht mit den primitiven Werk=
zeugen früherer Jahrhunderte, sondern mit der Lokomotive,
dem Telegraphen, der Dampfpresse und allen Einrichtungen
der modernen Civilisation. Nun nehme man an, die oben=
genannten Länder sollten alle innerhalb zwanzig Jahren
angesiedelt werden; und statt der langsamen Entwickelung
während vieler Jahrhunderte sollte eine Generation ihre
politischen, socialen, religiösen und Bildungs=Institutionen
bestimmen; daß aus dieser einen Generation eine Civilisa=
tion hervorgehen sollte, wie Minerva vom Haupte Jupiters,
völlig erwachsen und ausgestattet. Welch einen unvergleich=
lichen und gewaltigen Abschnitt der Weltgeschichte würde
das bilden! Und doch ist die gegenwärtige Generation im
Begriffe, jenseit des Mississippi ein solches Europa auszu=
gestalten. Und im Schooße dieser wenigen Jahre ist nicht
nur die Zukunft des großen Westens, sondern das Schicksal
der Nation eingeschlossen, denn, wie wir gesehen haben,
wird der Westen den Osten beherrschen.

Capitel XIV.

Die Angelsachsen und die Zukunft der Welt.*)

Jede Race, welche ihre bestimmten Eindrücke auf die menschliche Familie machte, war die Trägerin großer Ideen, die dem Leben der Nation seine Richtung und der Civilisation ihre Form gaben. Unter den Egyptern war diese leitende Idee das Leben, unter den Persern das Licht, unter den Hebräern Reinheit, unter den Griechen die Schönheit und bei den Römern das Gesetz. Der Angelsachse ist der Vertreter von zwei großen, innig verwandten Ideen. Eine derselben ist die bürgerliche Freiheit. Fast alle bürgerliche Freiheit der Welt ist unter den Angelsachsen zu finden: den Engländern, britischen Colonisten und den Einwohnern der Ver. Staaten. Manchen, wie z. E. den Schweizern, wird sie durch die Duldsamkeit ihrer Nachbarn gestattet; Andere, wie die Franzosen, haben Versuche mit derselben gemacht; aber in neuerer Zeit haben die Völker, welche sie liebten, die Freiheit gewonnen, und diejenigen, welche sie durch Selbstregierung bewahrten, waren Angelsachsen. Die vortrefflichsten Racen liebten stets die Freiheit. Diese Liebe zeigte sich schon frühe im deutschen Blute und hat alle Institutionen der verschiedenen Zweige der großen germanischen Familie stark gekennzeichnet; aber es war dem angelsächsischen Zweige vorbehalten, das Recht des Individuums zur vollen Anerkennung zu bringen und dasselbe als den Grundstein der Regierung förmlich zu erklären.

Die andere große Idee, deren Repräsentant der Angelsachse ist, ist die des reinen geistlichen Christenthums. Es war kein Zufall, daß die große Reformation des 16.

*) Es ist nur billig, hier zu bemerken, daß die Substanz dieses Capitels schon etwa drei Jahre, ehe Prof. Fiske's "Manifest Destiny" in Harper's Magazine im März 1885 erschien, welche mehrere derselben Ideen enthält, der Oeffentlichkeit in der Gestalt einer Vorlesung übergeben wurde.

Jahrhunderts unter einem teutonischen, statt einem lateinischen Volke stattfand. Es war das Feuer der Freiheit, welches im Sachsenherzen brannte und gegen den Absolutismus des Papstthums aufflammte. Im Allgemeinen gesprochen, sind die celtischen Völker Europas Katholiken, die teutonischen dagegen Protestanten; und wo die teutonische Race am reinsten war, da breitete sich der Protestantismus am schnellsten aus. Aber, mit schönen Ausnahmen, ist der Protestantismus auf dem Continent zu einem leeren Formalismus herabgesunken. Durch die Confirmation in einem gewissen Lebensalter wird die Staatskirche mit Gliedern angefüllt, welche von einer lebendigen, persönlichen Erfahrung selten etwas wissen. Gehorsam dem militärischen Befehl, geht ein Regiment deutscher Soldaten zu Kirche und Abendmahl, gerade wie sie das Gewehr schultern und einem anderen Befehl gehorchen würden. Es wird gesagt, daß man in Berlin und Leipzig nur etwas über einen Procent der protestantischen Bevölkerung sonntäglich in der Kirche findet. Der Protestantismus scheint auf dem Continent fast so arm an geistlichem Leben und Kraft zu sein, wie der Katholicismus. Das bedeutet, daß das meiste lebendige Christenthum der Welt unter den Angelsachsen und ihren Convertiten gefunden wird; denn sie sind ein Volk der Mission. Wenn wir alle deutschen Missionsgesellschaften zusammen nehmen, so findet sich, daß sie im Punkte der Zahl der Arbeiter und Beiträge hinter der kleinsten der drei großen englischen Missionsgesellschaften zurückbleiben. In dem Jahre, da die Congregationalisten in den Ver. Staaten per Glied $1.37 für auswärtige Mission beisteuerten, gaben die Glieder der deutschen Staatskirche zu demselben Zwecke je dreiviertel Cent.*) Daraus ist zu ersehen, daß die Evangelisation der Welt hauptsächlich von den englischen und amerikanischen Völkern abhängt.

Es ist für diejenigen, welche dieses lesen, überflüssig, beweisen zu wollen, daß die beiden Hauptbedürfnisse der Menschheit, damit Alle zum höchsten Lichte der christlichen

---

*) Christlieb, Protestant Foreign Mission, S. 34 u. 37.

15

Civilisation erhoben werden mögen, erstens ein reines, le=
bendiges Christenthum und zweitens die bürgerliche Freiheit
sind. Ohne Zweifel sind dies die Mächte, welche in der
Vergangenheit am meisten zur Hebung der Menschheit bei=
getragen haben, und sie müssen auch in Zukunft die erfolg=
reichsten Träger des Fortschritts bleiben. Daraus folgt,
daß der Angelsachse, als der große Vertreter dieser beiden
Ideen, als die Niederlage dieser beiden größten Segnun=
gen, in einem besonderen Verhältniß zur Zukunft der Welt
steht und von Gott beauftragt ist, in einem besonderen
Sinne seines Bruders Hüter zu sein. Dazu rechne man
seine schnell wachsende Kraft in neuerer Zeit, und darin fin=
den wir die ziemlich genaue Lösung seines Schicksals. In
1700 zählte dieses Volk weniger als 6,000,000 Seelen.
In 1800 waren die Angelsachsen (ich gebrauche diesen Aus=
druck ziemlich allgemein, um alle englischredenden Völker
einzuschließen) zu 20,500,000 herangewachsen, und gegen=
wärtig, in 1890, zählen sie 120,000,000 — sie haben sich
also innerhalb 90 Jahren versechsfacht. Am Schlusse der
Regierung Karls II. zählten die englischen Colonisten in
Amerika 200,000. Während der letzten 200 Jahre hat
sich unsere Bevölkerung ums 250fache vermehrt. Und die
Ausdehnung dieser Race ist ebenso auffallend, als ihr
Wachsthum. In einem Jahrhundert haben die Ver. Staa=
ten ihren Umfang um das Zehnfache vermehrt, während die
ungeheure Ausdehnung von Großbritannien — hauptsäch=
lich während des verflossenen Jahrhunderts — in der Ge=
schichte nicht ihres Gleichen hat. Diese mächtige angelsäch=
sische Race, während sie nur den dreizehnten Theil der
Weltbevölkerung umfaßt, beherrscht gegenwärtig mehr als
den dritten Theil der Erde und mehr als ein Viertheil ihrer
Einwohner. Und wenn dieses Volk, während es von
6,000,000 zu 120,000,000 heranwuchs, seine Herrschaft
über den dritten Theil der Welt ausdehnte, so ist nicht an=
zunehmen, daß es seine Neigung und Kraft zur Ausdeh=
nung verlieren wird, wenn seine Zahl auf 1,000,000,000
steht.

Dieser Stamm vermehrt sich nicht nur schneller, als ir=

gend ein anderes Volk auf dem europäischen Continent,
sondern schneller als alle Völker des Continents zusammen.
Die Zahl der Bewohner Europas im Anfange dieses Jahr=
hunderts läßt sich nicht genau bestimmen. Wir wissen je=
doch, daß sich der Wachsthum auf dem Continent von 1870
bis 1880 auf 6.89 Procent belief. Wenn dieses Verhält=
niß während eines Jahrhunderts fortbesteht, so wird die
Bevölkerung des Continents in 1980 auf 534,000,000
herangewachsen sein; wohingegen die angelsächsische Race,
falls sie im Laufe des Jahrhunderts wächst, wie von 1870
bis 1880, in 1980 zu 1,111,000,000 emporgestiegen sein
wird — eine unwahrscheinliche Zunahme allerdings.

Was wird denn wohl die Zahl dieses Volksstammes in
einem Jahrhundert von jetzt sein? Es ist gewagt, eine
Prophezeiung zu unternehmen, aber wir können Wahr=
scheinlichkeiten erwägen. Bei der Betrachtung dieses Ge=
genstandes müssen wir einige Punkte im Augenmerk halten.
Bis jetzt waren die Hauptursachen zur Hemmung der Be=
völkerungszunahme Krieg, Hungersnoth und Pestilenz;
aber unter civilisirten Völkern wird die Wirkung dieser Ur=
sachen von Zeit zu Zeit geringer, und, so widersprechend es
auch scheinen mag, wird der Krieg mit der Erfindung von
immer schrecklicheren Zerstörungsmitteln immer weniger zer=
störend; Handel und Wohlstand haben die Furcht vor
Hungersnoth verbannt, und die Pestilenz wird durch die
ärztliche Kunst und Sanitätswissenschaft immer mehr in
Schach gehalten. Zudem sind die Angelsachsen, mit Aus=
nahme von Großbritannien, welches aber weniger als ein
Drittel der Race in sich faßt, den oben angeführten Hinder=
nissen des Wachsthums weniger ausgesetzt, als die übrigen
Völker Europas. Zudem ist Europa mit Menschen ange=
füllt und wird es immer mehr, welches die Tendenz hat,
das Zunahmeverhältniß abzuschwächen, während mehr als
zwei Drittel der Angelsachsen in Ländern wohnen, welche
zu fast unbegrenzter Ansiedlung einladen — den Ver.
Staaten, Canada, Australien und Südafrika. Wieder geht
die Auswanderung von Europa, welche wahrscheinlich noch
zunehmen wird, großentheils nach angelsächsischen Ländern;

und obgleich diese auswärtigen Elemente einen modificiren=
den Einfluß auf den angelsächsischen Stamm ausüben, wer=
den deren Nachkommen doch sicherlich „angelsachsenirt" wer=
den.   Während 1870–1880 verlor Deutschland durch Aus=
wanderung 987,000 Einwohner, welche meistens nach den
Ver. Staaten kamen. Nach einer Generation werden deren
Kinder zu den Angelsachsen gezählt werden.   Dieses Volk
hat während des 18. und 19. Jahrhunderts eine unver=
gleichliche Ausdehnung erfahren, und die Bedingungen für
seinen unausgesetzten Wachsthum sind ausnehmend günstig.

Wir sind nun bereit, zu fragen, welches Licht Statistiken
auf die Zukunft werfen. In Großbritannien war das
Verhältniß der Zunahme der Bevölkerung von 1840–1850
nur 2.49 Procent; während der folgenden zehn Jahre wa=
ren es 5.44 Procent; in den folgenden zehn Jahren 8.60
Procent; von 1870–1880 10.57 Procent, und von 1880
bis 1889 10.08 Procent.   Somit ist das Zunahmever=
hältniß während 50 Jahre beständig gestiegen.

Es ist nicht unwahrscheinlich, daß es auch in Zukunft noch
steigen wird; aber in Erwägung, daß die Bevölkerung dicht
ist, wollen wir annehmen, daß das Verhältniß während des
kommenden Jahrhunderts nur halb so groß sei, als in
1870–1880, welches die Bevölkerung in 1980 auf 57,000=
000 brächte.   Alle Colonien Großbritanniens, mit Aus=
nahme von Canada, welches aber eine große Zukunft hat,
zeigen ein hohes Zunahmeverhältniß; in Australien war
dasselbe z. E. von 1870–1880 56.50 Procent, in Süd=
afrika sogar 73.28 Procent.   Es ist vernünftig, anzuneh=
men, daß die Colonien insgesammt während des kommen=
den Jahrhunderts ihre Bevölkerung innerhalb je 25 Jah=
ren verdoppeln werden.   In den Ver. Staaten hat sich die
Bevölkerung seit 1685 in je 25 Jahren verdoppelt. Dieses
Verhältniß für die englischen Colonien angenommen, so
werden ihre 11,000,000 in 1880 in 1980 auf 176,000,000
und in 1990 auf etwa 234,000,000 angewachsen sein.   In
unserem eigenen Lande finden wir das Verhältniß der Zu=
nahme der Bevölkerung von jedem Jahrzehnt seit 1800 in
der folgenden Tabelle:

Von 1800–1810.........36.38 Procent.
  "   1810–1820.........34.80   "
  "   1820–1830.........33.11   "
  "   1830–1840.........32.66   "
  "   1840–1850.........35.87   "
  "   1850–1860.........35.58   "
  "   1860–1870.........22.59   "
  "   1870–1880.........30.06   "
  "   1880–1890.........24.57   "

Hier nehmen wir ein Sinken des Zunahmeverhältnisses während 1800–1840 von etwa einem Procent in je zehn Jahren wahr — eine Zeit, während welcher die Einwanderung von wenig Bedeutung war.   Während der folgenden zehn Jahre aber war das Verhältniß in Folge der vermehrten Einwanderung bedeutend höher.   Während des Krieges nahm es jedoch wieder ab und stieg dann von 1870–1880 aufs Neue, um, wie es scheint, von 1880–1890 wieder zu sinken.*)

Wenn das Verhältniß der Zunahme während des kommenden Jahrhunderts mit der Einwanderung so groß sein

---

*) Es sollte jedoch nicht vergessen werden, daß eine große Bevölkerung keine plötzlichen Wechsel in dem Verhältniß ihrer Zunahme zeigt ohne solche Ursachen, als Krieg, Anarchie, Pestilenz, Hungersnoth oder große Auswanderung.   Keine solche hat sich während der letzten 10 Jahre unter uns bemerkbar gemacht, ausgenommen eine große Einwanderung, welche den Wachsthum erhöhen muß.   Es ist daher kaum anzunehmen, daß dieser Zuwachs während des genannten Zeitraums um 5½ Procent gefallen sein sollte.   Noch unwahrscheinlicher ist es, daß, wenn die Verhältnisse wesentlich dieselben blieben von 1870–1890, die Zunahme so hoch war während der ersten Hälfte dieses Zeitraums und dann während der letzten Hälfte so gefallen sein sollte.   Die Erklärung findet sich im Census von 1870, von welchem Gen. Francis A. Walker, der Superintendent, sagt, daß er sehr unvollkommen gewesen sei.   Da die Berichte desselben augenscheinlich zu niedrig standen, so fand von 1870–1880 kein Steigen und somit auch kein solches Fallen in 1880–1890 statt, wie die obigen Ziffern anzudeuten scheinen.   Der Superintendent des letzten Census sagt: „Es kann kaum Zweifel darüber obwalten, daß die Bevölkerung in 1870 wenigstens 40,000,000 betrug," welche das Verhältniß des Wachsthums auf etwa 25 Procent, oder ungefähr dasselbe wie zwischen 1880 und 1890 stellen würde,   15

wird, als es von 1800–1840 ohne Einwanderung war, so
wird dasselbe auf je zehn Jahre um etwa einen Procent fal=
len.   Wenn wir daher mit einer Zunahme von 24 Procent
in 1890–1900 anfangen, so stände unsere Bevölkerung in
1990 auf 373 Millionen, welches die gesammte angelsächsi=
sche Bevölkerung der Welt zu der Zeit auf 667 Millionen
brächte, im Vergleich mit 570 Millionen Einwohnern auf
dem europäischen Continent.   Wenn wir erwägen, wie viel
günstiger die Zunahmebedingungen in den angelsächsischen
Ländern stehen gegen Continental=Europa, und ebenfalls,
daß wir die Zunahme auf letzterem nach dem Verhältniß
von 1870–1880 berechnet haben, während wir die Zunahme
der Angelsachsen während derselben Zeitperiode viel niedri=
ger anschlugen, so mögen wir wohl annehmen, daß in hun=
dert Jahren von jetzt diese Race alle Völker des europäi=
schen Continents überholt haben wird.   Und es ist möglich,
daß die Angelsachsen bis zum Schlusse des nächsten Jahr=
hunderts alle civilisirten Völker der Erde an Zahl übertref=
fen.   Sieht es nicht aus, als ob Gott in unserer angelsäch=
sischen Civilisation den Stempel bereitete, um ihn der Welt
aufzudrücken, und dahinter auch gleich die Macht, mit wel=
cher dies geschehen solle?   Mein Glaube, daß dieser Volks=
stamm schließlich der Welt seine Civilisation mittheilen wird,
gründet sich nicht nur auf Zahlen — man denke an China!
Ich sehe im Geiste, was die Welt nie vorher in einem Volke
geschaut hat, nemlich die größte Anzahl und die höchste Ci=
vilisation.

Es unterliegt kaum einem Zweifel, daß Nordamerika die
große Heimath des Angelsachsen, der Hauptsitz seiner Macht,
das Centrum seines Lebens und Einflusses werden wird.
Dasselbe bildet nicht nur sieben Elftel seines Besitzes, son=
dern hier ist sein Reich auch ungetheilt, während die übrigen
vier Elftel zertheilt und über die Erde zerstreut sind.   Au=
stralien hat eine große Bevölkerung in Aussicht; aber seine
Nachtheile Nordamerika gegenüber sind so augenfällig, daß
ich sie nicht zu nennen brauche. Unser Continent hat Raum,
Hülfsquellen und ein entsprechendes Klima, er liegt an der
Hochstraße der Völker, er gehört in die Zone der Kraft und

steht nach der Zahl bereits an der Spitze der angelsächsischen Bevölkerung. Ueber England schrieb Franklin einmal: „Diese schöne Insel, die im Vergleiche mit Amerika nur ein Schrittstein im Bache ist und eben hoch genug über Wasser steht, um die Schuhe trocken zu halten." England kann kaum hoffen, seine relative Bedeutung unter den angelsäch= sischen Völkern aufrecht zu erhalten, indem seine „schöne Insel" die Heimstätte von nur einem Zwanzigstel dieses Stammes ist. Mit der weiteren Vertheilung des Wohl= standes und vermehrter Einrichtungen zu gegenseitigem Verkehr sind Intelligenz und Einfluß weniger centralisirt, und wächst die Gleichheit der Völker; und je größer die Uebereinstimmung der Völker, desto größere Bedeutung hat die Anzahl derselben.

Amerika gewinnt die überwiegende Bedeutung an Zahl und Reichthum, und es liegt in der Natur der Sache, daß diesen das Scepter des herrschenden Einflusses folgen wird. Dieser Entwickelungsgang ist so alt, als die Civilisation — ein Resultat, das man seit Jahrhunderten erwartet hat. John Adams schreibt, daß nichts älter in seiner Erinnerung sei, als die Wahrnehmung, daß Künste, Wissenschaft und Macht sich westwärts bewegten; und in der Unterhaltung setzte er stets hinzu, daß ihr nächster Sprung über den At= lantischen Ocean nach Amerika sein werde. Er pflegte da= bei einen Spruch anzuführen, welcher bei Monument Bai in der alten Plymouth=Colonie in den Felsen eingegraben ist:

The Eastern nations sink, their glory ends,
And empire rises where the sun descends.*)

Der erleuchtete Galiani, welcher eine Zukunft voraussah, in welcher Europa von Amerika beherrscht wird, schrieb während des Revolutionskrieges: „Ich wette zu Gunsten Amerikas, und wenn auch nur aus der einfachen Ursache, daß während 5000 Jahre sich der Genius von Osten nach Westen bewegt hat."†) Graf D'Aranda schrieb seinem

---

*) John Adams' Works. Bd. IX., S. 597–599.
†) Galiani, Tome II., S. 275.

Könige, nachdem er als Vertreter Spaniens den Vertrag von Paris in 1773 unterzeichnete: „Diese vereinigte Republik ist als Zwerg geboren * * * aber es wird ein Tag kommen, wenn sie eine Riesin, ein selbst diesen Ländern schrecklicher Coloß sein wird."

Adam Smith prophezeit in seinem "Wealth of Nations" die Uebertragung der Herrschaft von Europa auf Amerika. Der Reisende Barnaby fand in der Mitte des vorigen Jahrhunderts, „daß sich im Gemüth der allgemeinen Menschheit die Idee festgesetzt habe, der Stern des Fortschritts bewege sich westwärts, und Jedermann blicke mit spannender Erwartung dem Augenblick entgegen, da Amerika der übrigen Welt Gesetze gebe." Charles Sumner schrieb von der „kommenden Zeit, da der ganze Continent mit allen verschiedenen Staaten eine vielfache Einheit mit einer Constitution, einer Freiheit und einem Schicksal" sein werde, und da „das nationale Vorbild wirksamer sein wird, die Welt zu beherrschen, als Armee und Flotte." Es bedarf wahrlich nicht das Auge eines Propheten, um zu sehen, daß die Civilisation der Ver. Staaten die Civilisation Amerikas, und daß die Zukunft dieses Continents unser sein wird. In 1880 schon waren die Ver. Staaten die Heimath von mehr als der Hälfte der angelsächsischen Race; und wenn die oben gegebene Zusammenstellung richtig ist, so wird in hundert Jahren ein viel größerer Verhältnißtheil hier sein. Es wurde gezeigt, daß wir für wenigstens 1000 Millionen Einwohner Raum haben. Nach den letzten Zählungen (1886) hatte Frankreich eine Bevölkerung von 187 auf die Quadratmeile; in Deutschland kamen (1885) 221.8, in England und Wales (1890) 498, in Belgien (1888) 530, in den Ver. Staaten (1890), ohne Alaska, 21 auf die Quadratmeile. Wenn unsere Bevölkerung so dicht wäre wie diejenige Frankreichs, so hätten wir diesseit Alaska 555 Millionen Einwohner; im Verhältniß zu Deutschland dagegen 658 Millionen, zu England und Wales 1452 Millionen und zu Belgien 1574 Millionen, oder mehr als die gegenwärtige Bevölkerung der Erde.

Und wir werden nicht nur die größte Zahl des angel-

sächsischen Volksstammes hier haben, sondern dürfen ver-
nünftigerweise erwarten, auch den höchsten Grad angelsäch=
sischer Civilisation zu entwickeln. Wenn menschlicher Fort=
schritt einem Gesetz der Entwickelung folgt, wenn

„Der Zeiten schönste Frucht die letzte ist,"

so sollte unsere Civilisation die beste sein, denn wir sind
„der Erbe aller Zeiten" und besitzen nicht nur den Breiten=
grad der Macht, sondern unser Land ist das letzte, welches
in diesem Himmelsstrich angebaut wird. Es gibt sonst kei=
nen jungfräulichen Boden mehr in der nördlichen gemäßig=
ten Zone. Wenn das Zusammentreffen menschlichen Fort=
schritts hier nicht zu erwarten ist, wenn noch eine höhere
Civilisation erblühen soll, wo ist dann der Boden, um die=
selbe hervorzubringen? Whipple sagt : „Es gab nie eine
große Völkerwanderung, welche nicht eine neue Form eines
Nationalcharakters erzeugt hätte." Unser Nationalcharak=
ter ist angelsächsisch, aber nicht englisch, sein besonderer Ty=
pus ist das Resultat einer feineren Nervenorganisation,
welche sich ohne Zweifel in diesem Lande entwickelt. „Die
Geschichte des Fortschrittes der Welt vom Kannibalismus
zum Barbarismus und vom Barbarismus zur Civilisation
und in der Civilisation von der niederen zu einer höheren
Stufe, ist die Geschichte der Zunahme durchschnittlichen Le=
bensalters,*) im Verhältniß und in Verbindung mit einer
Zunahme von Nervosität. Die Menschheit ist zu gleicher
Zeit empfindsamer und widerstandsfähiger geworden ; sie
empfindet die Ermattung schneller und ist doch geduldiger
in ihrer Arbeit, empfindlicher und doch im Stande, unge=
heure Mühsale zu ertragen ; wir sind aus feineren Fasern
zusammengewoben, welche, trotzdem sie schwächer scheinen,
die gröberen überdauern, wie feine und theure Kleidung
sich oft besser trägt, als die rauhe Arbeit."†) Die Wurzeln

---

*) Es ist festgestellt, daß das durchschnittliche Lebensalter während
dieses Jahrhunderts in unserem Lande fortwährend gestiegen und nun
bedeutend länger ist, als in irgend einem anderen Lande. Dorchester's Problem of Religious Progress, S. 287.

†) Beard's American Nervousness, S. 287.

der Civiliſation ſind die Nerven, und bei Gleichheit der
übrigen Verhältniſſe wird die feinſte Nervenorganiſation die
höchſte Civiliſation hervorbringen. Früher war der Krieg
faſt die Hauptbeſchäftigung ſtarker Völker. Die Miſſion
des Angelſachſen war vielfach das Soldatenleben; jedoch
die Welt macht Fortſchritte, wir entwachſen dem Barbarismus des Krieges; in dem Verhältniß, wie die Civiliſation
fortſchreitet, wird man ſich weniger mit dem Krieg und mehr
mit der Kunſt des Friedens beſchäftigen, und zu dieſem
Zwecke muß die Streitaxt zarteren Werkzeugen weichen.
Die phyſiſchen Wechſel, welche in Verbindung mit den gei-
ſtigen in dem Volke der Ver. Staaten vor ſich gehen, haben
augenſcheinlich die Tendenz, die Leute einer höheren Civiliſation zuzuführen. Aber der Einwand mag hier erhoben
werden, daß der „phyſiſche Niedergang der Ver. Staaten"
nicht mit der Vorausſetzung, daß wir einer höheren Civiliſation entgegengehen, übereinſtimme. Als Prof. Huxley
in Buffalo war, hielt er einen Vortrag vor der Amerikaniſchen Geſellſchaft der Wiſſenſchaften und ſagte, daß er von
dem Niedergang des amerikaniſchen Originalſtammes gehört
habe, aber er habe während ſeines Beſuches nichts davon
wahrgenommen. Wir ſind jedoch in dieſem Punkte nicht
abhängig von der Anſicht der beſten Beobachter. Während
des Bürgerkrieges ſammelte das mediziniſche Departement
des Provoſt Marſchall Generals Statiſtiken über die Unterſuchung von mehr als einer halben Million Männer, Eingeborene und Ausländer, junge und alte, kranke und ge-
ſunde, die aus den Alltagsſchichten der menſchlichen Geſellſchaft kamen und daher das ganze Volk trefflich repräſen-
tirten. Dr. Baxter's officieller Bericht zeigt, daß unſere
eingeborenen Weißen mehr als einen Zoll größer waren,
als die Engländer, und beinahe zweidrittel Zoll größer, als
die Schotten, welche im Punkte der Größe alle anderen
Ausländer übertrafen. Die ausgewachſenen Irländer,
welche die ſtärkſten Ausländer waren, übertrafen die eingeborenen Weißen nicht einmal um einen viertel Zoll im
Bruſtmaß. Die Statiſtik hinſichtlich des Gewichts iſt mager, aber Dr. Baxter bemerkt, daß es vielleicht nicht zu viel

gesagt sei, daß die Kriegsstatistiken zeigen, „daß das allge=
meine Gewicht der eingeborenen Weißen in den Ver. Staa=
ten im Verhältniß zu ihrem Körperbau stände." Es fand
sich, daß die Engländer von den Amerikanern nicht nur an
Höhe, sondern auch im Brustmaß übertroffen wurden.
„Händler in fertigen Kleidern in den Ver. Staaten behaup=
ten, daß sie genöthigt waren, eine größere Nummer von
Kleidersorten, sowohl in der Länge wie in der Weite, zu be=
schaffen, als es vor zehn Jahren der Fall war, um den Be=
dürfnissen des Durchschnitt=Amerikaners zu entsprechen."*)
Solche Thatsachen beweisen, daß die höhere Civilisation der
Zukunft bei dem Volke der Ver. Staaten einer entsprechen=
den physischen Basis nicht ermangelt.

Mr. Darwin meint, in der hervorragenden Gestalt unse=
res Volkes nicht nur eine Illustration seiner Lieblingstheo=
rie von der natürlichen Zuchtwahl zu sehen, sondern deutet
sogar an, daß die Geschichte der Welt bisher nur anbah=
nend und beitragend für unsere Zukunft gewirkt habe.   Er
sagt :†) „Es ist dem Anscheine nach viel Wahrheit in dem
Glauben, daß der merkwürdige Fortschritt der Ver. Staa=
ten sowohl als der Charakter des Volkes die Resultate der
natürlichen Zuchtwahl sind; denn die energischsten, thätig=
sten und muthigsten Männer von allen Theilen Europas
sind während der letzten zehn Jahre nach diesem großen
Lande ausgewandert und sind dort am erfolgreichsten gewe=
sen.   In die ferne Zukunft schauend, glaube ich nicht, daß
Rev. Mr. Zincke eine übertriebene Ansicht hegt, wenn er
sagt : ‚Jede andere Reihenfolge von Ereignissen — wie
dasjenige, welches den Geist der Griechen bildete, und das,
welches die Gründung des römischen Reiches zur Folge
hatte — scheinen nur Zweck und Werth zu haben, wenn sie
in Verbindung mit oder als Beitrag zu dem großen Strome
der angelsächsischen Auswanderung nach dem Westen be=
trachtet werden.‘"

Es ist hinreichend Grund vorhanden, zu glauben, daß die

---

*) Recent Economic Changes by D. A. Wells (1889).
†) Descent of Man, Part 1., S. 142.

angelsächsische Race hier bereits anfängt, wirksamer zu wer=
den, als im Mutterlande. Der Hauptvorzug derselben
liegt in großem Maße in ihrer vermischten Entstehung.
Rawlinson sagt:*) „Es ist eine allgemeine Regel, die jetzt
fast durchweg von Ethnologen zugestanden wird, daß die
vermischten Völkerstämme den reinen überlegen sind," und
fügt hinzu: „Selbst die Juden, welche so oft als ein zu=
gleich reiner und starker Volksstamm angeführt werden,
mögen mit größerem Recht auf die andere Seite des Argu=
ments gezählt werden." Die alten Egypter, die Griechen
und Römer waren alle Mischvölker. Unter den modernen
Völkern bieten die Angelsachsen hiervon das auffallendste
Beispiel. Mr. Green's Untersuchungen zeigen, daß die
poetische Strophe von Tennyson:

„Sachsen und Normannen und Dänen sind wir,"
durch Celten und Gallier, Welsche und Irländer, Friesen
und Flamänder, französische Hugenotten und deutsche Pfäl=
zer ergänzt werden muß. Was vor mehr als tausend Jah=
ren in England vor sich ging, geschieht heute wieder in den
Ver. Staaten. „Die Geschichte wiederholt sich;" aber weil
die Räder der Geschichte die Räder an dem Wagen des All=
mächtigen sind, so ist jeder Umschwung eine Vorwärtsbe=
wegung nach seinen ewigen Zielen. Hier ist eine neue Ver=
mischung der Racen, und während der meiste Zufluß des
ausländischen Blutes wesentlich aus denselben Elementen
zusammengesetzt ist, wie die originelle Mischung der Angel=
sachsen, so daß wir die Wahrung des allgemeinen Typus
voraussetzen können, wird doch auch anderes Blut mit zuge=
führt, welches, wenn Emerson's Bemerkung Grund hat,
daß „die besten Nationen die am weitläufigst=verwandten"
sind, uns die Veredlung des Stammes und ein höheres
Ziel sichert. Wenn den angedeuteten Gefahren der Ein=
wanderung während der kommenden Jahre erfolgreich be=
gegnet werden kann, bis sie ihren Höhepunkt überschritten
hat, so kann erwartet werden, daß sie den Werth der Zu=

---

*) Princeton Review, Nov. 1878.

sammensetzung des neuen angelsächsischen Volkes der neuen
Welt erhöhen wird.   Herbert Spencer sagt über unsere
Zukunft: „Ein großes Resultat ist, wie ich glaube, ziemlich
bestimmt: ‚Aus biologischen Wahrheiten ist zu schließen,
daß die endliche Mischung der vereinigten Theile der ary=
schen Race, welche die Bevölkerung bildet, einen stärkeren
Menschenschlag hervorbringt, als er bisher bestand — einen
plastischeren und den Anforderungen des socialen Lebens
völliger angemessenen Typus.‘   Ich denke, welche Schwie=
rigkeiten sie auch zu überwinden und welchen Mühsalen sie
sich zu unterziehen haben, daß die Amerikaner mit Recht ei=
ner Zeit entgegenschauen können, da sie eine herrlichere Ci=
vilisation zu Stande gebracht haben werden, als die Welt
jemals gesehen hat.“

Es kann leicht gezeigt werden und ist von nicht geringer
Bedeutung, daß die beiden großen Ideen, deren Träger der
Angelsachse ist, sich in den Ver. Staaten völliger entwickeln,
als in Großbritannien.   Dort hat die Vereinigung von
Kirche und Staat die Tendenz, manche Glieder an dem
Leibe Christi zu schwächen.   Hier ist kein solcher Einfluß,
um geistliches Leben und Kraft zu zerstören.   Hier ist eben=
falls eine Regierungsform gegründet, welche mit der aus=
gedehntesten bürgerlichen Freiheit im Einklange steht.   Zu=
dem ist es bedeutungsvoll, daß die ausgeprägten Charakter=
eigenthümlichkeiten dieses Volkes hier am meisten betont
werden.   Unter den hervorragendsten Eigenthümlichkeiten
des Angelsachsen ist seine Macht, Reichthümer zu erwerben
— eine Macht von wachsender Bedeutung in dem sich zu=
künftig ausdehnenden Welthandel.   Wir haben in einem
vorhergehenden Capitel gesehen, daß, ob England wohl die
bei Weitem reichste Nation in Europa ist, wir dasselbe doch
in dem Wettlauf nach Schätzen bereits überholten, obgleich
wir kaum angefangen haben, unsere Hülfsquellen auszu=
beuten.

Wieder ist der Angelsachse bekannt wegen seiner Neigung
zu colonisiren.   Seine merkwürdige Energie, seine unüber=
windliche Thatkraft und seine persönliche Unabhängigkeit

machen ihm zum geborenen Pionier.　Er übertrifft alle an=
dern Völker in der Eigenſchaft, ſich ſeinen Weg in neue
Länder zu bahnen.　Diejenigen, in welchen dieſer Drang
am ſtärkſten war, kamen nach Amerika, und dieſe angebo=
rene Neigung zeigt ſich ferner bei dem Zuge nach dem
Weſten über den Continent.　Dieſe Eigenſchaft zeigt ſich
ſo deutlich, daß engliſche Schriftſteller darüber verhandeln.
Charles Dickens ſagte einmal, daß der typiſche Amerikaner
zögern würde, in den Himmel einzutreten ohne die Verſiche=
rung, weiter weſtlich gehen zu können.

Nichts kennzeichnet den Angelſachſen mehr, als ſeine un=
beugſame Energie; und er entwickelt eine Energie in den
Ver. Staaten, welche in Thatkraft und Erfolg nirgends
ſonſt anzutreffen iſt.

Dieſes iſt zum Theil der Thatſache zuzuſchreiben, daß
der Amerikaner viel beſſer genährt iſt als der Europäer,
und theilweiſe auch, daß dieſes Land noch zum Theil uner=
forſcht iſt; mehr aber noch beruht dieſer Umſtand auf der
Eigenthümlichkeit des Klimas, welches fortwährend anre=
gend wirkt.　Zehn Jahre nach der Landung der Pilger=
väter ſchrieb Rev. Francis Higginſon, ein ſcharfer Beobach=
ter, wie folgt: „Eine Suppe von der Luft in New England
iſt beſſer, als eine ganze Flaſche von engliſchem Ale.“　So
frühe ſchon wurde die ſtimulirende Eigenſchaft unſeres Kli=
mas beobachtet.　So ſind auch unſere ſocialen Inſtitutio=
nen anregend.　In Europa ſind die verſchiedenen geſell=
ſchaftlichen Rangordnungen feſt und beſtimmt, wie die
Eintheilung der Erde.　Es kann keine große Veränderung
geſchehen ohne einen großen Aufruhr, ein ſociales Erdbe=
ben.　Hier iſt die Geſellſchaft ſo flüſſig, wie das Waſſer des
Meeres, wie Gen. Garfield zu ſagen pflegte; und wie es
in ſeinem Leben ſo trefflich illuſtrirt iſt, daß das, was heute
auf dem Grunde liegt, morgen auf den höchſten Wogen=
kamm geſchwemmt werden mag.　Jedermann iſt frei, um
das zu werden, was er aus ſich zu machen im Stande iſt;
frei, um ſich vom Gerber= oder Kanaljungen zum Präſiden=
ten emporzuſchwingen.　Unſere Ariſtokratie iſt, im Unter=

schiede von der europäischen, offen für Jeden, der da kommt.
Reichthum, Stellung, Einfluß sind Prämien, die auf Ener=
gie gesetzt sind; und jeder Farmerknabe, jeder Lehrjunge,
jeder freund= und mittellose Einwanderer kann in den
Wettkampf eintreten. So vereinigen sich mancherlei Ur=
sachen, um hie die wirksamste und großartigste Energie in
der Welt zu entwickeln.

Was ist die Bedeutung solcher Thatsachen? Diese
Tendenz erschließt die Zukunft; sie ist das Alphabet, womit
Gott seine Prophezeiungen schreibt. Können wir nicht
durch vorsichtige Zusammenstellung der Buchstaben etwas
von der Meinung derselben herauslesen? Es scheint mir,
daß Gott in seiner großen Weisheit und Gnade den Angel=
sachsen für eine Stunde, welche in der Zukunft der Welt
ohne Zweifel eintritt, erziehen wolle. Vor diesem ist in der
Geschichte der Welt stets ein verhältnißmäßig noch nicht
eingenommenes Gebiet im Westen gewesen, in welches die
dichtbevölkerten Länder des Ostens ihren Ueberfluß der
Bevölkerung ergossen. Aber die wachsenden Wogen der
Völkerwanderung, welche vor goldenen Zeitaltern sich nach
Osten und Westen vom Thale des Euphrats ausbreiteten,
begegnen sich jetzt an unserer Pacific Küste. Es gibt keine
neuen Welten mehr, die noch nicht aufgenommenen bau=
fähigen Ländereien der Erde sind begrenzt und werden bald
alle besetzt sein. Die Zeit kommt, wenn hier der Druck der
Bevölkerung auf die Subsistenzmittel sowohl gefühlt werden
wird, wie in Europa und Asien. Dann wird die Welt in
ihre neue Geschichtsepoche eintreten — die schließliche
Concurrenz der Racen, wozu der Angel=
sachse herangebildet wird. Lange ehe die
1,000,000,000 vorhanden sind, wird sich die diesem Ge=
schlecht innewohnende und hier sich zeigende Centrifugal=
neigung bemerkbar machen. Dann wird dieser Stamm
mit seiner unvergleichlichen Energie, mit der ganzen Kraft
seiner Anzahl und seinem Reichthum — wie wir hoffen, der
Repräsentant der größten Freiheit, des reinsten Christen=
thums und der höchsten Civilisation — sich mit seinen ag=

greſſiven Eigenſchaften über die Erde verbreiten und deren Inſtitutionen ſeinen Stempel aufprägen. Wenn ich mich nicht irre, wird dieſes mächtige Volk ſich nach Mexiko, nach Central- und Südamerika, über die Inſeln der Meere bis nach Afrika und weiter ausbreiten. Und kann Jemand daran zweifeln, daß das Reſultat dieſer Concurrenz der Racen mit dem „Sieg der Geeignetſten" (survival of the fittest) enden wird? „Irgend ein Volk," ſagt Dr. Buſh= nell, „welches phyſiologiſch in der Cultur vorangeſchritten iſt, wenn auch nur in einem gewiſſen Grad über ein ande= res, mit welchem es vermiſcht iſt, wird das geringere zuletzt zur Seite ſchieben und verdrängen. Nichts kann die unter= geordnete Nation retten, als eine ſchnelle und ſtille Aſſimi= lation. Ob die ſchwächeren und weniger anſprechenden Völker erneuert und gehoben werden, iſt eine große Frage. Wie, wenn es nun in Gottes Plan läge, die Welt mit beſ= ſerem und feinerem Material zu bevölkern?

Gewiß iſt, welche Erwartungen wir auch hegen mögen, daß in den chriſtlichen Nationen eine gewaltig überwiegende Kraft wogt, welche die andern, ſofern ſie nicht ſchnell be= deutend gehoben werden, ohne Zweifel überfluthen und auf immer begraben werden. Pflanzen nicht dieſe großen chriſtlichen Völker ihre Colonien auf allen Seiten und bevölkern ſich, wenn ich ſo ſagen darf, in den Beſitz aller Länder und Himmelsſtriche?*) Zur Erreichung dieſes Reſultates iſt kein Vertilgungskrieg nothwendig; es iſt kein Kampf mit Waffen, ſondern mit Lebenskraft und Civi= liſation. „In unſerer Zeit," ſagt Darwin, „erſetzen civili= ſirte Nationen überall die barbariſchen Völker, ausgenommen wo das Klima eine tödtliche Schranke zieht; und ihren Erſatz verdanken ſie hauptſächlich, wenn auch nicht ausſchließlich, ihren Künſten, welche das Product des Geiſtes ſind." †) So wurden die Finnen durch die ariſchen Völker in Europa und Aſien verdrängt; desgleichen die Tartaren durch die Ruſſen, ſo wie jetzt die Ureinwohner von Amerika, Auſtra=

---

*) Christian Nurture, S. 207, 213.
†) Descent of Man, Bd. I. S. 154.

lien und Neuseeland vor den allesbesiegenden Angelsachsen
verschwinden. Es scheint, als ob diese niedern Stämme
nur die Vorläufer einer höheren Race, Stimmen in der
Wüste wären, welche rufen: „Bereitet dem Herrn den
Weg!" Der Wilde ist ein Jäger; mit dem Einzuge der
Civilisation aber verschwindet das Wild, noch ehe der Jäger
ein Hirte oder Ackersmann geworden ist. Der Wilde ist
unbekannt mit vielen Krankheiten der Civilisation, welchen
er, sobald er ihnen ausgesetzt wird, zum Opfer fällt, ehe er
dieselben zu behandeln versteht. Die Civilisation hat eben=
falls ihre Laster, mit denen der Wilde unbekannt ist. In
den Lastern erweist er sich bald als gelehriger Schüler,
aber im Erlernen guter Sitten ist er sehr schwerfällig.

Jede Civilisation hat ihre zerstörenden und erhaltenden
Elemente. Die angelsächsische Race würde bald unterge=
hen, wenn es nicht für das Salz des Christenthums wäre.
Wenn wilde Stämme mit unserer Civilisation in Berüh=
rung kommen, so werden die zerstörenden Elemente sogleich
ihre Wirksamkeit auf sie ausüben; während es Jahre lang
in Anspruch nimmt, um sie recht unter den rettenden Ein=
fluß des Christenthums zu bringen. Zudem führt die
Pionierwelle unserer Civilisation mehr Schaum mit sich als
Salz. Auf jeden Missionar kommen hundert Abenteurer,
denen es Vergnügen bereitet, den armen Wilden zu ruiniren.

Ob die künftige Verdrängung der geringeren Racen
durch das Vorandringen der Angelsachsen dem Leser trau=
rig vorkommt oder nicht, es scheint jedenfalls wahrscheinlich
zu sein. Ich kenne kein Hinderniß, welches dieselben ab=
halten sollte, Afrika zu bevölkern, wie Nordamerika, ausge=
nommen das Klima. Und diejenigen Orte in Afrika,
welche dem Leben der Angelsachsen nachtheilig sein möchten,
sind nicht so zahlreich, wie es früher den Anschein hatte.
Die holländischen Boers sind, nachdem sie zwei Jahrhun=
derte dort gewohnt haben, so gesund wie irgend ein Volk
der Erde. Der Angelsachse hat sich in ganz verschiedenen
Klimas behauptet — Canada, Südafrika, Indien — und
hat während einiger Menschenalter seine Vorzüge daselbst

16

nicht eingebüßt. Er steht allerdings nicht über dem Ein=
fluß des Klimas; aber selbst im warmen Klima scheint er
seine aggressive Thatkraft lange genug zu behalten, um die
ihn umgebenden geschwächten Stämme zu verdrängen.
So mag in dem, was Dr. Bushnell „die entvölkernde
Kraft des christlichen Geschlechts" nennt, Gottes schließliche
Lösung des dunklen Problems der Heidenfrage bei manchen
untergeordneten Völkern liegen.

Manche der kräftigeren Racen vermögen jedenfalls sich
selbst zu behaupten; aber um mit den Angelsachsen zu
concurriren, mögen sie genöthigt werden, seine Methoden
und Werkzeuge, seine Civilisation und Religion anzuneh=
men. Bedeutende Bewegungen gehen gegenwärtig unter
denselben vor sich. Während die christliche Religion nie=
mals wirksamer, und ihr Einfluß auf das Gemüth des
Angelsachsen stärker war, als gegenwärtig, offenbart sich
unter den Völkern eine ausgedehnte geistige Empörung
gegen den hergebrachten Glauben. „An allen Enden der
Erde," sagt Dr. Froude, „zeigt sich dieselbe Erscheinung
der Fäulniß der bestehenden Religionen. . . . Unter den
Mohammedanern, Juden, Buddhisten und Brahminen ver=
lieren die hergebrachten Glaubensbekenntnisse ihren Halt.
Eine intellectuelle Revolution wälzt sich über die Welt und
zerbricht bestehende Ansichten und löst Grundlagen, auf
denen der geschichtliche Glaube beruht, auf." Die Berüh=
rung der Christen mit den Heiden weckt letztere zu neuem
Leben. Alter Aberglaube verliert seinen Einfluß. Die
todte Hülle des verknöcherten Glaubens wird von den Re=
gungen neuen Lebens gesprengt. In katholischen Ländern
verliert der Katholicismus seinen Einfluß auf gebildete Ge=
müther, und an manchen Orten haben selbst die Massen
ihren Glauben an denselben verloren. So ist, während
Gott den Angelsachsen auf diesem Continent für seine Mis=
sion bereitet, auch eine entsprechende Vorbereitung in der
großen jenseitigen Welt im Gange. Gott hat zwei Hände.
Er bereitet in unserer Civilisation nicht nur das Petschaft,
mit welchem er die Nationen zu stempeln gedenkt, sondern

durch das, was Southey die „zeitgemäße Vorsehung"
nennt, bereitet er die Menschheit, um dieses Gepräge zu
empfangen.

Kann es irgend einem vernünftigen Zweifel unterliegen,
daß diese Nation, ausgenommen sie würde durch Alkohol
oder Tabak entnervt werden, nicht bestimmt ist, manche
schwachen Völker zu verdrängen, andere zu assimiliren und
die übrigen zu gestalten, bis im wahren und wichtigen
Sinne die Menschheit angelsächsisch geworden ist? Schon
jetzt ist die englische Sprache, von christlichen Ansichten
durchdrungen, die besten Gedanken aller Zeiten in sich auf-
nehmend, der große Agent der christlichen Civilisation in
der ganzen Welt, welche zur Zeit das Schicksal der halben
Welt berührt und ihren Character gestaltet. Jakob Grimm,
der deutsche Philologe, sagt von dieser Sprache: „Sie
scheint, wie ihr Volk, bestimmt zu sein, in Zukunft in einem
noch größeren Maße alle Enden der Erde zu beherrschen."
Er prophezeit sogar, daß die Sprache Shakespeare's schließlich die Sprache der Menschheit werden würde.

Ich hege darüber keinen Zweifel, daß der Angelsachse
nicht den größten Einfluß über die Zukunft der Welt ausüben werde; aber die eigentliche Natur dieses Einflusses
ist noch unbestimmt. In wieweit seine Civilisation mate-
rialistisch und atheistisch sein und wie lange es dauern wird,
bis sie gründlich christianisirt und geläutert ist, in wiefern
er sich bemühen wird, das Kommen des Reiches der Herrlichkeit zu beschleunigen, oder wie er dasselbe anhalten
mag, ist noch ungewiß; wird aber in Bälde bestimmt werden. Laßt uns die Glieder unserer Logik,
welche wir uns zu schmieden bemühten, in eine Kette verbinden. Ist es klar, daß der Angelsachse das Schicksal der
Menschheit für kommende Zeiten in seiner Hand hält? Ist
es augenscheinlich, daß die Vereinigten Staaten die Heimath dieses Volkes, der Hauptsitz seiner Macht, der große
Mittelpunkt seines Einflusses sein wird? Ist es wahr (siehe
Cap. III), daß der große Westen die Zukunft der Nation
beherrschen wird? Ist erwiesen worden (Cap. XII und

XIII), daß diese Generation den Charakter und somit das
Schicksal des Westens zu bestimmen hat? Dann möge
Gott dieser Generation die Augen öffnen! Als Napoleon
seine Truppen vor den Mameluken, unter dem Schatten
der Pyramiden aufstellte, deutete er auf die letzteren und
sagte zu seinen Soldaten: „Vergeßt nicht, daß von jenen
Höhen vierzig Jahrhunderte auf euch herabschauen." Män=
ner dieser Generation, von der Spitze der Pyramide unse=
rer Aufgabe, auf welche Gott uns gestellt hat, schauen wir
auf vierzig Jahrhunderte herab. Wir strecken unsere Hand
in die Zukunft mit der Kraft, das Schicksal noch ungebo=
rener Millionen zu bestimmen.

Trotz den großen Gefahren, welche unserer Civilisation
drohen, denke ich nicht, daß sie untergehen wird; aber ich
glaube, es liegt ganz in den Händen der Christen in den
Vereinigten Staaten, während der nächsten zehn oder fünf=
zehn Jahre, das Kommen des Reiches Christi in der Welt
um hunderte, ja vielleicht um Jahrtausende zu beschleunigen
oder zu hindern. Wir, die wir dieser Generation und Na=
tion angehören, beherrschen das Gibraltar des Zeitalters,
welches die Zukunft der Welt beherrscht.

Vergleichstafel.

Durchschnittliche jährliche Zunahme des Wohlstandes der Kirchenglieder in den Ver. Staaten von 1880–1890: $434,790,000.

Beiträge für einheimische und auswärtige Mission in 1890: $10,695,259.

Capitel XV.

Geld und das Reich Gottes.

Persönliches Besitzthum ist eine der Hauptthatsachen unserer Civilisation. Es ist der große Zweck des Strebens, die große Quelle der Macht, die große Ursache der Unzufriedenheit und eine Haupturfache der Gefahr. Wenn die Christen ihr rechtes Verhältniß dem Gelde gegenüber und das Verhältniß des Geldes dem Reiche Christi und seiner Ausbreitung gegenüber finden, so haben sie damit den Schlüssel zu manchen großen Fragen gefunden, deren nothwendige Lösung jetzt vorliegt.

Geld ist Macht in Vereinigung. Es beherrscht Gelehrsamkeit, Talent, Erfahrung, Weisheit, Einfluß und Zahl. Es repräsentirt die Schule, die Hochschule, die Kirche, die Presse und die ganze evangelisirende Maschinerie. Es gibt dem Klugen eine Art Allgegenwart. Durch dasselbe

mag ein Mann zu gleicher Zeit eine Akademie unter den
Mormonen gründen, die Leute in New Mexiko belehren,
eine Missionskirche in Dakota bauen, in Afrika die Heilige
Schrift übersetzen, in China das Evangelium predigen und
den Inhalt von zehntausend Bibeln in Indien verbreiten.
Es ist der moderne Wunderthäter, und hat eine merkwürdi=
ge Vermehrungs= und Verwandlungskraft.	Sarah Hos=
mer, von Lowell, unterstützte einen Studenten im Nestorian
Seminar, welcher ein Prediger des Evangeliums wurde,
obgleich sie eine arme Frau war.	Fünfmal gab sie fünfzig
Dollars, welches Geld sie in der Fabrik verdiente, und
sandte fünf eingeborene Prediger zum Dienste des Evan=
geliums aus.	Schon über sechzig Jahre alt, hatte sie das
Verlangen, den Nestorianern noch einen Prediger zu sen=
den, und daher nahm sie Näharbeit in ihr Dachstübchen,
und durch ihrer Hände Arbeit erreichte sie ihren Zweck.
In den Händen dieser gottgeweihten Frau verwandelte das
Geld die Näherin und das Fabrikmädchen in eine Missio=
narin des Kreuzes und versechsfachte dieselbe.	Gott be=
hüte, daß ich dem Gelde Kraft zuschreiben sollte, welche
dem Glauben, der Liebe und dem heiligen Geiste angehört.
In der Lösung des christlichen Problems ist das Geld
wie die Null—werthlos allein; aber den Werth und die
Wirksamkeit anderer Ziffern vervielfachend.

In dem vorhergehenden Capitel sind die merkwürdigen
Gelegenheiten angeführt, deren sich die Vereinigten Staa=
ten während dieser Generation erfreuen.	Sie legen uns
eine große Verantwortlichkeit auf.	Wir haben ebenfalls
gesehen (Cap. X), daß unser Wohlstand enorm ist.	Wenn
unsere Verantwortlichkeit ihres Gleichen nicht hat, so ist die
Ausdehnung unserer Kraft ebenfalls ohne Parallele.	Ist
nicht die Lehre, welche Gott uns damit geben will, so deut=
lich, daß Jedermann, der vorübergehet, sie lesen kann?
Hat uns nicht Gott diese unvergleichliche Kraft und Gele=
genheit gegeben, um mit derselben diese unvergleichliche
Arbeit auszuführen?

Die Reiche dieser Welt werden nicht unseres Gottes und
seines Christus werden, ehe die Macht des Geldes christiani=

sirt ist. „Das Talent ist bereits zum großen Theil christi=
anisirt. Die politische Macht der Staaten und Königreiche
hat schon längst vorgegeben christlich zu sein, und ist es auch
insoweit, als es ihre Aufgabe ist, persönliche Sicherheit und
Freiheit zu schützen. Die Architectur, Kunst, Constitutionen,
Schulen und Gelehrsamkeit sind großentheils christianisirt.
Aber die Macht des Geldes, welches eine der größten und
thatkräftigsten ist, ist erst im Begriffe es zu werden; jedoch
mit günstigen Vorzeichen, schließlich ganz in den Dienst
Christi und seines Reiches gestellt zu werden. Wenn dieser
Tag kommt, kann er sozusagen der Morgen der neuen
Schöpfung genannt werden.“*) Ist es nicht Zeit, daß
dieser Tag heraufdämmern sollte? Wenn wir unsre angel=
sächsische Civilisation, welche die Erde zu erfüllen bestimmt
ist, christianisiren wollen, ist es dann nicht an der Zeit, daß
die Kirche die Anweisungen des Wortes Gottes hinsichtlich
des Besitzes lehren und beleben sollte? Ihre allgemeine
Annahme seitens der christlichen Kirche würde eine Refor=
mation hervorrufen, welche der Reformation des 16. Jahr=
hunderts kaum nachstünde. Es erfordert nicht nur ver=
mehrtes Geben, nicht nur eine größere Bestimmung für „des
Herrn Theil,“ sondern eine gänzlich verschiedene
Auffassung unserer Stellung unserem Besitz gegen=
über. Die meisten Christen müssen noch lernen, daß sie
nicht Eigenthümer sind, um ihre Habe nach Willkür zu ver=
theilen, sondern einfach Haushalter über das Eigenthum
Gottes. Alle Christen geben zu, daß ihr Eigenthum in
einem gewissen Maße Gott angehört, betrachten dies aber
in einem sehr poetischen Sinne, gänzlich unpraktisch und
unwesentlich. Die meisten handeln mit ihrem Besitz wie
mit ihrem Eigenthum, und gebrauchen ihr Einkommen ge=
rade, als ob es ihnen gehöre.

Im Allgemeinen gestehen die Christen ein, daß Gott an
einen gewissen Theil ihres Einkommens gerechten Anspruch
habe: vielleicht den Zehnten, meistens aber keinen bestimm=
ten Theil; aber eine Kleinigkeit gehört ihm, das stellen sie

---

*) Bushnell's Sermons on Living Subjects. S. 264, 265.

nicht in Abrede, und diese fühlen sie sich verpflichtet, ihm zu
geben. Diese niedrige und unchristliche Ansicht ist wohl
aus einer verkehrten Auffassung des alttestamentlichen Zehn=
ten hervorgegangen. Gott hat aber, für die Darbringung
eines Theils, seinem Anspruch an das Uebrige nicht ent=
sagt. Der Jude wurde in deutlicher Sprache wiederholt
belehrt, daß er mit allem, was er habe, durchaus dem Herrn
angehöre. „Siehe, Himmel und aller Himmel Himmel
und Erde, und alles, was darinnen ist, das ist des Herrn,
deines Gottes." 5 Mose 10, 14. „Die Erde ist des Herrn,
und was darinnen ist; der Erdboden, und was darauf
wohnet." Ps. 24, 1. „Denn mein ist beides, Silber und
Gold, spricht der Herr Zebaoth." Hag. 2, 9. „Denn
siehe, alle Seelen sind mein; des Vaters Seele ist sowohl
mein, als des Sohnes Seele." Hes. 18, 4. Wenn der
Priester geweiht wurde, so wurde das Blut des Widders
an das rechte Ohr, den Daumen der rechten Hand und die
große Zehe des rechten Fußes gebracht, um anzudeuten, daß
er sein Kommen und Gehen, seine Hände und seinen Ver=
stand — kurz, sein ganzes Wesen im Dienste Gottes ver=
wenden solle. Diese Körpertheile wurden als Repräsen=
tanten des ganzen Menschen gebraucht. Desgleichen war
der Zehnte repräsentativ. Denn „ist das Erstlingsbrod hei=
lig, so sind es auch die übrigen." Röm. 11, 16. Der
Zehnte wurde zu besonderer, von Gott bestimmter Ver=
wendung ausgesetzt, in Anerkennung der Thatsache, daß
Alles ihm gehöre.

Darlegung des Grundsatzes.

Gottes Anspruch an das Ganze beruht auf demselben
Grunde, als sein Anspruch an einen Theil. Als der
Schöpfer, hat er ein entschiedenes Eigenthumsrecht an alle
seine Geschöpfe; und wenn ein entschiedenes Anrecht noch
verstärkt werden könnte, so geschähe dies im vorliegenden
Falle dadurch, daß er uns Leben gibt, dasselbe erhält und
uns mit seinem Leben erlöst hat. „Denn ihr seid theuer
erkauft." 1 Cor. 6, 20. Wenn nun Gott der absolute
Eigenthümer von allem ist, so können wir dasselbe selbstver=

ständlich nicht zu einem Theil sein. Wenn wir nicht ein=
mal uns selbst als Eigenthum beanspruchen können, wie
viel weniger das, was wir in unseren Händen finden.
Wenn wir aber sagen, daß Niemand absoluter Eigenthü=
mer von irdischen Gütern ist, so theilen wir deßhalb doch
nicht die socialistische Ansicht, daß persönliches Eigenthum
Diebstahl sei. Infolge des uns persönlich Anvertrauten,
wofür wir persönlich verantwortlich sind, haben wir per=
sönliche Eigenthumsrechte, und mögen gegenseitige An=
sprüche haben; aber zwischen Gott und der Seele ist die
Unterscheidung von Dein und Mein ein Fallstrick. Gehört
der Zehnte Gott? Dann gehören ihm auch zehn Zehnte.
Er hat uns nicht zu einem Zehntel geschaffen, und die übri=
gen neun Zehntel wir selbst; auch hat er uns nicht zu einem
Zehntel erlöst, und wir die übrigen neun Zehntel. Wenn
seine Ansprüche an ein Theil stichhaltig sind, dann hat er
dieselben Ansprüche an das Ganze. Sein Eigenthumsrecht
an uns ist keine getheilte Sache. Wir sind nicht in Com=
pagnie mit ihm. Alles, was wir sind und haben, gehört
entschieden ihm und ihm allein.

Wenn Schrift und Vernunft von Gottes Anrecht an uns
sprechen, so reden sie nicht in einem verhältnißmäßigen
Sinne. Es meint Alles, wie es vor Gericht dies nicht be=
stimmter meinen könnte. Es bedeutet, daß Gott gerechten
Anspruch an den Dienst seines Eigenthums hat. Es meint,
daß unser Besitz, weil er sein Eigenthum ist, auch in seinem
Dienste verwendet werden sollte — nicht nur ein Theil des=
selben, sondern das Ganze. Als der Herr aus dem fernen
Lande zurückkehrte, und mit seinen Knechten rechnete, denen
er seine Güter ausgethan hatte, forderte er nicht nur einen
kleinen Theil des Gewinns, sondern hielt seine Knechte für
beides, Kapital und Zinsen, verantwortlich — „das meine
mit Wucher." Jeder Dollar, welcher Gott gehört, muß
ihm dienen. Und es genügt nicht, daß wir guten Gebrauch
von unseren Mitteln machen. Wir sind unter derselben
Verpflichtung, den b e st e n Gebrauch von unserem Gelde
zu machen, als wir sind, g u t e n Gebrauch davon zu
machen; und irgend Gebrauch davon zu machen, außer dem

allerbeſten, iſt ein Mißbrauch der uns anvertrauten Güter. Das iſt alſo der jederzeit anwendbare Grundſatz, daß unſer ganzes Beſitzthum, jeder Dollar und jeder Cent ſo verwerthet werden ſoll, wie Gott dadurch am meiſten geehrt wird.

Die Anwendung dieſes Grundſatzes.

Die Darlegung dieſes Grundſatzes zeigt ſogleich Schwie=rigkeiten in ſeiner Anwendung. Laßt uns einige derſelben betrachten.

1. Ein Verſuch, perſönliche Ausgaben nach dieſem Grundſatze zu reguliren, gibt Gelegenheit zu Fanatismus auf der einen Seite und zu Selbſtbetrug auf der andern; aber durch eine ehrliche und weiſe Anwendung deſſelben wird beides vermieden.

Gewiß iſt es nicht unrecht, unſre Bedürfniſſe zu befriedi=gen. Aber was ſind Bedürfniſſe? Die ſteigende Civili=ſation vermehrt dieſelben. Einſt gehörten Zündhölzchen zum Luxus, heute ſind ſie ein Bedürfniß geworden. Und dürfen wir für Bequemlichkeit und Luxus gar nichts ver=wenden? Wo ſollen wir zwiſchen den erlaubten und un=erlaubten Ausgaben die Grenze ziehen?

Der Chriſt hat ſich Gott ganz ergeben, oder eigentlich, hat das göttliche Eigenthumsrecht an ihn anerkannt und an=genommen. Er ſteht unter der Verpflichtung, jede Kraft — ob Verſtand, Körper oder Eigenthum, in den Dienſt Gottes zu ſtellen. Er iſt ſchuldig, dieſen Dienſt ſo wirkſam als mög=lich zu machen. Gewiſſe Ausgaben für ſich ſelbſt ſind noth=wendig zu ſeiner höchſten Entwicklung und größten Nützlich=keit, und ſind daher nicht nur zuläſſig, ſondern nothwendig. Alles Geld, welches am nützlichſten verwendet wird in der Welt, am meiſten einträgt für das Reich Gottes, wenn wir es für uns oder unſre Familien anſtatt ſonſtwie verwenden, gereicht zur Ehre Gottes, und iſt beſſer angewandt, als wenn man es für die Miſſion gibt. Und dasjenige Geld, welches wir für uns ſelbſt gebrauchen, welches nützlicher ge=weſen wäre, wenn wir es anderswo verwendet hätten, iſt mißbraucht worden; und wenn dies wissentlich geschah, so ist es Betrug.

Eine beschränkte Auffassung dieses Gegenstandes kann uns leicht zum Fanatismus verleiten. Wir müssen das Leben in seinen erweiterten Beziehungen betrachten und bedenken, daß die Bildung des Charakters Hauptzweck ist. Charakter ist das einzige im Universum, das, so weit wir wissen, absoluten Werth hat, und daher über allem steht. Die Herrlichkeit des Ewigen ist gänzlich eine Herrlichkeit des Charakters. Jede Ausgabe daher, welche dazu dient, den Charakter zu bilden, zu entwickeln und zu veredeln, ist gut angewandt. Die eine Frage, welche wir stets zu beantworten haben, ist diese, ob es die beste Verwendung der Mittel zur Erreichung des gewünschten Zweckes ist? Wird diese besondere Verwendung von Kraft im Gelde den größten Gewinn an Charakter einbringen?

Aber wie steht es um das Schöne? Inwieweit dürfen wir unserm Geschmack für dasselbe fröhnen? Dies ist eine delikate Frage, besonders für Solche, welche inmitten einer luxuriösen Civilisation wohnen. Unser leitender Grundsatz gilt hier wie überall, nur ist die Anwendung schwieriger. Es ist schwierig zu bestimmen, wie nützlich das Schöne sein mag. Ohne Zweifel ist bisweilen, wie Victor Hugo sagte: „das Schöne so nützlich wie das Nützliche; vielleicht noch nützlicher." Der Einfluß der Kunst hebt sich mit der Veredlung der nervösen Organisation. Es gibt Leute, denen das Schöne in einem wichtigen Sinne Bedürfniß ist. Gott liebt das Schöne. Jede Blume würde ebensowohl Samen und Blüthe nach ihrer Art bringen, wenn auch nicht jede Blüthe ein Lächeln des Schöpfers wäre. Die Sterne würden sich ebensowohl in ihrer stillen Bahn dahin bewegen, auch wenn sie nicht wie mächtige Rubinen und Sapphire in ihrem Glanz herabstrahlten. Die Wolken könnten ebenso treue Träger der Meeresfülle sein, wenn Gott ihnen auch nicht den Regenbogenglanz in der Morgen= und Abendröthe gegeben hätte. Ja, Gott liebt das Schöne, und wollte, daß wir es lieben sollten; aber er hat nicht nöthig, sparsam zu sein; seine Hülfsquellen sind nicht beschränkt.

Wenn er die Herrlichkeit des Morgens ausbreitet, so geschieht es nicht auf Kosten von zehntausend hungernden
Seelen. Die Kunst hat bildenden Werth in unseren Familien, unseren Schulen, Parks und Gallerien; aber wie
weit darf Jemand in der Unterstützung der Kunst gehen und
seinem Geschmacke fröhnen, der gewissenhaft anerkennt, daß
er nur ein Haushalter Gottes ist? Wenn Jedermann seine Pflicht thäte und nach seinem Vermögen gäbe, so wären hinreichend Mittel für alle christlichen
und philanthropischen Werke vorhanden und genug übrig,
um auch das Schöne zu genießen. Aber nicht Einer aus
hundert thut seine Pflicht; daher müssen diejenigen, welche
die Bedürfnisse der christlichen Arbeit erkennen, die Lücken
füllen, und dürfen Ausgaben, welche im andern Falle durchaus gerechtfertigt wären, nicht wagen. Manche Ausgaben
sind recht, wenn man sie im abstrakten Sinne betrachtet;
d. h. würden im Falle der Mustergesellschaft nicht unrecht
sein. Aber der Zustand der Welt ist durchaus nicht mustergültig; wir sind mit Zuständen umgeben, welche man nehmen muß, gerade wie sie sind. Die Sünde ist abnormal;
die Welt ist aus den Fugen; und diese Thatsachen legen
uns Verpflichtungen auf, welche andernfalls nicht bestän-
den; machen Opfer nöthig, welche sonst nicht erforderlich
wären; verbieten die Befriedigung von Neigungen, welche
natürlich sind und sonst durchaus ihre Berechtigung hätten.
Dreimal wahr ist dies mit Bezug auf uns, die wir in dieser
großen nationalen Crisis und Weltbewegung leben. Es
ist schon recht, die Violine zu spielen, aber nicht, wenn Rom
in Flammen steht.

Hier ist eine große Familie, deren Gatte und Vater ein
verächtlicher Müßiggänger ist (wenn Bummler einen Begriff vom ewigen Rundgang der Dinge hätten, so würden
sie sterben), und einfach nichts zum Unterhalt der Seinigen
beiträgt. Daher liegt die ganze Sorge auf der Gattin
und Mutter. Sie muß alle Kraft und allen Verdienst
dran setzen, um nur die nöthigsten Lebensbedürfnisse für die
Ihrigen zu erwerben; und trotz ihrer äußersten Anstrengung
müssen dieselben bisweilen kalt und hungrig gehen. Wenn

ihr elender Gatte seine Pflicht erfüllte, so könnte sie Zeit
und Mittel ersparen, ihre Heimath zu verschönern und ihre
Kinder niedlich zu kleiden, aber unter Umständen wäre es
schlimmer als thöricht, wenn sie ihren spärlichen Verdienst
an kostbare Vasen, Spitzen und Seide verschwenden würde.
Gott hat den christlichen Völkern die Aufgabe der Evange-
lisation der heidnischen Nationen gestellt. Er hat es uns
zur Pflicht gemacht, unsere eigenen Heiden zu bekehren, und
zwar unter Umständen, unter welchen diese Aufgabe gewaltig drängt. Wenn diese Verpflichtung von allen Christen
übernommen würde, so ruhte die Last nicht so schwer auf
dem einzelnen, aber ein großer Theil der Kirche entzieht sich
dieser Aufgabe. Soweit es die Unterstützung der Mission
angeht, sind die Kirchenglieder Müßiggänger. Die ungläubigen Viele legen schwere Lasten auf die Schultern der
gläubigen Wenige. Unter diesen Umständen muß derjenige,
welcher sich treu erzeigen will, Opfer bringen, zu welchen er
sonst nicht verpflichtet wäre, d. h. der überall geltende
Grundsatz, daß wir unter der Verpflichtung stehen, den
besten Gebrauch von jedem Cent zu machen, nöthigt ihn zu
einer Verwendung seiner Mittel, welche, wenn jeder Christ
seine volle Pflicht thäte, nicht nöthig wäre. Trotz der
Opferwilligkeit Einiger gibt es große Massen, welche uns
durch die Einrichtung der Wohlthätigkeitspflege nahe gelegt
sind, die aber aus Mangel an Lebensbrod verschmachten.
So lange dies der Fall ist, müssen da nicht alle andern Anforderungen der allerhöchsten weichen? Es ist nicht hinreichend, das Bewußtsein zu haben, daß wir guten Gebrauch
von unsern Mitteln machen, denn die Deutschen sagen, das
Gute ist oft ein schlimmer Feind für das Beste. Die Ausgaben für ein bedeutendes Kunstwerk mögen nicht übel verwendet sein; aber es muß doch Jedermann, der nicht blind
ist, einsehen, wenn tausend Dollars die Rettung von Seelen
repräsentiren, daß es dann bessere Verwendung für dieses
Geld gibt.

Der Ankauf von Luxus wird oft auf die folgende thörichte Weise entschuldigt: „Ich gebe dadurch den Armen
Arbeit und Brod; und es ist viel besser, sie auf diese Weise

etwas verdienen zu lassen, als sie durch das Geben von Al=
mosen im Müßiggang zu unterstützen." So rechtfertigen
Viele ihre Verschwendung, während der Luxus ihrer Eitel=
keit schmeichelt und sie sich selbstgefällig in dem Gedanken
wiegen, daß sie durchaus nicht selbstsüchtig handeln. Das
ist eine „Sparsamkeit", welche zu gleicher Zeit die Selbst=
sucht nährt und die Selbstgerechtigkeit befriedigt. Macht
es keinen Unterschied für die Welt, wie ihre Arbeit verwen=
det wird, ob für etwas Nützliches oder Unnützes, ob für er=
habene oder niedere Zwecke? Dein elegantes Gewand hat
vielen Leuten für viele Tage Beschäftigung gegeben. Aber
liegt keine Selbstsucht darin, daß deren Arbeit auf dich
allein verwendet wurde, während sie Dutzende hätte beklei=
den können, welche jetzt in Lumpen zittern? „Betrüge dich
nicht mit dem Gedanken, daß all der Schmuck, welchen du
tragen kannst, so vielen Hungrigen, die unter dir stehen,
Brod gewährt; denn es ist nicht der Fall; es ist, was du
selbst, du magst es wollen oder nicht, bisweilen instinktmäßig
fühlen mußt — es ist, was diejenigen, die in Hunger und
Kälte auf der Straße stehen und dich beobachten, wenn du
aus deiner Kutsche steigst, wissen, daß es ist: Diese fei=
nen Kleider bringen ihnen kein Brod, sondern nehmen das=
selbe im Verhältniß zu ihrer Kostbarkeit von ihnen weg.
Die wirkliche politisch=ökonomische Bedeutung dieser feinen
Toiletten ist einfach diese: Daß du eine gewisse Anzahl
Leute auf gewisse Tage durch die härtesten Sclaventreiber
— Hunger und Kälte — ganz unter deiner Autorität hat=
test und zu ihnen sagtest: ‚Ich nähre euch und kleide euch
und wärme euch auf so viele Tage; aber während dieser
Tage dürft ihr nur für mich arbeiten; eure kleinen Brüder
brauchen Kleider, aber ihr dürft ihnen keine machen; eure
kranke Freundin bedarf der Nahrung, aber ihr dürft ihr
keine verabreichen; ihr selbst braucht bald ein neues und
wärmeres Kleid, aber ihr dürft euch keins machen. Ihr
sollt während der kommenden Wochen nur für mich Spitzen
und Rosen sticken und an meinem Schmucke arbeiten, wel=
chen ich dann eine Stunde zu tragen gedenke'. . . . . So
lange als Hunger und Kälte um euch her im Lande sind, so

lange kann es keinem Zweifel unterliegen, daß der Kleider=
luxus ein Verbrechen ist. Zu seiner Zeit, wenn wir nichts
besseres mehr für die Leute zu thun haben, mag es nicht
unrecht sein, sie Spitzen klöppeln und Diamanten schleifen
zu lassen, aber so lange es Leute gibt, die keine Decke auf
ihren Betten und kaum Lumpen auf ihrem Leibe haben, so
lange müssen wir sie am Teppichweben und Schneidern hal=
ten, statt Spitzen zu machen." *) Diese Grundsätze, welche
Mr. Ruskin auf den Kleiderluxus anwendet, sind auf alle
Arten von Luxus anwendbar, und sind eine Antwort für
alle die Selbstbetrüger, welche ihre Verschwendung in Luxus
damit rechtfertigen wollen, daß sie dadurch einigen bedürfti=
gen Leuten Beschäftigung gewähren. „Manche behaupten,
daß eine große Verschwendung ihres Reichthums empfeh=
lenswerth sei, weil es den Handel belebt. Diese vergessen,
daß Verwüstung nicht Aufbau des Wohlstandes ist. Krieg,
Feuer, das Sinken eines Schiffes belebt ebenfalls den Han=
del; denn durch die Zerstörung vorhandenen Capitals wer=
den vermehrte Ausgaben geschaffen. Der auf diese Weise
verwüstete Reichthum würde aber, bei weislicher Verwen=
dung, vielen Leuten behufs Aufbau des Wohlstandes Be=
schäftigung gewähren.†)

Weiter spielen sich diese Anwälte der Genußsucht als
Vertheidiger der Liebe Gottes auf. Sie sagen uns, daß
Gott seinen Kindern alles Gute zum Gebrauch gegeben
habe, und daß er sich ihres Vergnügens freue. Jawohl;
Gott ist sogar wohlwollender als Solche denken. Unsere
Freude liegt ihm so sehr an, daß es ihm nicht gefällt, wenn
wir uns an den niedern Dingen der Selbstbefriedigung
vergnügen, sondern er möchte uns gerne die Freude der
Selbstverleugnung um Anderer willen bereiten. Der
Schreiber hat keine Neigung zum Mönchsthum. Es liegt
keine Tugend im Fanatismus; guter Geschmack ist nicht
unchristlich und Schönheit kostet oft nicht mehr als Häßlich=

---

*) True and Beautiful. S. 421, 422.

†) Economic Tract No. X. Of Work and Wealth, by R. R.
Bowker.

feit. Weg mit der Idee des Abbüßens. Es belügt Gott
und macht die christliche Religion zur Caricatur. Es un=
terscheidet sich von der Selbstverleugnung, welche Christus
lehrte und übte, wie der Selbstmord eines Cato von dem
Heldentode Arnolds von Winkelried. Christus starb nicht
um zu sterben, sondern um die Welt zu retten, und er
lehrt nicht die Selbstverleugnung um der Selbstverleug=
nung, sondern um Anderer willen.

Manche üben Selbstverleugnung, wenn auch nicht um
der Selbstverleugnung willen, dann nur um zu sparen, aber
mit wenig oder keiner Rücksicht auf Andere. Laßt einen
japanesischen Heiden uns einen köstlicheren Weg zeigen.
Die folgende Beschreibung habe ich dem Missionary Herald (Sept. 1885) entnommen: An einem gewissen Platze
gediehen der Eigenthümer und die Verwandten eines Hau=
ses, und zwar von Geschlecht auf Geschlecht, ganz vortrefflich.
Jahr um Jahr versammelten sie sich am zweiten Tage des
neuen Jahres und verehrten den Gott Kannin Daimiyo-
jin-san. Die Bedeutung des Namens in deutsch ist „der
große, lichte Gott der Selbstbeherrschung". Nachdem der
Gottesdienst begonnen, öffnete der Herr des Hauses die
Kannin-Cako (Selbstbeherrschungskiste) und vertheilte
Geld unter die Armen, damit dieselben eine Zeit lang glück=
lich leben möchten. Das Geld bestand aus seinen jährlichen
Opfern, welche er diesem Gotte gebracht hatte.

Als Andere von dem Wohlstand, Gottesdienst und der
Wohlthätigkeit dieser Leute hörten, waren sie sehr erstaunt,
und kamen, um sich näher wegen der Sache zu erkundigen.
Darauf gab der Herr des Hauses die folgende Schilde=
rung:

„Von alten Zeiten her hat meine Familie an den großen,
lichten Gott der Selbstbeherrschung geglaubt und ihm
gedient. Wir haben auch eine Kiste gemacht, welche wir
die Selbstbeherrschungskiste nennen, um dahinein die ersten
Früchte und andere Procente zu legen, welche alle unserem
Gotte geopfert werden.

„Hinsichtlich der Procente halten wir es wie folgt: Wenn
ich ein Dollarkleid kaufen soll, dann bemühe ich mich durch

Selbstverleugnung mit einem Kleide für 80 Cents fertig zu werden, und die übrigen 20 Cents lege ich in die Selbst= beherrschungskiste; oder wenn ich meinen Freunden für fünf Dollars eine Festlichkeit veranstalten möchte, dann versuche ich mich zu beherrschen und zu sparen, daß es nicht über vier Dollars kostet, und den übrigen Dollar lege ich in die Kiste; oder wenn ich mich entschließe, ein Haus für hundert Dollars zu bauen, so sehe ich zu, daß ich es für 80 Dollars fertig stelle, und die übrigen zwanzig Dollars gehen in die Kiste für Kannin Daimiyo-jin-san. . . . Im Verhältniß zu meinen jährlichen Ausgaben ist die Summe in dieser Kiste groß oder klein. Dieses Jahr waren meine Aus= gaben groß, daher ist auch, infolge des geschilderten Ge= brauchs, die Summe in der Selbstbeherrschungskiste ziem= lich groß. Aber trotzdem leben wir in Bequemlichkeit, Frieden und Glück." Bei uns sind die Gaben und Wohl= thaten oft sehr beschränkt, anstatt nach einem bestimmten Maßstab. Ich glaube, daß die Christen für etwas Götzen= dienst vor dem „großen, lichten Gott der Selbstbeherrschung" leicht Vergebung finden würden. Und wenn die Selbstbe= herrschungskiste „für einheimische Mission" überschrieben und das infolge der Selbstverleugnung Ersparte hineinge= legt würde, so könnte die „Million", um welche Dr. Goodell in 1881 anhielt, leicht verzehnfacht werden.

Wenn die Kirche den Grundsatz allgemein annehmen würde, jeden Cent auf eine solche Weise zu verwenden, wie Gott am meisten dadurch verherrlicht werden kann, so würde jede Wohlthätigkeitskasse überfüllt sein und eine erfreuliche Fluth des Heils in unserem ganzen Lande hervorrufen. „Aber," sagt Jemand, „dieser Grundsatz erfordert tägliche Selbstverleugnung." Ohne Zweifel; und gerade dies ist das Siegel des Meisters, welches er der Wahrheit aufge= drückt hat: „Wer mir nachfolgen will, der verleugne sich selbst, und nehme sein Kreuz auf sich täglich, und folge mir nach." Luk. 9, 23.

2. Und es gibt keine Ausnahmen in diesem Gesetz der Selbstverleugnung; es bindet Alle gleich. Jeder Christ wird zugeben, daß die Missionare genöthigt sind, sich um

17

Christi willen großer Selbstverleugnung zu unterziehen;
aber warum sollte diese Verpflichtung mehr auf ihnen ruhen,
als auf Andern? Gehört der Missionar Gott absolut an?
Nicht mehr als wir alle. Stellt sie die Liebe und Hingabe
Gottes unter unbegrenzte Verpflichtung? Christus ist für
Alle gestorben. Warum ist nicht der reiche Mann in
Amerika unter ebenso großer Verpflichtung, sich selbst zu
verleugnen, um der Rettung der Heiden willen, als der
Missionar in Central Afrika, vorausgesetzt, daß sein Opfer
zu ihrem Wohl gereicht? Und das sind genau die Vorkeh=
rungen, welche heutzutage von den Missionsbehörden ge=
macht werden. Sie gründen Verbindungswege, welche
uns mit dem ganzen Heidenthum in Berührung bringen,
und machen Afrika, welches vor Jahrhunderten unter die
Mörder fiel, und seitdem stets beraubt und geschlagen
wurde, zu unserem Nächsten. In Luxus zu leben und
dann in unserem letzten Willen der Mission zu gedenken,
entspricht dem Opfergesetz nicht. Jeder Haushalter ist ver=
antwortlich für die Verwaltung des ihm testamentarisch An=
vertrauten. Die Verpflichtung ruht stets auf ihm, seinen
Besitz dahin zu bestimmen, wo derselbe nach seinem Tode
am nützlichsten wirkt. Die Vermächtnisse für wohlthätige
Zwecke sollten bedeutend zahlreicher sein und wären es auch,
wenn der Grundsatz der christlichen Haushaltung allgemein
angewandt würde; aber ein solches Vermächtniß ist keine
Entschuldigung für ein selbstsüchtiges Leben. Wenn der
Priester oder Levit, welche an dem Samariter vorüber
gingen, ihrem Testament ein Codicil beigefügt hätten,
welches für den halbtodt Geschlagenen gesorgt hätte, so
befürchte ich, wäre ihnen dies kaum zur Gerechtigkeit
gerechnet worden, und wäre kaum ein Beweis davon
gewesen, daß sie ihren Nächsten liebten wie sich selbst.
Christus sagt: „Gehet hin in alle Welt und predigt das
Evangelium;" und er sagte dies nicht zu den Zwölfen,
sondern zu der ganzen Gemeinde seiner Gläubigen. Wenn
wir nicht persönlich gehen können, so sind wir verpflichtet,
Stellvertreter zu senden. Der reiche Mann hat mehr
Macht zu senden, als der Missionar hat zu gehen; er ist

vielleicht im Stande ein Dutzend Missionare zu senden. Und warum ist es nicht sowohl seine Pflicht zu **senden**, als es des Missionars Pflicht ist zu **gehen?***) Die Verpflichtungen aller Menschen beruhen auf demselben Grunde. Das Gesetz der Selbstverleugnung ist ein Universalgesetz. „Wenn mir Jemand will nachfolgen;" das hat Bezug auf den reichen Mann sowohl als auf Lazarus; das Wort schließt Alle ein. Und nicht nur müssen Alle Opfer bringen, sondern **das Maß der Selbstverleug-**

---

*) Betrachtet einmal die Opfer, welche manche Missionare in den Frontiergegenden zu bringen haben. Einer derselben sagte, als er an die Congregational Union um Unterstützung zum Bau einer Predigerwohnung schrieb:

„Ich schlafe in einer Hütte drei Meilen vom Städtchen und esse meine Mahlzeiten im Hotel. Es ist kein Haus noch Gebäude irgend einer Art zu haben. Meine Familie ist in Ohio und wartet auf die Einrichtung einer Heimath. O, könnt ihr mir nicht helfen?"

Ein Anderer schreibt: „Während der ersten beiden Jahre meiner Arbeit dahier, war ich genöthigt, in Seattle zu wohnen, sieben Meilen weg, und mußte zu Fuß hin und her gehen. Seitdem habe ich ein Jahr in einem Gebäude gewohnt, welches ich während dreißig Tagen mit meinen Händen zu errichten im Stande war."

Ein Anderer: „Meine Gattin und ich mit unserer siebenjährigen Tochter, haben unser bestes versucht, im Dachstübchen eines Ladens zu leben (wenn man es Leben nennen kann). Es ist inwendig nicht fertig gestellt. Durch Errichtung einer Bretterwand haben wir zwei Zimmer. Um unsere Stube zu erreichen müssen wir von hinten hinauf zwischen Kisten, Fässer, Blechkannen 2c. auf der Außentreppe, welche zu unserem Dachzimmer führt, emporklettern. Wir versuchen unser Bestes, uns warm zu halten; aber wenn das Thermometer 20 Grad unter Null zeigt, so wird es uns nicht gerade leicht. Und dann haben wir für diese Bequemlichkeiten (?), welche die besten sind, die man haben kann, $10 den Monat zu bezahlen. Unser Gehalt ist nur $500. Kann uns die Union nicht $250 leihen, damit wir bauen können?"

Ein Anderer, um ein Darlehn bittend, schreibt: „Meine Familie, welche aus sieben Personen besteht, wohnte den ganzen Sommer in einem Hause zwölf bei sechzehn Fuß, welches nur zwei Zimmer hat."

Manche ertragen mit Freuden die Last des Frontierlebens, um des Reiches Gottes willen, deren Opfer geringer wären, wenn wir mehr thäten, deren Leiden gemildert werden könnten, wenn wir unseren Luxus einschränken würden.

nung iſt gleich für Alle. Gott verlangt nicht
von irgend Zweien dieſelbe Gabe, denn ſie iſt ihnen nicht
gleich gegeben; aber er verlangt von Allen daſſelbe Opfer.
„Alſo auch ein Jeglicher unter euch, der nicht abſagt
allem, das er hat, kann nicht mein Jünger ſein.‟
Luk. 14, 33. Das wenige „Alles‟ zu geben geht ſo ſchwer,
als das reiche „Alles‟ zu geben. In beiden Fällen iſt das
Opfer das gleiche; denn es wird weniger nach dem, was
gegeben wird, bemeſſen, als nach dem, was übrig bleibt.
Nur wenn das Opfer Alles einſchließt, iſt es vollkommen
und völlig. Es iſt das Opfer und nicht die Gabe, worauf
es in den Augen Gottes ankommt. Was er von Jedem
fordert, iſt ein völliges Opfer — die gänzliche Uebergabe
des Selbſt, mit allen Kräften und allem Beſitz. Das
letztere nicht weniger als das erſtere, ſondern die völlige
Uebergabe an Gott, damit es nach ſeinem Willen ehrlich
verwendet wird.

> „Nimm Alles und Jedes, was mein,
> Und laß es dein Eigenthum ſein.‟

Was auch immer ihre Beſchäftigung ſein mag, die
Chriſten haben nur ein Geſchäft in dieſer Welt: die Aus=
breitung des Reiches Gottes; Kaufmann, Handwerker und
Bankier ſind alle unter derſelben Verpflichtung, dieſem
Werke gänzlich geweiht zu ſein, ſowohl als der Miſſionar.

3. Wenn Jemand glaubt, daß jeder Dollar dem Herrn
angehört und zu ſeiner Ehre gebraucht werden ſolle, der
wird nicht wähnen, ſeine Pflicht erfüllt zu haben, wenn er
dem Herrn den Zehnten gibt. Wer vom „Zehnten des
Herrn‟ redet, denkt vielleicht nur an ſeine übrigen neun
Zehntel. Die Frage iſt nicht, welcher Theil dem Herrn ge=
hört, ſondern, nachdem man ihm Alles übergeben hat,
welcher Theil ehrt ihn am meiſten, wenn ich denſelben für
mich und meine Familie verwende, und welchen Theil ſoll
ich für wohlthätige Zwecke verausgaben? Weil die Bedürf=
niſſe verſchieden ſind, ſo iſt auch das Verhältniß verſchieden.
Einer hat wenig Einkommen und eine große Familie, ein
anderer dagegen großes Einkommen und keine Familie.

Da ist freilich der Theil, der zur Ehre Gottes für wohl=
thätige Zwecke verwendet werden sollte, bei dem Einen viel
größer als bei dem Andern. Deßhalb fordert der Herr in
den genannten Fällen ein verschiedenes Theil. Wenn sich
die Bedürfnisse der Menschen im Verhältniß zu ihrem Ein=
kommen verschieden stellten, so wäre es vielleicht möglich,
ein gewisses Verhältniß festzustellen, nach welchem alle
Christen zum Werke Gottes geben sollten. Aber während
oft die Habsucht der Menschen bei vermehrtem Einkommen
wächst, ist dies nicht der Fall mit den Bedürfnissen.*) Ein
Mann, dessen Einkommen sich auf $500 beläuft, mag
dieselben Bedürfnisse haben, als der, dessen Einkommen
$50,000 beträgt.

Es gibt sehr viele Leute in unserem Lande, welche, nach=
dem sie den Zehnten gegeben hätten, alle Tage herrlich und
in Freuden leben, alle ihre Neigungen befriedigen und der
größten Verschwendung fröhnen könnten. Würden sie so
das Gesetz Christi erfüllen: „Wer mir nachfolgen will, der
verleugne sich selbst, und nehme sein Kreuz auf sich täglich
und folge mir nach"?

Die Neigung herrscht immer vor, Form für Geist und
Regeln für Grundsätze zu nehmen. Es ist so viel leichter,
sich nach einer Regel zu verhalten, als sein ganzes Leben
nach Grundsätzen zu bestimmen. Moses hat Regeln ge=
geben, Christus prägt Grundsätze ein—Regeln für Kin=
der, Grundsätze für Männer.

Die Gesetze vom Zehnten wurden gegeben, als die
Menschheit noch im Kindesalter stand und das Verhältniß
des Geldes zum Reiche Gottes von den heutigen Zuständen
durchaus verschieden war. Der Israelite wurde für die
Bekehrung der Welt nicht verantwortlich gehalten. Geld
hatte damals kein geistliches Gegengewicht wie heute; es
repräsentirte nicht die Rettung der Heiden. Der Jude war

---

*) Als John Wesley's Einkommen 30 Pfund betrug, gab er zwei,
und lebte von 28 Pfund; als später sein Gehalt auf 60 und dann
auf 120 Pfund stieg, lebte er immer noch von 28 Pfund und gab das
Uebrige zum Werke Gottes.

nur gehalten, seinen eigenen Gottesdienst zu unterstützen, und dessen beschränkten Ansprüche konnten dadurch leicht befriedigt werden, daß er einen bestimmten Theil seines Einkommens abgab. Palästina war seine Welt und seine Nächsten sein Geschlecht; aber unter der christlichen Dispensation ist die Welt unser Land und unser Geschlecht unser Nächster. Die heutigen Bedürfnisse der Welt sind ohne Grenzen; daher ist es Jedermanns Pflicht, nach allen Kräften diese Bedürfnisse helfen zu befriedigen — nicht nur den Zehnten oder irgend einen andern Bruchtheil. Und Niemand thut seine volle Pflicht, der nicht Opfer bringt.

Unter allen Umständen, laßt uns ein System haben. Es ist so wichtig beim Geben, als bei irgend etwas. Verhältnißmäßiges Geben zu wohlthätigen Zwecken ist beides vernünftig und schriftgemäß — „nachdem Gott gibt." Es ist gut, ein gewisses Verhältniß hinsichtlich unseres Einkommens festzustellen, weniger als welches wir nicht geben wollen, und dann laßt uns unsere Ausgaben demgemäß einrichten. Aber wenn wir den bestimmten Theil gegeben haben — sei es der Zehnte, der Fünfte oder die Hälfte — so folgt daraus nicht, daß wir nun unsre volle Pflicht gethan haben. Keine Regel ersetzt die ehrliche Absicht und das gottgeweihte Herz.

4. Der Grundsatz, daß wir jeden Dollar so verwenden, wie Gott dadurch am meisten geehrt wird, ist so anwendbar auf Capital, wie auf Einkommen, und in manchen Fällen ist es Pflicht, einen Theil des Capitals direct zu wohlthätigen Zwecken zu verwenden. „Aber," sagt Jemand, „ich darf von meinem Capital nicht geben, denn dieses würde meine Aussicht verderben, in Zukunft geben zu können. Ich darf nicht die Gans schlachten, welche das goldene Ei legt." Der Einwand hat seine Bedeutung, besonders in gewöhnlichen Zeiten; aber wir leben in ganz außergewöhnlichen Zeiten, es ist die Nothlage der Welt. Es ist freilich wahr, daß die jetzige Ausgabe von einem Dollar deines Capitals dich verhindern würde, in fünfzehn Jahren von jetzt dafür fünf Dollars zu geben. Aber man

sollte nicht vergessen, daß e i n Dollar für die einheimische Mission jetzt gegeben, z e h n Dollars in fünfzehn Jahren von jetzt reichlich ersetzt. Diese Bemerkung ist zum Sprichwort geworden unter den einheimischen Missionen im Westen.

Geld hat, wie das Korn, eine zwiefache Kraft — die der Hülfe in der Noth, und der Reproduction. Wenn Hungersnoth im Lande herrschte, wie schlimm dieselbe auch sein möchte, so wäre es doch Thorheit, alles Saatkorn in Mehl zu vermahlen. Jedoch angenommen, auf der andern Seite, daß die Bauern mitten in der Hungersnoth, nachdem ihre Familien versorgt und eine Handvoll an die Hungernden ausgetheilt wäre, alles Uebrige, Jahr um Jahr, aussäeten, während die Welt verschmachtete. Das wäre schlimmer als Thorheit. Das wäre ein Verbrechen. Und doch thut dies eine Menge Menschen. Anstatt die Macht des Geldes zu dem Zwecke zu verwenden, wozu es ihnen anvertraut war, gebrauchen sie es fast ausschließlich, um mehr Macht zu gewinnen. Ein Müller möchte ebenso wohl sein ganzes Leben lang seinen Damm höher bauen, ohne je das Wasser auf sein Rad zu drehen. Bischof Butler sagte zu seinem Secretär: „Ich würde mich schämen, zehntausend Pfund zurückzulassen." Manche Christenbekenner sterben schändlich und gottlos reich. Die Schande und Gottlosigkeit liegt jedoch nicht darin, daß diese Macht gesammelt wurde, sondern, daß sie nicht zur Verwendung kam.

Es ist die Pflicht mancher Leute, sehr viel Geld zu sammeln. Gott hat ihnen dazu das Talent gegeben, und es ist so unrecht, dieses Pfund zu vergraben, wie das Talent zu predigen. Es ist Jedermanns Pflicht, die möglichst größte Macht zur Gerechtigkeit zu entwickeln, und die Macht des Geldes muß man erst erwerben, ehe sie verwendet werden kann. Aber man sei ja vorsichtig! Die Macht des Geldes ist etwas schreckliches. Sie ist gefährlicher als Dynamit. Die Opfer des verführerischen Goldes sind unzählig. Wenn ein Christ reich wird, so sollte das mit Furcht und Zittern geschehen, sonst mag ihn der „Betrug des Reichthums" zu Grunde richten, denn Christus redet von der Seligkeit des Reichen wie von einem Wunder (Luk. 18, 24–27).

Es betrüge sich Niemand mit dem Gedanken: „Ich will geben, wenn ich große Reichthümer gesammelt habe. Ich liebe das Geld, um Gutes damit zu thun; aber ich will jetzt nicht geben, damit ich in Zukunft um so mehr zu geben im Stande bin." Das ist die Grube, in welcher viele ver= schmachtet sind. Wenn Jemand im Begriffe ist, groß an Reichthümern zu werden, so kann ihn nichts davon retten, klein an der Seele zu werden, als beständiges und liberales Geben. In der Bestimmung seiner Gaben für das Reich Gottes und der Frage, ob, und in welchem Maße es sein Capital schwächt, sollte Jemand niemals das feste und klare Ziel aus dem Auge verlieren, während seiner Lebenszeit möglichst viel Gutes zu thun. Jeder hat für sich selbst zu entscheiden, welches der weiseste und höchste Gebrauch des Geldes ist; und dabei müssen wir uns oft an die Neigung der menschlichen Natur zur Selbstsucht und zum Selbstbe= truge erinnern.

Der Grundsatz nicht angenommen.

Der Grundsatz, welchen wir namhaft gemacht und im Vorbeigehen angewandt haben, und welchen sowohl die Vernunft hinreichend bestätigt, wie die Schrift deutlich lehrt, wird von der christlichen Kirche nicht angenommen. Es gibt viele schöne Gaben und edle Geber; dieselben zeigen aber nur, daß große Massen in der Kirche bis heute noch nicht den ersten Grundsatz des christlichen Gebens gelernt haben. In 1890 waren in den evangelischen Kirchen der Ver. Staaten 13,411,000 [*) Glieder. Die beifolgende Tabelle zeigt deren Beiträge für einheimische Mission [†) während des Fiscaljahres von 1890.

[*) New York Independent. Juli 31, 1890. Die religiöse Stati= stik des 11. Census ist noch nicht erschienen, weil aber diejenige für den Independent und die des Census von derselben Autorität her= rührt, nemlich von Rev. H. K. Carroll, D. D., so sind die Zahlen, welche hier gebraucht werden, wohl zuverlässig.

[†) In einheimischer Mission sind die gewöhnlichen inländischen

Beiträge für einheimische Mission in 1890:

	Gliederzahl.	Beiträge.	Per Glied.
Congregationalisten	491,985	$1,365,507.55	$2.77
Presbyterianer (nördlich)	753,749	1,137,205.80	1.50
Prot. Episcopal	470,076	657,018.31	1.39
Brüderkirche	11,358	15,594.15	1.37
Evangelische Gemeinschaft	145,703	183,330.38	1.25
Ver. Presbyterianer	101,858	111,644.40	1.09
Prim. Methodisten	5,502	5,453.01	99
Baptisten (nördlich)	780,000	633,267.74	81
Holländische Reformirte	88,812	66,128.66	78
Wesleyaner Methodisten	18,000	*12,000.00	66
Ref. Presbyterianer	6,800	3,786.78	55
Siebenter Tag=Baptisten	9,000	4,857.29	53
Presbyterianer (südlich)	161,742	74,003.96	54
Bischöfl. Methodistenkirche	2,236,462	891,850.00	39
Disciples	750,000	216,269.44	28
Deutsch=Reformirte	194,044	*45,000.00	23
Lutheraner	1,188,876	268,358.62	22
Baptisten (südlich)	1,000,000	244,334.26	22
Bischöfl. Methodisten (südlich)	1,161,666	245,836.37	21
Vereinigte Brüder	199,709	38,658.29	19
Cumberl. Presbyterianer	160,185	27,216.39	16
Freewill-Baptisten	86,297	13,073.88	15
Meth. Protestanten	147,604	11,842.00	8
Freie Methodisten	19,998	1,525.70	7
Farbige Baptisten	1,200,000	40,432.47	3
Afr. Bisch. Methodisten	400,000	*9,000.00	2
Am. Bibelgesellschaft		*173,640.00	
Am. S. S. Union		86,326.94	
Am. Tractatgesellschaft		93,673.90	
Maff. Bibelgesellschaft		24,316.74	
Seamen's Friend-Gesellschaft.....		*15,500.00	
Westl. Tractatgesellschaft		*9,000.00	

* Abgeschätzt.

Missionen, Kirchenbauten, Arbeit unter den Mormonen, New Mexikaner, Farbigen, Indianern, Chinesen in den Ver. Staaten und die Arbeit der Miss.=Departements der denominationellen Verlagsgesellschaften einbegriffen. Freilich sind Stadtmissionen auch „einheimische Missionen", aber das Stadtmissionswerk der lokalen Kirchen ist hier nicht eingeschlossen, weil es unmöglich ist, mehr als eine bruchstückartige Statistik darüber zu erhalten.

Die beigefügte Tabelle begreift nur 11,889,427 von den evangelischen Kirchengliedern in den Ver. Staaten in 1890 ein. Aber der übrige Theil ist aus Farbigen und Ausländern ergänzt, welche sehr

Freilich wurde viel Geld für verschiedene Wohlthätig=
keitszwecke gegeben, von welchem wir keinen Bericht haben;
aber $6,717,000 stellen ungefähr das, was aus den regel=
mäßigen kirchlichen Quellen in die Kasse der einheimischen
Mission floß, und welches sich auf 56 Cents per Glied be=
ziffert, richtig dar. Wenn wir jedoch mehrere hunderttau=
send Kirchenglieder dazu rechnen, deren Benennungen nicht
für einheimische Mission berichten, und dann bedenken, daß
ein Theil der obigen Summe von Kirchenbesuchern gegeben
wurde, welche keine Glieder sind, und daß ein anderer be=
deutender Theil durch Vermächtnisse beigetragen wurde —
die Gaben der Todten — so können wir mit Sicherheit an=
nehmen, daß die Beiträge der evangelischen Kirchenglieder
in 1890 nicht mehr als 50 Cents per Glied betrugen.
Aber viele Tausend gaben je einen Dollar, welches zeigt,
daß ebenso viele gar nichts beitrugen. Einige Tausend
gaben je zehn Dollars; und für jedes Tausend dieser
Klasse sind neunzehn Tausend, die nichts beisteuern. Dr.
Cuyler sagt, daß er einst eine Näherin in seiner Gemeinde
hatte, welche jährlich $100 für die Mission gab. Nicht we=
nige Wohlhabendere geben die gleiche Summe; und auf
jeden derselben kommen 199, welche nichts thun. Einige
geben $5000, und auf jeden derselben kommen 10,000
Kirchenglieder, welche keinen Cent beitragen, um dieses
Land zu retten, für welches der, den sie zu lieben bekennen,
sein Leben gegeben hat. Es gibt Hunderte von Kirchen,
welche weder für einheimische noch Heidenmission etwas bei=
tragen, und in andern Gemeinden thun viele Glieder nichts.
Eine Gemeinde in Hartford gab $1100 für einheimische
Mission. Darauf sagte eine Frau zu einer andern: „Wir
thun doch ziemlich gut heute Morgen." „Nein, nicht als eine
Gemeinde," war die Antwort, „denn eine Frau allein hat
$600 und ein Mann $300 beigesteuert." Wenn Gemeinde=

---

wenig für die Mission beitragen, und aus kleinen Benennungen,
welche, so viel ich erfahren kann, keine regelmäßigen Einrichtungen
haben, durch welche sie zur einheimischen Mission beitragen. Wenn
die Gaben dieser Benennungen in Erfahrung gebracht werden könn=
ten, würden sie das Gesammtresultat nur wenig ändern.

Collecten analysirt würden, so würde sich wahrscheinlich
herausstellen, daß bei weitem der größte Theil davon durch
einige wenige Personen gegeben wurde, und daß diese nicht
zu den reichsten in der Welt gehören. Die große Mehrzahl
der Kirchenglieder gibt wenig oder gar nichts zur Unter=
stützung der Mission.

Während des Jahres 1889–90 beliefen sich die Beiträge
für auswärtige Mission in den Ver. Staaten auf $3,977,=
701.*) Der ganze Beitrag für einheimische und aus=
wärtige Mission von $10,695,259 scheint freilich eine
große Summe zu sein. Aber groß und klein sind relative
Begriffe. Im Vergleich mit den Bedürfnissen der Welt
und dem Wohlstand der Kirche ist es ein jämmerlicher Aus=
weis. Betrachtet nur diesen Wohlstand. Indem die
christliche Religion die Leute mäßig, fleißig und sittlich
macht, sichert sie ihnen Erfolg. Es gibt nur wenige ganz
arme Glieder in unseren Kirchen. Es ist zur großen Frage
geworden: „Wie können wir die Massen erreichen?"
Die Kirchenglieder gehören vielfach zum Mittelstand und
zu den Reichen.†) Zum Andern besteht die Mehrzahl der=
selben aus Frauen, welche über weniger Geld verfügen als
die Männer. Es ist daher richtig zu sagen, daß die Kir=
chenglieder wenigstens so wohlhabend sind, als der Durch=
schnittsbürger. In 1890 war eins aus je 4.7 der Bevöl=
kerung Mitglied einer evangelischen Kirche, d. h. 21.92
Procent von allen Personen. Wir mögen daher anneh=
men, daß dieser Procentsatz des Reichthums in den Ver.
Staaten, oder $13,076,300,000 Vermögen, sich zu jener
Zeit in den Händen der evangelischen Kirchenglieder be=
fand; und dieses bezieht sich noch gar nicht auf das
Capital von Muskel und Gehirn. Von diesem großen
Reichthum wurde ein Zweiunddreißigstel von einem Cent,

*) Almanac of the American Board for 1891, S. 35.

†) The Century sagt, daß von den 50 Geschäftsleuten in Colum=
bus, O., und Springfield, Mass. (wenn wir uns in den ungenannten
Städten nicht irren), vier Fünftel Besucher und Unterstützer der Kir=
chen sind, während drei Fünftel zu den Gliedern derselben gehören.

oder ein Dollar aus je \$3,287 in 1890 zur Heidenmission gegeben, um sieben oder acht hundert Millionen armer Heiden zu retten. Wir wissen nicht, was das Einkommen unserer Kirchenglieder ist; aber wenn sie in 1890 jeden Cent Lohn, Gehalt und anderes Einkommen für sich selbst verwendet hätten, und hätten für ausländische und ein= heimische Mission nur ein Hundertstel von ihrem liegenden und persönlichen Eigenthum gegeben (was allerdings un= verzeihlich knauserig wäre), so hätten sich ihre Beiträge auf \$130,763,000, statt \$10,695,259 belaufen müssen. Für den einen Posten, für ungeschnittene Edelsteine, mei= stens Diamanten, gaben die Leute der Ver. Staaten in 1888 \$10,000,000 aus; und in 1880 verausgabten die Kirchenglieder beinahe zehnmal so viel für Zucker und Molasses als für die Seelenrettung ihrer Mitmenschen; siebenmal so viel für Schuhe und Stiefeln, 16 mal so viel für baumwollene und wollene Stoffe, 11 mal so viel für Fleisch und 18 mal so viel für Brod. Von 1880—1890 betrug die jährliche Durchschnittszunahme des Wohlstandes der Kirchenglieder \$434,790,000. Und es ist zu bemer= ken, daß hiebei alle Unkosten und Ausgaben für wohlthätige Zwecke ausgeschlossen sind. Die jährliche Zunahme des Wohlstandes der Christenbekenner war also 40 mal größer, als deren Beiträge für ausländische und einheimische Mission. Wie diese Beiträge aussehen, wenn man sie mit dem Reichthum und dessen jährlichem Wachsthum vergleicht, das kann der Leser auf der gegenüberstehenden Seite sehen.

Wenn die Glieder unserer Sonntagschulen in Amerika sonntäglich nur einen Cent beisteuerten, so würde dies bereits fast die Hälfte der Summe ausmachen, welche gegenwärtig durch unendliches Schreiben, Beten und Bet= teln von der ganzen Gliederschaft der Kirche gesichert wird. Wenn jeder dieser Christenbekenner fünf Cents—den Preis einer Cigarre—wöchentlich gäbe, würde dies die Summe von \$35,000,000 ausmachen. Wenn Jeder täglich nur einen Cent für das, was nach seinem Bekenntniß das Ziel seines Lebens—den Aufbau des Reiches Gottes—zurück= legte, würde die Summe sich auf \$49,202,000 belaufen.

Vergleichstafel.

Wohlstand der Kirchenglieder in den

Vereinigten Staaten in 1890:

$13,076,300,000.

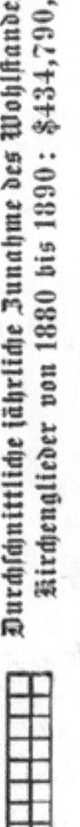

Durchschnittliche jährliche Zunahme des Wohlstandes der
Kirchenglieder von 1880 bis 1890: $434,790,000.

Beiträge für einheimische und auswärtige Mission in 1890: $10,695,259.

1222   40   1

Es werden ungeheure Summen deponirt, wenn sie nur große Vortheile versprechen. Die Times of India sagt, daß beinahe $25,000,000 dort angelegt wurden, um nach Gold zu suchen, und daß man nach dreijährigem Suchen für keine $2,500 von dem köstlichen Metall gefunden habe. Die Christen haben Gelegenheit, mit völliger Sicherheit ihre Schätze zu deponiren, wo sie ihnen dreißig=, sechzig= und hundertfach eintragen, das sind dreitausend, sechs= tausend und zehntausend Prozent, und wie spärlich ist troß= dem die Anlage.

Siebzig Geschäftsleute von New York unterschrieben $1,400,000 oder jeder $20,000 für das Metropolitan Opernhaus in jener Stadt, welches vor einigen Jahren fertig wurde; und dies zwar, ohne dafür pecuniäre Rück= erstattung zu erwarten. Wo sind die 70 Männer, welche nur die Hälfte dieser Summe für einheimische Mission bei= tragen? Ist die Liebe für die italienische Oper so viel stärker als die Liebe zum Vaterlande, zu den Seelen, zu Christo?

Es wird berechnet,*) daß sich die Ausgaben für berau= schende Getränke in 1889 auf $1,000,000,000 beliefen. Da verhältnißmäßig wenig Frauen und Kinder geistige Getränke genießen, sowie auch viele Männer nicht, ist man berechtigt zu sagen, daß diese Summe von einem Viertel oder einem Fünftel der Bevölkerung bezahlt wurde. Das heißt: in 1890 bezahlten etwa 13,000,000 Personen $1,000,000,000 für berauschende Getränke und im selben Jahre gaben etwa ebensoviele Christenbekenner $10,695,= 000 für die Mission. Wenn Jemand nicht besser wüßte, müßte er natürlich auf den Gedanken kommen, daß die eine Classe Bier und Branntwein viel lieber hätte, als die andere Classe unsterbliche Seelen.

Vor einiger Zeit erhielt ein brutaler Klopffechter $12,000 dafür, daß er seinen Gegner blutig klopfte. Zu gottlosen Zwecken kann man leicht Geldes genug bekommen; aber

---

*) Cyclopelia of Temperance and Prohibition. Funk und Wagnalls, 1891.

tausend gute Unternehmen, welche dem Herrn so theuer
sind, als sein Augapfel, müssen wegen Mangels an Unter=
stützung Noth leiden. Wir haben gesehen, daß an Wohl=
stand kein Mangel ist; Geld ist die Fülle in den Händen
der Kirchenglieder, um jeden Acker der Erde mit dem Sa=
men der Wahrheit zu besäen; aber bei weitem die meisten
Christenbekenner halten sich für Despoten über ihren Geld=
beutel. Gott hat seinen Kindern die Macht anvertraut,
jede Creatur bis zum Schlusse dieses Jahrhunderts mit
dem Evangelium zu versehen; aber sie wird mißbraucht.
Ja, die Welt wäre längst evangelisirt, wenn die Christen
das Verhältniß des Geldes zum Reiche Gottes recht aufge=
faßt und ihr Amt als Gottes Haushalter recht verwaltet
hätten. Aber es herrschte zu viel der Geist eines Gemein=
deschatzmeisters in Ohio (ein Christenbekenner), welcher
sagte, als sein Prediger der American Board seinen Bei=
trag gab, er solle das lieber nicht thun, das sei nicht das
beste; lieber solle er doch sein Geld behalten und ihnen
um einen geringeren Gehalt predigen, und schloß mit der
Bemerkung: „Wir sind auch Heiden," ein Bekenntniß,
welchem wenige denkende Leute widersprechen würden, ob=
schon es den Heiden nicht zur Ehre gereicht.

Wenn die Heiden zum Lichte gelangen, so sind sie viel
eifrigere Christen in der Auffassung ihrer Pflichten und
Vorrechte und beschämen uns durch ihre Freigebigkeit.
Sechs eingeborene Christen, die an den Ufern des Euphrats
wohnten, deren Eigenthum vielleicht einen Durchschnitts=
werth von $800 hatte, gaben zum Bau einer Kapelle und
eines Schulhauses $308, also jeder mehr als $50. „Diese
Gabe," fügt der Missionar bei, „bedeutet für jeden dieser
armen Bergbewohner m e h r a l s t a u s e n d T a g e
A r b e i t !" „Es ist eine erstaunliche Thatsache, daß die
1200 zur Mission der Ver. Presbyterianer Board gehöri=
gen Kirchenglieder in Egypten — von welchen die meisten
arm waren — $22,730, oder mehr als je $17 zum Unter=
halt von Kirchen und Schulen beisteuerten. Die Baptisten
unter den Karenen haben ebenso gut gethan." *)   Ja, das

*) Joseph Cook, Occident, S. 125.

iſt erſtaunlich; aber es iſt viel erſtaunlicher, daß die Chriſten
in dem reichen Amerika nur fünfzig Cents für einheimiſche
Miſſion beitragen. Wenn wir ſoviel für die Miſſions=
ſache beitrügen, als jene für die Unterſtützung von Kirchen
und Schulen thaten, ſo wäre unſer Opfer $241,000,000
anſtatt $10,695,000.

Iſt das nicht ein Beweis, daß die meiſten unſerer Kir=
chenglieder den erſten Grundſatz der chriſtlichen Freigebig=
keit noch nicht gelernt haben? Und andere, welche reichlich
geben, ſcheinen ihre Stellung als Gottes Haushalter eben=
falls nicht recht aufzufaſſen, um jeden Dollar ſo zu ver=
wenden, wie er die Ehre Gottes am meiſten fördert. Ein
wohlhabender Prediger (!) ſah eine Bruſtnadel in Paris,
die ihm gefiel und bezahlte $800 für dieſelbe. Wenn das
die beſte (?) Verwendung war, welche er in der Welt für
dieſes Geld finden konnte, ſo war es freilich ſeine Pflicht,
daſſelbe in dieſer Richtung auszugeben. Manche geben
reichlich, und brauchen zugleich ihr Geld in verſchwenderiſcher
Weiſe für ſich ſelbſt; noch iſt dieſes auffallend gegenüber
den Anweiſungen, die den Leuten oft gegeben werden.
Ein Prediger, deſſen Ruhm — und mit Recht — in allen
Kirchen klingt, ſchreibt: „Ich ſage in der That nicht, daß
es unrecht ſei für einen Mann, in der Geſellſchaft die
Stellung einzunehmen, die ihm ſein Reichthum anweiſt,
oder daß Sünde darin ſei, Geld an unſere Häuſer zu ver=
wenden oder uns mit den Schätzen menſchlicher Weisheit in
Büchern oder den Triumphen menſchlicher Kunſt in Bildern
und Statuen zu umgeben; aber ich ſage, daß unſere Ga=
ben für die Sache Gottes den Ausgaben für dieſe anderen
Dinge wenigſtens gleich geſtellt werden ſollten.“ Und ein
geſchätzter Sekretär von einer unſerer beſten Wohlthätig=
keitsgeſellſchaften ſagt: „Darum daß ſeine Seele gear=
beitet hat, wird er ſeine Luſt ſehen. Wann? Nicht bis
die Wohlthätigkeit mit dem Luxus Schritt hält.“ Wird
das ihm zur Luſt gereichen, der die Wittwe lobte, weil ſie
ihre ganze Habe in den Gotteskaſten legte, welcher von
ſeinen Nachfolgern verlangt, daß ſie ihr Kreuz auf ſich
nehmen täglich, und der Niemand als ſeinen Jünger auf=

nimmt, der nicht verläßt Alles, was er hat? Wird es dem Herrn gefallen, wenn ein reicher Feinschmecker jährlich $10,000 auf seinen Tisch verwendet, vorausgesetzt, daß die Wohlthätigkeit mit diesem Luxus Schritt hält und er eben= soviel für die Mission gibt? Oder ist es nicht wahr, daß Gott verlangt, daß Jeder den weisesten und besten Gebrauch von seinem Gelde mache?

Manchen Gemeinden wird nie gelehrt, daß die Weihe unseres ganzen Besitzes für Gott ebensowenig eine Sache der Willkür ist, als die Beobachtung von Gerechtigkeit oder Keuschheit oder irgend einer andern Pflicht. Die meisten Christen lassen sich beim Geben nur von einer plötzlichen Anregung leiten; sie geben etwas oder nichts, viel oder wenig, je nachdem sie fühlen. Ebensowohl möch= ten sie versuchen, ein christliches Leben zu führen und dabei entweder ehrlich sein oder nicht, je nachdem sie fühlen. Die Gemeinden sind in diesem Punkte nicht genügend unter= richtet. Sie hören zu viel von des „Herrn Theil." Die Reformation muß mit der Kanzel anfangen. Während ich nicht als Tadler meiner Brüder betrachtet werden möchte, muß es doch zugestanden werden, daß zu viele Prediger diese Wahrheit nicht erfaßt haben, oder aber, daß sie nicht v o n d e r s e l b e n e r f a ß t s i n d.

Nein, es ist kein Mangel an Wohlstand in den Kirchen, selbst nicht in harten Zeiten. Wenn die Ruthe der Ueber= zeugung und Hingabe einmal den harten Felsen der Selbst= sucht schlägt, so öffnet er sich und läßt Ströme von Seg= nungen fließen, daß die Wüste und Einöde lustig wird, und es ein Lebenswasser für die schmachtenden Völker wird.

Annahme des Grundsatzes.

Nachdem wir den Grundsatz des christlichen Gebens sowie einige in Verbindung mit der Anwendung desselben ent= stehende Fragen betrachtet und gezeigt haben, daß die Kirche nicht demselben gemäß handelt, bleibt uns nur noch übrig, einige Gründe anzuführen, welche zur Annahme desselben nöthigen.

18

1. Die Pflicht. Gewöhnlich wird dadurch zur christ=
lichen Freigebigkeit aufgemuntert, daß man auf die reich=
liche Vergeltung, welche im Worte Gottes verheißen wird,
hinweist. Und solche Beweggründe waren erforderlich für
die Kindheit unseres Geschlechts; aber im Lichte unserer
Zeit sollten sie nicht mehr nöthig sein. Hat nicht Christus
das Geben auf eine höhere Stufe gestellt? Er sagte:
„Geben ist seliger denn Nehmen," nicht wegen der Ver=
geltung, sondern weil es göttlicher ist. Man empfiehlt die
Wohlthätigkeit als eine vortheilhafte Anlage. Es ist wahr,
daß der Herr dem Knecht, welchen er treu findet, mehr an=
vertrauen wird; aber das sollte nicht das Motiv unseres
Gebens sein. Wir sollten Gutes thun und leihen, wofür
wir nicht wieder zu nehmen erwarten. Es ist Thatsache, daß
„Ehrlich am längsten währet;" aber wenn dies der Be=
weggrund ehrlicher Handlungen ist, dann gibt es keine
wahre Ehrlichkeit. Und wenn die Leute geben, um dadurch
größeren Gewinn zu erzielen, so ist es kein wahres Geben.
In der Region von Recht und Unrecht haben wir nicht zu
fragen, was vortheilhaft ist; wir stehen unter dem Scepter
der absoluten Pflicht, welche nicht unterhandelt, oder
empfiehlt, sondern einfach sagt, du sollst. Ob wir
gelernt haben, daß nur dasjenige, was wir geben, wahrhaft
und auf ewig unser ist, oder nicht, die Pflicht bleibt deßhalb
ganz dieselbe. Die Thatsache, daß Gott die gänzliche Hin=
gabe von Allem, was wir haben, fordert, sollte allein hin=
reichend sein, uns zu bewegen; aber es gibt noch andere
Beweggründe.

2. Das geistliche Leben und die Kraft der Gemeinden
erfordert die Annahme der rechten Lehre mit Bezug auf
unseren Besitz. Wir reden wohl von „unserem Kreuz."
Das Wort wird vielfach mißverstanden, und werden darun=
ter unsere Prüfungen, unangenehme Pflichten verstanden
oder irgend etwas, das unsere Neigung kreuzt; aber seine
Bedeutung wird von der Schrift niemals so schwächlich
aufgefaßt. Dort bedeutet es immer Kreuzigung; wie das
Wort Galgen in unserer modernen Sprache, bedeutet es
Tod. Sein Kreuz auf sich zu nehmen, bedeutet gemäß

der Schrift, nach dem Platze der Hinrichtung zu gehen. „Wer mir nachfolgen will, der nehme sein Kreuz auf sich und folge mir nach." Wohin nachfolgen? Nach Golgatha. Derjenige, in dessen Leben es kein Golgatha gibt, wo es mit Christo gekreuzigt worden ist, weiß wenig von der wahren Jüngerschaft. Christus fordert wirkliche Selbstaufopferung; aber wo der Christenname geehrt wird und sein Bekenntniß mancherlei Vortheile bringt, da ist der Selbstbetrug häufig und die christliche Erfahrung in Gefahr, seicht zu sein. Wie der derbe alte Rutherford sagte: „Wenn Leute Christum halb für Nichts bekommen, das gibt lose Arbeit." Zu viele Christen wissen wenig oder nichts von Selbstübergabe; daher der Mangel an geistlichem Leben und geistlicher Kraft. Zu solchen Zeiten leidet die Kirche aus Mangel an entschiedener Prüfung, deren Anwendung den Leuten ihr Inneres zeigt, und sie scheidet mit ziemlicher Bestimmtheit diejenigen, welche mit Christo gekreuzigt sind, von denen, welche nicht wissen, was es meint, sein Kreuz auf sich zu nehmen.

Im Zeitalter des Handels und besonders in einer luxuriösen Civilisation, ist die Form der Verweltlichung, zu welcher die Kirche am meisten versucht wird, die Liebe zum Gelde. Als das Mittel zu fast jeder möglichen Selbstbefriedigung, wird es der Repräsentant des eigenen Ichs; daher ist der wahre Grundsatz des christlichen Gebens, die wirkliche Uebergabe unserer Güter an den Herrn, gerade der Prüfstein dessen, an welchem die Kirche heutzutage leidet. Wenn dieses heute jedem Christen zur Entscheidung vorgelegt würde, wie es der Herr dem reichen Jüngling vorlegte (und die Nothwendigkeit ist dieselbe, denn das menschliche Herz ist dasselbe und das Reich Gottes und seine Bedingungen sind eben dieselben), würde da nicht das Resultat in vielen Fällen sein: „und er ging traurig von dannen, denn er hatte viele Güter"?

Welche Berechtigung hat Jemand, welcher den Punkt klar einsieht, zu glauben, daß er sich dem Herrn ergeben, wenn er ihm nicht auch seine Güter übergeben hat? Wenn er das geringere zurückbehielt, wie soll man dann glauben, daß er dem Herrn das Größere übergab? Wie Jeremy Taylor sagt:*) „Der hat den Herrn nie geliebt, welcher einen Theil seiner Religion aufgibt, um sein Geld zu retten."

Ist nicht Vieles, was der Herr mit Bezug auf unsere Güter sagt, heutzutage ein todter Buchstabe in der Kirche? „Ihr sollt e u c h nicht Schätze sammeln auf Erden." Ist dies aber nicht gerade, was Viele heute in der Kirche thun, und Andere sich aufs Aeußerste zu thun bestreben? „Der Betrug des Reichthums." Wie Viele fürchten sich, vom Reichthum betrogen zu werden? Wie Viele weigern sich auch, das Risiko zu übernehmen? „Wie schwerlich werden die Reichen ins Reich Gottes kommen." Wie Viele haben denn nicht den Wunsch, reich oder reicher zu werden? Un= zählige beklagen sich heute, daß sie so wenig haben, welche es aber am großen Tage der Rechenschaft betrauern werden, daß sie so viel hatten. Das Wort Gottes erklärt den Geiz als Abgötterei. Im Staate Maine hat sich jedoch ein Zeichen des Millenniums gezeigt, wo vor einigen Jahren eine Gemeinde fünf ihrer Glieder zur Rechenschaft zog, weil dieselben nichts beisteuerten. Das geistliche Leben und die geistliche Kraft kann die Welt nur beleben und retten, wenn der Sinn der Hingabe an den Herrn so tief wird, daß er sich willig zeigt, den wahren Grundsatz des christlichen Gebens anzunehmen.

3. Unsere Rettung aus den Gefahren, welche wir besprochen haben, verlangt die Annahme dieses Grund= satzes.

Derselbe wird nicht als Panacea empfohlen; besondere Heilmittel, deren Besprechung der Raum hier nicht gestattet, müssen gebraucht werden; das Werk der Reform drängt; wir bedürfen patriotische und weisliche Gesetzgebung, und daher weniger Politiker und mehr Staatsmänner; aber die Staatsweisheit vermag das Land nicht zu retten. Die Weigerung Jesu, sich zum Könige machen zu lassen, und die Zurückweisung des Scepters der Welt, welches Satan

---

*) Holy Living, S. 184.

ihm bot, sollten diejenigen, welche die Welt retten wollen,
belehren, daß sittliche Mittel zur Erreichung sittlicher Zwecke
erforderlich sind. Christus sah, daß die Welt nicht durch
Gesetzgebung, sondern nur durch seinen Hingang, womit
er „sie Alle zu sich ziehen könne," gerettet würde. Er sah,
daß er die Welt nicht retten könne, ohne Opfer für die=
selbe zu bringen. Die rettende Kraft der Kirche ist ihre
Opferfreudigkeit.

Das Evangelium ist die Radikalkur für die großen Uebel
der Welt, und seine Verbreitung, wie sein Geist, erfordert
Opfer. Das Geld bildet die Sehnen des geistlichen
Krieges, sowohl wie des natürlichen; und eine hinreichende
Summe desselben würde uns in den Stand setzen, den
Gefahren erfolgreich mit dem Evangelium entgegenzu=
treten.

Wenn man den Einwanderer christianisirt, so ist er leicht
amerikanisirt. Das Christenthum bietet die Lösung aller
Racenabneigungen. Wenn man dem Katholiken das
lautere Evangelium bietet, so hört er bald auf, ein Roma=
nist zu sein. Es ist bereits gezeigt worden, daß christlicher
Unterricht die Mormonenfrage zu lösen im Stande ist.
Die Mäßigkeitsreform, wie alle andern, die von öffentlicher
Agitation abhängen, bedarf Geld, und wird aus Mangel
an demselben gehindert. Hinsichtlich des Heilmittels für
den Socialismus verweise ich auf das Urtheil eines
Staatsökonomen, welcher den Gegenstand zum besonderen
Studium gemacht hat. Prof. Ely sagt: „Es ist eine un=
bezweifelte Thatsache, daß sich der moderne Socialismus
in einem schreckenerregenden Grade unter unseren arbeiten=
den Classen—beides ein= und fremdgeborenen—ausbreitet.
Ich glaube, die Gefahr ist von solcher Art, daß sie die
christlichen Leute unseres Landes zu den ernstesten An=
strengungen, um die ärmeren Classen des Landes, beson=
ders in den größeren Städten, zu evangelisiren, aufwecken
sollte. Was sie bedürfen, ist das Christenthum, und die
christliche Kirche kann viel mehr thun, die verschiedenen
gesellschaftlichen Classen zu vereinigen, als die Staats=
männer. Das Heilmittel der Kirche gegen die sociale

Unzufriedenheit und Dynamit=Bomben iſt das Chriſten=
thum, wie es im Neuen Teſtament gelehrt wird. In
dieſem ſage ich freilich nichts Neues. Das einzige bezeich=
nende in dieſer Sache iſt, daß Andere durch das Leſen der
Bibel zu dieſer Anſicht gekommen ſind; ich dagegen bin
von einer durchaus verſchiedenen Richtung, — durch das
Studium der Staatsökonomie — zu demſelben Reſultat ge=
langt." *)

Aber die Annahme der chriſtlichen Lehre mit Bezug auf
irdiſche Güter würd eſowohl einen directen wie indirecten
Einfluß auf den Socialismus haben. Laßt uns dieſen
Punkt daher einen Augenblick betrachten. In der Volks=
bewegung, welche vor hundert Jahren die franzöſiſche Revo=
lution veranlaßte, waren gleiche Rechte die Forderung und
F r e i h e i t das Loſungswort. Auch heute geht eine
Volksbewegung durch Europa, welche allgemeinerer Natur
iſt und bis nach den Ver. Staaten reicht. Die Forderung
von heute iſt gleiche Stellung, und B e ſ i ß t h u m iſt das
Loſungswort — ein Ruf, deſſen Bedeutung auch der Be=
ſchränkteſte auf Erden verſtehen kann. Dieſe Bewegung,
welche beſtändig an Einfluß zunimmt, entſteht aus den
beiden bezeichnenden Thatſachen des 19. Jahrhunderts:
Allgemeine Verbreitung von Kenntniſſen durch die Preſſe,
welches die Bedürfniſſe in allen ſocialen Kreiſen großartig
vermehrt hat; und zweitens die Erwerbung ungeheurer
Reichthümer vermittelſt der Dampfmaſchine. Aber der
Reichthum, welcher dieſen Bedürfniſſen gegenüber gebraucht
wird, iſt aufgehäuft. In einem Wort: Die Schwierig=
keit iſt, daß die K e n n t n i ſ ſ e v e r m e h r t u n d
v o l k s t h ü m l i c h g e w o r d e n, u n d d a ß d i e
R e i c h t h ü m e r v e r m e h r t u n d a n g e h ä u f t wor=
d e n ſ i n d.

Die rechte Vertheilung des Eigenthums, welches den

---

*) Aus einem Briefe von Prof. R. T. Ely an Dr. H. A. Schauff=
ler. Ich bedaure, daß Mangel an Raum mir verbietet, den ganzen
Brief mitzutheilen, welcher in The Home Missionary für October
1884, S. 227, gefunden werden kann.

Kern der socialen Frage bildet, ist das großer Problem unserer Civilisation; und es kann wohl bezweifelt werden, ob sich die richtige Lösung findet, bis die Kirche, beides in Lehre und Praxis, den Lehren des Wortes Gottes mit Bezug auf die Eigenthumsfrage nachkommt. Die Kirche ist in allen sittlichen Fragen verantwortlich für die öffentliche Meinung, und es kann keine große Rechtsfrage für die Welt entschieden werden, bis sich christliche Männer in das rechte Verhältniß zu derselben stellen.

Das unumgängliche Gesetz unseres gegenwärtigen industriellen Systems ist, daß der Preis des Lebensmittel den Stand der Löhne bestimmt. Dabei werden aber den höheren Anforderungen vermehrter Kenntnisse keine Zugeständnisse gemacht, und es veranlaßt somit wachsende Unzufriedenheit unter dem Volk. Man sollte denken, daß sich die Lösung der Schwierigkeiten zwischen Capital und Arbeit in irgend einer Form von Co-Operation finden ließe, wobei dem Arbeiter der gerechte Antheil vom Profit seiner Arbeit zufällt. Prof. Cairns, welcher als einer der größten Oekonomen Englands betrachtet wird, ist der Ansicht, daß co-operative Production den arbeitenden Classen „das einzige Mittel bietet, einem rauhen und hoffnungslosen Schicksal zu entgehen." (Leading Principles, S. 338.). Sich auf mehrere tausend Co-Operativ-Vereine in England beziehend, welche über einige Millionen Capital verfügen, sagt Thomas Hughes: „Ich blicke immer noch auf diese Bewegung als die beste Hoffnung für England und andere Länder." Der berühmte Statistiker Carroll D. Wright, Commissionar des Arbeits-Departments in Washington, spricht von der Pflicht des reichen Fabrikanten sich selbst gegenüber, als von „einem Werkzeug Gottes zum Wohl seines Geschlechts" und der Hebung der höchsten Wohlfahrt derer, die in seinen Diensten stehen, und sagt: „Dies mag vielleicht sentimental klingen. Nun, so will ich denn sentimental heißen: aber ich bin überzeugt, daß es die beste materielle Wohlfahrt bedeutet, und daß jeder Arbeitgeber, welcher sich von diesen Grundsätzen leiten ließ, zwiefach belohnt wurde: erstens durch die auffallende Verbeſſerung ſeiner Leute und zweitens, daß er ſeine Dividende und die Löhne ſeiner Arbeiter mit ſeiner Dividende ſich heben ſah. Das Fabrikſyſtem der Zukunft wird auf dieſer Baſis betrieben werden. Dergleichen Etabliſſements ver= mehren ſich gegenwärtig ſchnell."*) Augenſcheinlich würde die Annahme der bibliſchen Vorſchriften hinſichtlich des Beſitzes von Seiten chriſtlicher Capitaliſten die Einführung des Co=Operationsſyſtems, oder irgend eines andern Sy= ſtems, wodurch dem Arbeiter gerechte Behandlung zugeſichert wird, bedeutend fördern.

Der chriſtliche Mann, welcher nicht darnach ſtrebt, ſeinem Geſchäft den höchſten Gewinn zu ſichern, den ihm die ehr= liche Beobachtung der Geſetze des Verkehrs geſtattet, iſt in der That eine Seltenheit. Aber die Geſetze des Handels erlauben Manches, welches die Geſetze Gottes verbieten. Mancher Handel iſt geſchäftsmäßig ehrlich, der aber nicht wirklich ehrlich iſt. Wenn nun Jemand die Wahrheit zu= gibt, daß ſein Beſitz ihm nur anvertraut iſt, um denſelben als Haushalter Gottes zu verwalten, ſo wird er niemals zugeben, daß derſelbe durch ungerechte Mittel vermehrt wird. Und weil Recht und Gerechtigkeit, wie Ehrlichkeit, am läng= ſten währt, ſo ſollte dieſes ſchließlich chriſtliche Männer zur allgemeinen Annahme eines durchaus gerechten Co=Opera= tivplanes veranlaſſen. Die Chriſten ſollen nur die richtige Stellung ihrem Beſitz gegenüber einmal recht einſehen, und ihr Amt als chriſtliche Haushalter übernehmen, ſo wird das ihre Einnahmen ſowohl als ihre Ausgaben regeln. Dann würden die Beweggründe zur Abſchließung eines „glän= zenden Geſchäfts" wegfallen. Es würde den Handel rei= nigen. Es würde zwiſchen Capital und Arbeit vermitteln. Es würde den Grund, auf welchem das wachſende Gebäude des Socialismus ruht, zertrümmern. Es würde eine Hauptwurzel des Unglaubens abſchneiden; denn genaue Nachforſchungen in Cincinnati zeigten, daß die Arbeiter auf die Frage, warum man ſie ſo ſelten in der Kirche ſähe,

---

*) Für eine Geſchichte über den Profitantheil ſiehe Gilman's Profit Sharing Between Employer and Employee. 1889.

antworteten: weil sich so viele Namen von Arbeitgebern, die ihre Arbeiter ungerecht behandelten, in den Kirchen= büchern vorfänden.

Die Annahme der wahren Grundsätze des christlichen Gebens wird uns ferner durch die Thatsache aufgedrängt, daß Geld eine Macht ist, welche man zur Hebung und Ret= tung der Menschen überall gebraucht; sowie auch, daß uns die richtige Auffassung der Besitzthumsfrage vor der großen und nahen Gefahr des Reichthums rettet. Gott hätte seine Engel senden können, um das Evangelium durch die Welt hinzusingen, oder hätte es ans Firmament schreiben und die Wolken zu seinen Dienern machen können; aber die Verantwortlichkeit der Ausbreitung dieses Evangeliums ruht auf uns. Der Herr könnte die Geldspinde jeder Wohlthätigkeitsgesellschaft in eine Goldgrube verwandeln, wie er den Krug der Wittwe zur Oelquelle machte; aber wir sollen das Gold beisteuern. Die Tendenz der mensch= lichen Natur, unterstützt von der Lebhaftigkeit des Handels, ist geneigt, das Leben zu einem Meeresstrom zu machen, welcher alles mit sich fortreißt. Was wir heute nöthig haben, ist eine große Schwenkung der Bewegung, die Um= wandlung des Lebensstroms in eine Lebensquelle. Und dieses ist in einem besonderen Sinne das Bedürfniß der Angelsachsen. Ihre große Freiheitsliebe und ihre Sucht, Reichthümer zu sammeln, sind eine starke Versuchung, die Selbstverleugnung durch etwas Anderes zu ersetzen. Wir sollen Niemand zum Meister haben außer Christum. Wir wollen Alles besitzen? Dann müssen wir Alles opfern.

Eine der vorliegenden ernsten Fragen ist, wie wir den großen materiellen Wohlstand am besten zur Hebung des Einzelnen verwerthen können? Die größte Armuth ist der Sittlichkeit nachtheilig. Bis zu einem gewissen Grade dient vermehrter Wohlstand zur sittlichen und intellectuellen Entwicklung des Menschen; wie er seine äußerliche Lage verbessert. Aber wie Völker reich werden, sind sie in Ge= fahr, ausschweifend, seicht und unsittlich zu werden. Der körperliche Zustand wird weniger kräftig, das Geistesver= mögen weniger scharf und der sittliche Zustand weniger

lauter. Die verzärtelten Nationen des Alterthums mußten
durch Zuführung friſchen Blutes ſeitens der „Barbaren‟
von Zeit zu Zeit erneuert werden—ein Heilmittel, das uns
nicht mehr zugänglich iſt. Wenn wir im Chriſtenthum kein
Bewahrungs= oder Heilmittel finden, ſo iſt unſere chriſtliche
Civiliſation und die Welt ein Fehlſchlag; und unſer ſchnell
wachſender Reichthum wird uns, wie falſch erworbenes
Eigenthum, zum Verderben verurtheilen.

Aber die Anerkennung des göttlichen Eigenthumsrechts
in allem, was wir haben, iſt ein ſicheres Gegenmittel gegen
den ſchwächenden und ruinirenden Einfluß des Reichthums.
Sie verhütet Genußſucht, und die Wahrnehmung der
religiöſen Wahrheit, welche in dieſer Anerkennung liegt,
gibt die möglichſt größten Motive zur Opferwilligkeit und
thätigen Hülfe, deren die Menſchen fähig ſind. Vor hun=
dert Jahren zwang die Armuth die Leute, Mühſale zu
ertragen und diente dazu, die Nation groß zu machen.
Jetzt aber, da wir den verweichlichenden Einflüſſen des
Reichthums ausgeſetzt ſind, müſſen chriſtliche Grundſätze
uns zur Selbſtverleugnung um Chriſti willen und der Welt
willen beſeelen, um auf dieſe Weiſe die Nation größer zu
machen.

Wo dieſer Geiſt regiert, verliert der Mormonismus,
Materialismus wie der Luxus ſeine Macht und der Reich=
thum wird vertheilt ſtatt aufgehäuft. Daher ſtellt uns die
Treue des chriſtlichen Haushalters gegen die Gefahren des
Reichthums durchaus ſicher, inſoweit ſie im rechten Sinne
ausgeführt wird.

Unſere Städte, welche die gefährlichſten Bevölkerungs=
elemente anziehen, werden, wenn ſie nicht chriſtianiſirt
werden, mit der Zeit die Zerſtörung unſerer freien Inſti=
tutionen herbeiführen. Während des vergangenen Jahr=
hunderts ſind die Zerſtörungswerkzeuge furchtbar vermehrt
worden. Die Angriffswaffen ſind jetzt faſt unberechenbar
wirkſamer. Mit den Mitteln zur Gegenwehr iſt es jedoch
nicht ſo. Unſer Leben liegt in der Hand jedes Menſchen,
dem wir begegnen. Die Geſellſchaft iſt heute nur inſoweit
ſicher, als Jedermann ſich ſelbſt ein Geſetz wird. Die ge=

setzlosen Classen wachsen viel schneller als die Gesammt=
bevölkerung; und nichts als das Evangelium kann aus
gesetzlosen Menschen gute Bürger machen.

Die Zahl der Missionare in unseren Städten sollte
verzehnfacht und verzwanzigfacht werden; und deren Arbeit
ist kostspielig. Meistens sind die am dichtesten bewohnten
Theile auch die am meisten vernachlässigten, und in solchen
Theilen können Missionskapellen nicht ohne große Unkosten
errichtet werden. Wenn unsere Städte evangelisirt werden
sollen, so müssen die Laien ihre Ansichten über die Bedürf=
nisse dieses Werkes, so wie ihrer pecuniären Verantwortlich=
keit für dasselbe, wesentlich ändern.

Die Gefahren, welche (Cap. IV.—XI.) besprochen wur=
den, haben alle, mit der einzigen Ausnahme des Mormo=
nismus, während der verflossenen fünf Jahre schneller zu=
genommen als die Gesammtbevölkerung. Es ist gleich=
falls wahr, daß sich die Gliederzahl der evangelischen Kir=
chen schneller vermehrt hat, als die Bevölkerung. Die
Kirche Christi ist theilweise aufgewacht; aber, soweit ich
sehen kann, machen die gefährlichen und zerstörenden Ele=
mente der Gesellschaft schnellere Fortschritte als die con=
servativen.

Ist nicht die Zeit herbeigekommen, da die Kirche sich in
einer neuen Richtung vorwärts bewegen sollte? Und ist
es nicht selbstredend, daß eins der ersten Bedürfnisse die
richtige Auffassung des Verhältnisses vom Geld zum Reiche
Gottes und solch ein Geist der Hingabe ist, welcher sein
Gut und alles Andere auf den Altar Gottes legt?

4. Wir haben in den vorhergehenden Capiteln gesehen,
daß wir einer großen Nothlage gegenüber stehen. Die
Zukunft unseres Landes und vielfach die Zukunft der
Welt hängt davon ab. wie die Christen dieser Crisis begeg=
nen werden. Sagst du: „Ich vertraue auf Gott und
fürchte mich daher nicht; ich glaube, wie Jemand gesagt
hat: ‚Wenn Gott die Welt retten will, so wird er mit
Amerika keine Ausnahme machen.' Dieses Land ist sein
auserwähltes Werkzeug, zum Segen der Welt, und Gottes
Pläne treffen stets zu." Der Unterschied zwischen dem

rechten und einem falschen Glauben ist der, daß der eine
zur Thätigkeit begeistert und der andere sie lähmt. Gott
rettete unser Land während des Rebellionskrieges; aber
nicht durch einen falschen Glauben, der sich unthätig auf
das Walten Gottes stützte. Es war der Glaube, welcher
zu Opfern begeisterte. Als Paulus Schiffbruch erlitten,
wurde ihm gezeigt, daß Alle gerettet werden sollten; nichts=
destoweniger hatten sie gewisse Regeln zu beobachten oder
sie wären zu Grunde gegangen. Ihre Rettung war
sicher, aber nicht nothwendig; sie war bedingt.
Ich glaube, daß unser Land gerettet wird. Seine Rettung
mag durch die Verordnungen Gottes gesichert sein; aber
nicht unbedingt. Ich glaube, daß die Erhebung der Kirche
auf eine höhere Stufe der Opferwilligkeit die Bedingung
ist.

Als vor dreißig Jahren die Trommel unsere Nation zum
Streite rief, war kein Opfer zu groß; die Frauen gaben
ihre Männer, die Eltern ihre Söhne hin. Eine christliche
Mutter hatte sieben Söhne in die Unionsarmee gesandt.
Gegen Schluß des Krieges besuchte sie ihr achter Sohn,
und fragte im Laufe des Gesprächs, was sie thun würde,
wenn einer der Söhne fallen sollte? Während sie ihre
Augen ausdrucksvoll auf ihn richtete, entgegnete sie: „Gott
hat mir neun prächtige Söhne gegeben. Einen hat er zu
sich genommen, sieben sind in der Armee, und ich sage dir,
mein Sohn, daß ich dich zur Vertheidigung des Vater=
landes in Reserve halte. Sobald du hörst, daß es eine
Lücke unter deinen Brüdern gegeben, dann eile, sie zu
füllen. Möge dann der Herr dich behüten, ich werde mich
deiner Kinder annehmen.“ Ist es leichter sein Fleisch und
Blut hinzugeben als Silber und Gold? Wir sind in
einem Werke begriffen, welches Lord Bacon „die heroische
Arbeit, eine Nation zu machen“ nennt, und dazu sind hero=
ische Opfer erforderlich.

Und unsere Mahnung heißt nicht Amerika um Amerika
willen, sondern Amerika um der Welt willen. Denn,
wenn dieses Geschlecht seine Aufgabe treulich erfüllt, so
wird Amerika Gottes rechte Hand in seinem Kampfe mit

der Unwissenheit, Unterdrückung und Sünde der Welt werden. Wenn ich ein afrikanischer oder arabischer Christ wäre, würde ich mit dem größten Interesse auf die nächste Zukunft der Ver. Staaten schauen; denn wie Prof. Hoppin von Yale sagt: „Ein christliches Amerika bedeutet eine christliche Welt." Und Prof. Park sagt: „Wenn Amerika fehlschlägt, so schlägt die Welt fehl." Während dieser Crisis ist die christliche Thätigkeit in den Ver. Staaten von unendlich größerer Bedeutung, als irgend sonstwo in der Welt. „Die Nationen, deren Bekehrung heute das dringendste Bedürfniß der Welt ist, sind die abendländischen Nationen," sagt Prof. Phelps. „Diejenigen, deren schnelle Bekehrung zur Bekehrung der übrigen Völker am wichtigsten ist, sind die abendländischen Nationen. Das Pioniervolk des Geistes muß das abendländische Volk sein. Die Pionier-Race muß das Volk des Westens sein. Und wer, der die Zeichen der Vorsehung klar, oder nur einigermaßen versteht, kann zaudern zu behaupten, daß die Züge der göttlichen Verordnung auf unser Land hindeuten, als dasjenige, welches die Völker der Erde um sich sammelt und daher den schließlichen Kampf des Christenthums um den Besitz der Welt zu führen bestimmt ist? Es ist das auserwählte Volk für die kommenden Zeiten. Wir dürfen daher nicht zaudern. Die Pläne Gottes verziehen nicht. Diese Pläne scheinen uns in eine der abschließenden Perioden im Entwicklungsgange der Welt gebracht zu haben, in welcher wir nicht länger willkürlich dahintreiben können. Wir werden zu entschiedenem Handeln gedrängt. Unberechenbar sind die uns auf allen Seiten umgebenden Gelegenheiten. Dieses ist nach meiner Auffassung die Hauptsache in der Philosophie der amerikanischen einheimischen Mission." *)

Welche ungeheure T h o r h e i t wäre es, ein solches Zeitalter selbstsüchtig zu durchleben. Welche Veranlassung zu Vorwürfen und ewiger Reue müßte es sein, solche groß-

---

*) Aus einem vor der Home Missionary Anniversary in Chicago, den 9. Juni, 1881, verlesenen Briefe.

artigen Gelegenheiten durch engherziges Betragen zu ver=
scherzen.

Eine New Yorker tägliche Zeitung sagt: „An einer
der faschionablen Straßen im oberen Theile der Stadt
ist ein Herr gestorben und hat elf Millionen Dollars hin=
terlassen. Er war Glied einer Presbyterianerkirche, in
ausgezeichneten Verhältnissen, ein guter Gatte und Vater
und ein nützlicher Bürger. Auf seinem Sterbebett erlitt
er große Gemüthsqualen und gab wiederholt seiner Reue
infolge seines verfehlten Lebens Ausdruck. ‚O,‘ rief er,
‚könnte ich nur meine Jahre noch einmal überleben! O,
wenn ich nur noch einige Jahre erkaufen könnte, ich würde
dafür alle Schätze hergeben, welche ich während meines
Lebens gesammelt habe. Was ich bedaure ist, daß ich
mein Leben nur dem Gelderwerb gewidmet habe. Dieses
drückt mich zu Boden und läßt mich an der Hoffnung des
ewigen Lebens verzweifeln.‘ “ Angenommen, einem solchen
untreuen Knechte würde es gestattet, in die „vielen Woh=
nungen“ einzugehen, und er würde dort mit verschärftem
Geistesblick die wahre Bedeutung des Lebens sehen, und
sehen, daß er die einzige Gelegenheit eines ewigen Daseins
verscherzt hat, um Einflüsse in Bewegung zu setzen, durch
welche Sünder zur Buße gerufen und im Himmel stets
neue Freudengesänge hervorgerufen würden, so meine ich,
er würde gern hundert Jahre des Paradieses für einen
einzigen Erdentag hingeben, um die Gelegenheit zu haben,
das ihm anvertraute Geld in Canäle christlicher Thätigkeit
zu lenken.

Der durch die Ansiedlung der westlichen Staaten und
Territorien — eine großartige Gebiets=Constellation —
hervorgerufenen Crisis muß dadurch begegnet werden, daß
in die Hände jeder christlichen Gesellschaft alle Macht gelegt
wird, welche Geldmittel ihr zu geben im Stande sind. Es
gibt dort kaum eine Kirche, Gesellschaft oder Institution,
welche das Werk Gottes betreibt und die nicht mit Schul=
den bedroht oder durch Mangel an Mittel verkrüppelt wird.
Die Missionare sollten vervielfacht, Kirchen und Prediger=
wohnungen gebaut und Hochschulen fundirt werden. Das

Salz der Nation, womit das ganze Land und besonders
die fraglichen Elemente der Frontiergegenden veredelt
werden sollten, ist der christliche Unterricht. Die
Tendenz, nur den Verstand auszubilden, welche in manchen
unserer älteren und größeren Collegien so deutlich hervor-
tritt, ist voller Gefahren. Wenn die Religion und der
Unterricht getrennt werden, so fallen wir entweder einer
thörichten Gutmüthigkeit oder gut geschulter Niederträchtigkeit zum Opfer. Die jüngeren Hochschulen des Westens,
wie Drury, Doane, Carleton, Colorado, Yankton, Fargo
und andere, welche durch großherzige und weitblickende
Männer gegründet und von einem streng religiösen Einfluß getragen wurden, haben eine auffallend große Anzahl
Prediger ausgebildet. Mit Rücksicht auf deren fast unbegrenzten Gelegenheiten zu Nützlichkeit in ihrer Stellung, der
Zukunft des Westens und der Nation gegenüber und in
Hinsicht ihrer dringenden Bedürfnisse, sollte man meinen,
daß solche Männer, die Gott reichlich mit Mitteln gesegnet
hat, sich das Vergnügen nicht versagen könnten, solche
Institutionen reichlich zu fundiren. Jemand, der soeben
fünfzig Tausend Dollars an ein westliches Collegium
gegeben hatte, sagte: „Ich kann die Freude kaum ausdrücken, welche ich dabei empfunden habe. Es ist fast als
wie eine zweite Wiedergeburt ins Reich Gottes."

Die Verhältnisse erfordern die Annahme der rechten
Stellung der Haushalter Gottes, damit unsere großen
Wohlthätigkeitsvereine hinreichend mit Mitteln versehen
werden. Dieselben werden beständig vor der Oeffentlichkeit auf den Knieen gehalten, ihre Bitten sind so eindring-
lich und herzergreifend, daß ich nur staunen muß, daß die
Steine nicht schreien, wenn christliche Männer dabei ihre
Fassung und ihre Börse so fest halten können. Und trotz
allen Anstrengungen, die Mittel zu erschwingen, müssen
sie sich Schritt für Schritt einschränken, und die Winke der
Vorsehung zur Ausdehnung ihrer Arbeit nicht nur unbe-
achtet lassen, sondern dieselbe sogar einschränken, um ihre
Rechnungen ohne Schulden schließen zu können.

Die Thüren zur Thätigkeit stehen über die ganze Erde

offen; die Arbeiter sind organisirt, die Sprachen gelernt, die Bibeln übersetzt, und nun wartet der Sieg des Reiches Gottes nur auf die entsprechende Thätigkeit der Kirche, welche sie zu entfalten sich aber weigert. Wenn sie mit dem majestätischen Vorangehen der Vorsehung Schritt halten will, so muß die Geldmacht der Kirche dem Herrn geweiht werden.

O, daß die Menschen doch das Zeugniß Christi von der Seligkeit des Gebens beherzigen möchten! Wer am meisten opfert, liebt am meisten; und wer am meisten liebt, der ist am seligsten. Liebe und Opfer stehen in einem Verhältniß wie Same und Frucht; eins erzeugt das andere. Der Same des Opfers trägt die süße Frucht der Liebe und die Liebe trägt stets den Samen neuer Opfer= willigkeit im Herzen. Wer nur ein Theil gibt, der ist nicht völlig in der Liebe. Die Liebe freut sich, Alles geben zu dürfen; sie mißt ihre Opfer nicht. Es war nicht Maria, sondern Judas, welcher den Werth der Salbe berechnete. Der ewig Selige ist der ewige Geber; und der Mensch, welcher nach seinem Bilde geschaffen ist, war bestimmt seine höchste Seligkeit in seiner völligsten Selbst= hingabe zu finden. Derjenige, welcher empfängt, ohne zu geben, ist wie das Todte Meer. Alle erfrischenden Wasser des Jordans vermögen seine salzigen Tiefen nicht zu ver= süßen. So vermögen auch alle Ströme der Gaben Gottes ein Herz, welches keinen Ausfluß hat, nicht zu versüßen; ein Herz, welches beständig nimmt, aber niemals voll wird und überfließt.

Wenn diejenigen, deren Horizont so beschränkt ist, wie der Scheffel, unter welchem sie ihr Licht verstecken, bewogen werden könnten, in die volle Freiheit herauszukommen und einen klaren Blick auf das Reich Gottes und ihre Stellung zu demselben zu werfen, wenn man sie überreden könnte, die Grundsätze des christlichen Gebens ihr ganzes Leben beherrschen zu lassen, so würde ihre Glückseligkeit ebenso zunehmen wie ihre Nützlichkeit.